高等院校"十二五"经济管理实验实训系列教材

U0503420

现代会计综合实验教程

CONTEMPORARY ACCOUNTING EXPERIMENTATION

主　编　曾廷敏　林祥友
副主编　朱　靖　朱　峥

经济管理出版社
ECONOMY & MANAGEMENT PUBLISHING HOUSE

前　言

教育部发布的《国家中长期教育改革和发展规划纲要（2010～2020 年）》指出：坚持能力为重，优化知识结构，丰富社会实践，强化能力培养，着力提高学生的学习能力、实践能力与创新能力。2012 年 4 号文件《关于全面提高高等教育质量的若干意见》，在强化实践育人环节的规定中也指出：应结合专业特点和人才培养要求，分类制定实践教学标准；增加实践教学比重，确保各类专业实践教学必要的学分（学时）；配齐配强实验室人员，提升实验教学水平；组织编写一批优秀实验教材。如何培养学生的实践能力，努力提高实验教学的质量，使其更好地适应市场需要，编写优秀的实验教材无疑是其中的一项重要工作。成都理工大学在会计人才动手能力的培养方面进行了积极的探索，从 1989 年"系统型会计高仿真实验模式"的初创，到目前"个人独立操作综合型实验模式"的完善，积累了宝贵的经验。本教材的主编者为实验教学倾注了大量的时间和精力。时至今日，作为会计实践教学的一名老将，有一些思想需要总结，有一些方法需要探讨，有一些经验需要分享，在经济管理出版社的大力支持下，结集为《现代会计综合实验教程》奉献给广大读者，奉献给老师们、同事们和朋友们！

《现代会计综合实验教程》的内容包括凭证的填制、账簿的登记技能；独立操作型实验模式和系统配合型实验模式；两套实验模式的参考答案几部分。第一章是记账、算账的一般技能；第二章、第三章是本教材的核心内容，包括独立操作型实验模式和系统配合型实验模式的完整内容；第四章、第五章是第二章、第三章实验模式的参考答案。

本教材具有以下特点：

1. 原创性内容多

本教材是在借鉴国内外高等院校部分同行最新成果和一些企业实际资料的基础上，原创编写而成的。教材内容以最新的《中华人民共和国会计法》、《企业财务报告条例》和《企业会计准则》为依据，内容涉及企业筹资、购进、储存、销售、收入、成本、费用等日常经济业务，也涉及投资、利润及其分配等特殊业务的会计处理。教材内容原创性较多。

2. 系统性强

本教材提供了独立操作型实验模式和系统配合型实验模式供选择使用,在教材内容的安排上,遵循会计教学的科学规律,先介绍会计实验中会计凭证、会计账簿和财务报告的规范要求,然后给出两类实验模式的资料进行操作,最后给出参考答案进行对照,引领学生完成实验,使学生动手能力得到提升。本教材从体系上看具有很强的系统性。

3. 仿真性高

本教材中大量的单据及其填写都来自企业的会计实践工作,并留下一部分让学生填写,学生通过对不同经济业务的判断,作出会计科目的选择,完成相应的会计处理。特别在系统配合型实验模式中,将实验场景、实验资料(包括印章、凭证、账簿、货币、商品等)、实验制度与管理规范高度仿真。本教材与会计工作实践无缝对接,具有很强的仿真性。

4. 可核性好

本教材两个实验模式都有参考答案,目前的实验教材针对操作给出参考答案的并不多。原因之一是编写参考答案费时费力;原因之二是会计很像数学,容易出差错;原因之三是会计准则及其内容变化较快。没有参考答案的实验教材也带来许多困惑。一是指导教师理解不透,出现不同的实验结果;二是学生做完后无法判断正误,大大降低学生的学习兴趣。权衡之下,编者花费了大量时间运行实验,给出参考答案,让学生的实验结果和学习效果可以参照答案进行检验和核实。

本实验教材可供全日制本科学生、专科学生、各类成人教育学生以及会计爱好者选择使用。教师可以根据实验教学时间的长短,选择独立操作型实验或系统配合型实验等不同的实验教学模式组织实验教学。

本教材适应 21 世纪会计人才动手能力的培养要求,由主编精心构思、潜心编写而成。本教材由成都理工大学商学院曾廷敏、林祥友担任主编,成都理工大学陈艳秋、朱靖、四川商务职业学院朱峥担任副主编,成都理工大学吴继、母鹏参加了编写工作,母鹏应用用友财务软件对两套实验模式的内容进行了全程操作。

由于本教材的内容较多,逻辑性强,每一笔业务程序、每一个数字前后联系密切,虽仔细编写,反复检查,仍难免有疏漏之处,欢迎各位读者提出宝贵的修改意见。

编者

2014 年 8 月于成都

目　录

第一章　会计凭证与账簿规范

现代会计信息系统即会计核算系统，它包括会计凭证系统、会计账簿系统和财务报告系统三部分。在会计核算系统中，会计凭证系统和会计账簿系统最为重要，且使用频繁，财务报告系统的报表格式、内容、指标都有统一规定。为此，本章仅对会计凭证系统和会计账簿系统的使用规范问题进行探讨。

一、会计凭证规范

会计凭证，是在会计工作中记录经济业务，明确经济责任的书面证明，是用来登记账簿的依据。会计凭证的填制和审核，对于整个社会经济发展以及一个特定单位的发展都具有重要作用。会计凭证按其来源、用途和填制程序，可分为原始凭证和记账凭证，以下分别介绍在会计工作中原始凭证和记账凭证的规范问题。

1. 原始凭证规范

原始凭证是证明经济业务已经发生，明确经济责任，作为记账原始依据的一种书面凭证。原始凭证按来源不同，可划分为外来原始凭证和自制原始凭证。无论是外来原始凭证还是自制原始凭证，都必须做到合法有效、要素齐全、内容完整、手续完备。具体包括：内容应具备凭证名称、填制日期、填制凭证单位名称、凭证编号、有关责任人的签名或盖章。在本教材所列的实验模式中，所有外来原始凭证均视同已盖法定公章及责任人员已经签名，接受凭证单位名称、经济业务内容摘要与金额，涉及实物的原始凭证还应具备实物名称、计量单位、数量和单价等正确无误。原始凭证的填制日期为经济业务发生日。自制原始凭证已经过本单位相关部门负责人及其经办人员签字。

原始凭证除套写的可用圆珠笔填写外，均应使用墨水笔填写，字体要端正、清晰，不得涂改、刮擦挖补或用药水、涂改液等消除字迹。大小写金额必须相等，金额不能更改。如果填写错误，应作废或销毁，重新填制正确的原始凭证。

对于有连续编号的原始凭证金额填写错误时，不能销毁原始凭证，也不能更改原始凭证，应在凭证上注明错误原因，加盖"作废"戳记，连同存根一起注销留存，其他个别地方确实需更改的，可以用划线更正法，由填制人在规定的位置更改，并在更改处加盖印章。

原始凭证具体填写要求如下：

（1）小写金额采用阿拉伯数字书写，收入与支出凭证的小写金额，应当一个一个地写，不得连笔写。前面应写币种符号（如￥），符号与数字之间不留空位，后面可不写"元"字。除表示单价外，一律写到角分位；无角分的写"00"，或者可用"—"表示；有角无分，分位应当写"0"，不得以"—"代替。金额空白行应划对角线注销。

（2）大写金额一律用正楷或行书体书写，如零、壹、贰、叁、肆、伍、陆、柒、捌、玖、拾、佰、仟、万、亿等，不得任意自造简化字。大写金额数字前应写明币种名称。大写金额写到元或角为止的，后面写上"整"字，写到分位的，则不写"整"字。大写金额中间有一个零或连续几个零，可只写一个"零"；若元位为零，则可将"零"字省去。对于大写金额已印有固定位数的发票、收据等单据，填写大写金额时，金额前数位应写"人民币"。凡空白和零的位数，应逐一填写"零"，不得用"另"、"×"、"0"等字符代替。

原始凭证的填写规范如图 1-1 所示。

图 1-1　原始凭证填写规范

2. 记账凭证规范

这里的记账凭证是指分录凭证，不包括汇总记账凭证。记账凭证是登记会计账簿、进行分类核算的依据。应根据审核无误的原始凭证采用复式记账法及时编制记账凭证，记账凭证不得漏编、重编。记账凭证的内容主要有：填写日期，凭证编号，摘要，总账和明细科目，记账方向，金额，附件张数，制证、复核、记账、会计主管等有关责任人的签名和盖章。

（1）记账凭证的填写。记账凭证可根据每张或同类业务的原始凭证汇总（摘要和所涉及的总账及记账方向均应一致）编制。不同类的经济业务不能合编在一张记账凭证上。记账凭证的填制日期为填制凭证当日日期，它可能与原始凭证上的日期一致，也可能不一致。期末结账的日期为期末最后一天。记账凭证按月顺序编号，不得重号、跳号。日期与编号顺序应当一致。每张凭证编一个号，复杂的会计事项，需编制两张以上记账凭证的，可采用带分数编号法，在编号后面用"分数"来表示，带分数的"整数"表示业务顺序，"分母"表示该笔业务的总张数，"分子"表示每张凭证属于本凭证编号的第几张。凭证摘要应简明扼要地反映经济业务概况。各级会计科目必须写明全称。

记账凭证填写发生错误时，在登记账簿以前发现的，应重新填写、审核；如已经登记入账簿的，则应用红字更正法或补充登记法更正。记账凭证除结账和更正错误外，都必须附有原始凭证。

记账凭证按照反映经济业务的方式不同，可以分为单式记账凭证和复式记账凭证，按对所有经济业务都采用一种固定不变的格式还是多种格式，复式记账凭证可以分为通用记账凭证和专用记账凭证。前者属于通用记账凭证，后者属于专用记账凭证。专用记账凭证按反映的经济业务内容是否涉及现金（货币资金）可以分为收款凭证、付款凭证和转账凭证三种。目前，在实际工作中，绝大多数企业主要采用复式通用记账凭证，如图 1-2 所示。

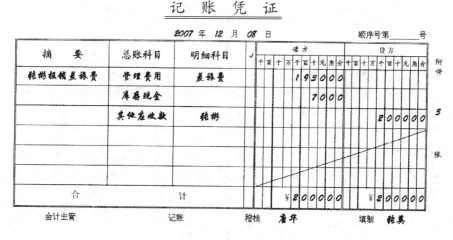

图 1-2　通用记账凭证

在本实验教材的实验模式运行中，也采用这种记账凭证格式。在记账凭证的填制中，必须正确地运用一级会计科目。

本实验中的企业根据可能发生的经济业务制定的会计科目如表 1-1 所示。

表1-1 会计科目

编号	会计科目	编号	会计科目
	一、资产类	1801	长期待摊费用
1001	库存现金	1901	待处理财产损溢
1002	银行存款		二、负债类
1015	其他货币资金	2001	短期借款
1101	交易性金融资产	2201	应付票据
1121	应收票据	2202	应付账款
1122	应收账款	2205	预收账款
1123	预付账款	2211	应付职工薪酬
1131	应收股利	2221	应交税费
1132	应收利息	2231	应付利息
1231	其他应收款	2232	应付股利
1241	坏账准备	2241	其他应付款
1321	代理业务资产	2501	长期借款
1401	材料采购	2502	应付债券
1402	在途物资	2701	长期应付款
1403	原材料	2801	预计负债
1404	材料成本差异		三、所有者权益类
1405	库存商品	4001	实收资本
1407	发出商品	4002	资本公积
1410	商品进销差价	4101	盈余公积
1411	委托加工物资	4103	本年利润
1412	包装物	4104	利润分配
1413	低值易耗品		四、成本类
1471	存货跌价准备	5001	生产成本
1501	待摊费用	5101	制造费用
1511	长期股权投资		五、损益类
1512	长期股权投资减值准备	6001	主营业务收入
1521	持有至到期投资	6051	其他业务收入
1522	持有至到期投资减值准备	6101	公允价值变动损益
1523	可供出售金融资产	6111	投资收益
1531	长期应收款	6301	营业外收入
1601	固定资产	6401	主营业务成本
1602	累计折旧	6402	其他业务成本
1603	固定资产减值准备	6403	营业税金及附加
1604	在建工程	6601	销售费用
1605	工程物资	6602	管理费用
1606	固定资产清理	6603	财务费用
1701	无形资产	6701	资产减值损失
1702	累计摊销	6711	营业外支出
1703	无形资产减值准备	6801	所得税费用
1711	商誉		

（2）会计凭证的装订。月末会计凭证全部登账后，一般按科目汇总期装订一本。装订时应折叠整齐，按编号连续叠放，将科目汇总表放在第一页，用棉绳连同封面左侧或左上角，再用砂纸或回折封面贴住装订线，在封口处加盖装订人印章，避免被不留痕迹地拆装。然后，在封面填列单位名称、凭证起止日期、编号、凭证张数等内容。

二、会计账簿规范

会计账簿是以会计凭证为依据，由具有专门格式和相互联系的账页组成，用来分门别类地连续、系统地登记各项经济业务的簿册，是编制会计报表的重要依据。账簿的设置和登记对于全面、系统、序时、分类反映各项经济业务，充分发挥会计在经济管理中的作用具有重要意义。下面分别对账簿设置、启用、登记、结账、对账等方面的规范进行说明。

1. 会计账簿的设置

账簿按会计账簿的外表形式分类，可分为订本式、活页式和卡片式。银行存款日记账、现金日记账必须采用订本式账簿；明细账则可选用活页式或卡片式账簿。

账簿按会计账簿的账页格式分类，可分为三栏式、数量金额式、多栏式。银行存款日记账、现金日记账一般采用三栏式账页，但为了方便年末编制现金流量表，需设置多栏式现金（货币资金）收、支日记账汇总表，分类登记。总账账页采用三栏式账页；明细账则根据需要分别选用三栏式、数量金额式和多栏式账页。

2. 会计账簿的启用

会计账簿启用时，应当在账簿封面上写明单位名称和账簿名称。在账簿扉页上应当附上启用表，内容包括：启用日期、账簿页数、记账人员和会计机构负责人姓名、会计主管人员姓名，并加盖印章和单位公章。记账人员或者会计机构负责人、会计主管人员调动工作时，应当注明交接日期、接办人员或者监交人员姓名，并由交接双方人员签名或者盖章。

启用订本式账簿，应当从第一页到最后一页顺序编定页数，不得跳页、缺号。使用活页式账页，应当按账户顺序编号，并须定期装订成册。装订后再按实际使用的账页顺序编定页码。另加目录，记明每个账户的名称和页次。

3. 会计账簿的登记

会计人员应当根据审核无误的会计凭证登记会计账簿。登记账簿的基本要求是：登记会计账簿时，应当将会计凭证日期、编号、业务内容摘要、金额和其他有关资料逐项记入账内，做到数字准确、摘要清楚、登记及时、字迹工整；登记完毕后，要在记账凭证上签名或者盖章，并注明已经登账的符号，表示已经记账；账簿中书写的文字和数字上面要留有适当空格，不要写满格；一般应占格距的1/2；登记账簿要用蓝黑墨水或者碳素墨水书写，不得使用圆珠笔（银行的复写账簿除外）或者铅笔书写。下列情况，可以用红色墨水记账：①按照红字冲账的记账凭证，冲销错误记录；②在不设借贷等栏的多栏式账页中，登记减少数；③在三栏式账户的余额栏前，如未印明余额方向的，在余额栏内登记负数余额；④根据国家统一会计制度的规定可以用红字登记的其他会计记录。

各种账簿按页次顺序连续登记，不得跳行、隔页。如果发生跳行、隔页，应当将空行、空页划线注销，或者注明"此行空白"、"此页空白"字样，并由记账人员签名或者盖章。

每一账页登记完毕结转下页时，应当结出本页合计数及余额，写在本页最后一行和下页第一行有关栏内，并在摘要栏内注明"过次页"和"承前页"字样；也可以将本页合计数及金额只写在下页第一行有关栏内，并在摘要栏内注明"承前页"字样。

账簿记录发生错误，不准涂改、挖补、刮擦或者用药水消除字迹，不准重新抄写，必须按照下列方法进行更正：①登记账簿发生错误时，应当将错误的文字或者数字划红线注销，但必须使原有字迹仍可辨认；然后在划线上方填写正确的文字或者数字，并由记账人员在更正处盖章。对于错误的数字，应当全部划红线更正，不得只更正其中的错误数字。对于文字错误，可只划去错误的部分。②由于记账凭证错误而使账簿记录发生错误，应当按更正的记账凭证登记账簿。

4. 结账

凡需要结出余额的账户，结出余额后，应当在"借或贷"等栏内写明"借"或者"贷"等字样。没有余额的账户，应当在"借或贷"等栏内写"平"字。现金日记账和银行存款日记账必须逐日结出余额。

对需要结计本月发生额的账户，结计"过次页"的本页合计数应当为自本月初起至本页末止的发生额合计数；对需要结计本年累计发生额的账户，结计"过次页"的本页合计数应当为自年初起至本页末止的累计数；对既不需要结计本月发生额，也不需要结计本年累计发生额的账户，可以只将每页末的余额结转次页。

（1）结账前，必须将本期内所发生的各项经济业务全部登记入账。

（2）结账时，应当结出每个账户的期末余额。需要结出当月发生额的，应当在摘要栏内注明"本月合计"字样，并在下面划通栏单红线。需要结出本年累计发生额的，应当在摘要栏内注明"本年累计"字样，并在下面划通栏单红线；12 月末的"本年累计"就是全年累计发生额。全年累计发生额下面应当划通栏双红线。年度终了结账时，所有总账账户都应当结出全年发生额和年末余额。

（3）年度终了，要把各账户的余额结转到下一会计年度，并在摘要栏注明"结转下年"字样；在下一会计年度新建有关会计账簿的第一行余额栏内填写上年结转的余额，并在摘要栏注明"上年结转"字样。账户余额结转示范操作如图 1－3 所示。

总　账

2007 年度

会计科目编号　第 1 页
会计科目名称　现金（1001）

2007年		汇总凭证		摘要	借方金额	贷方金额	借或贷	余额	
月	日	种类	号数		亿千百十万千百十元角分	亿千百十万千百十元角分		亿千百十万千百十元角分	
1	1			上年结转			借	1 5 0 0 0 0	
				……					
				……					
				……					
11	30	汇	6	……			借	9 6 8 5 0 0	} 单红线
				本月合计	×××××	×××××			
12	5	汇	1	1~5日发生额		8 0 5 0 0	借	8 8 2 0 0 0	
12	10	汇	2	6~10日发生额	4 0 0 0 0 0	7 9 2 9 0 0	借	4 8 9 1 0 0	
12	20	汇	4	16~20日发生额	1 2 3 4 0 0	3 6 5 0 0	借	5 7 6 0 0 0	
12	25	汇	5	21~25日发生额		8 7 6 0 0	借	4 8 8 4 0 0	
12	31	汇	6	26~31日发生额		5 0 0 0 0	借	4 3 8 4 0 0	
				本月合计	5 2 3 4 0 0	1 0 4 7 3 0 0	借	4 3 8 4 0 0	} 单红线
				本年合计	×××××	×××××	借	4 3 8 4 0 0	} 双红线
				结转下年			借	4 3 8 4 0 0	

图 1－3　账户余额结转

5. 对账

各单位应当定期对会计账簿记录的有关数字与库存实物、货币资金、有价证券、往来单位或者个人等进行相互核对，保证账证相符、账账相符、账实相符。对账工作每年至少进行一次。

（1）账证核对。核对会计账簿记录与原始凭证、记账凭证的时间、凭证字号、内容、金额是否一致，记账方向是否相符。

（2）账账核对。核对不同会计账簿之间的账簿记录是否相符，包括：总账有关账户的余额核对，总账与明细账核对，总账与日记账核对，会计部门的财产物资明细账与财产物资保管和使用部门的有关明细账核对等。

（3）账实核对。核对会计账簿记录与财产等实有数额是否相符。包括：现金日记账账面余额与现金实际库存数相核对；银行存款日记账账面余额定期与银行对账单相核对；各种财物明细账账面余额与财物实存数额相核对；各种应收、应付款明细账账面余额与有关债务、债权单位或者个人核对等。

第二章　独立操作型实验模式

本章运用会计凭证和会计账簿规范处理的基本理论方法，结合独立操作型会计实验模式进行操作。

一、实验模式简介

个人独立操作综合型实验模式（以下简称"独立操作型实验模式"）是根据培养社会主义市场经济下学生动手能力的要求，在总结多年会计教学与实践经验的基础上，全面提升实验教学质量而创立的一种实验模式。在独立操作型实验模式下，由单个学生独立操作处理一个公司的全部会计业务，包括原始凭证的取得与填制、记账凭证的填制与平时的日记账和明细账的登记，定期进行科目汇总表的编制、总账登记、财务报告的编制以及错账的查找与财务报告分析，会计电算化操作。该实验模式的最大特点是每笔经济业务的发生都要求取得真实的原始凭证并进行审核，然后裁剪下来，粘贴在记账凭证的后面，再登记真实的账簿和编制真实的财务报告，最后通过会计电算化进行验证操作。整个操作和实际工作几乎相同，从而使学生充分接触会计各个工作环节的内容，全面提高学生的动手能力。

该模型实习时间原则上为 40 学时，32 学时为会计手工操作，8 学时为电算化操作。教师可以根据学生普遍能力的实际情况，适当增减教学时间。

该实验模式的实施需要具备的条件包括：该企业采用科目汇总表会计核算形式，每 5 天编制汇总一次；记账凭证采用通用复式记账凭证格式；原材料采用实际成本计价；总分类账户采用三栏式账页格式。

二、实验目的

　　通过独立操作型实验模式，了解各种不同经济业务发生后应取得或填制的主要原始凭证；掌握记账凭证的填制、复核和明细分类账的登记方法；掌握科目汇总表的编制和总分类账户的登记方法；掌握资产负债表和利润表的编制方法。

三、实验资料

　　1. 基本情况

　　（1）公司概况。公司基本情况如下：

　　单位名称：东方机械有限公司

　　地址：成都市牛王庙南路 153 号

　　法人代表：王栋

　　开户银行：工行成都市支行牛王庙办

　　账号：015 - 1036 - 6836006

　　税务登记号：777888858483333

　　（2）主要往来单位结算用基础信息。主要往来单位结算用基础信息如表 2 - 1 所示。

表 2 - 1　往来单位信息

单位名称	地　址	开户银行	账　号	税务登记号
昆明钢铁公司	昆明市解放路 13 号	工行解放路办	018 - 1032 - 3253221	213321273989753
重庆钢铁公司	重庆市化成路 128 号	工行化成办	020 - 1026 - 3314775	612386733356791
蓉北动力公司	成都市西安路 37 号	工行三洞桥办	015 - 1033 - 2232445	321157687340542
新都线材公司	新都县桂湖路 22 号	工行县支行	015 - 1013 - 1194667	576531204476032
华西证券	成都市高升桥 17 号	工行武侯祠办	015 - 1039 - 3213875	332100786540031
市环保局	成都市人民西路 5 号	工行人民西路办	015 - 1022 - 7652113	520007333153079
东风商场	蜀都大道 432 号	工行春熙路办	015 - 1028 - 9675332	211203007634013
蓝天商场	盐大街 225 号	工行盐市口办	015 - 1007 - 3324569	812003504013227
红源商场	南大街 119 号	工行南大街办	015 - 1024 - 6635132	653200707763557

　　注：在填写相关原始凭证时，如涉及上述单位以外单位的开户银行、账号、税务登记号资料，可以空缺不填写。

2. 总分类账户余额

东方机械有限公司 2013 年 12 月 20 日有关总分类账户的余额如表 2-2 所示。

表 2-2　总分类账户余额　　　　　　　　单位：元

账户名称	借方余额	账户名称	贷方余额
库存现金	5 800	短期借款	900 000
银行存款	1 393 280	应付账款	924 360
其他货币资金		应付职工薪酬	154 200
交易性金融资产		应交税费	388 000
应收账款	570 600	应付利息	60 000
其他应收款	8 360	长期借款	4 900 000
在途材料	42 000	实收资本	12 625 260
原材料	1 420 000	盈余公积	1 150 800
库存商品	4 720 000	利润分配	480 000
生产成本	1 894 780	本年利润	1 520 000
制造费用	121 360	累计折旧	5 158 000
固定资产	19 072 400	累计摊销	100 000
无形资产	272 200	主营业务收入	8 388 200
长期股权投资	1 200 000	投资收益	
主营业务成本	5 234 800	营业外收入	1 054 000
销售费用	153 200		
管理费用	664 040		
财务费用			
营业税金及附加	170 000		
营业外支出	860 000		
所得税费用			
总计	37 802 820	总计	37 802 820

3. 明细分类账户余额

东方机械有限公司 2013 年 12 月 20 日有关明细分类账户的余额如表 2-3 所示。

表 2-3　明细分类账户余额　　　　单位：元

总分类账户	明细分类账户	余额	使用账页格式
其他货币资金	存出投资款（华西）证券		三栏式
交易性金融资产	成本		三栏式
应收账款	蓉北动力公司	370 600	三栏式
	东风商场	180 000	三栏式
	蓝天商场	20 000	三栏式
其他应收款	张兵	300	三栏式
	张强	1 200	三栏式
	市机电商城	6 860	三栏式
原材料	钢材	80 吨，单价 8 200 元，金额 656 000 元	数量金额式
	线材	150 千克，单价 4 700 元，金额 705 000 元	数量金额式
	电器开关	2 360 个，单价 25 元，金额 59 000 元	数量金额式
库存商品	自动降温设备	260 套，单价 14 000 元，金额 3 640 000 元	数量金额式
	食品加工机	360 台，单价 3 000 元，金额 1 080 000 元	数量金额式
制造费用	一车间	72 860	三栏式
	二车间	48 500	三栏式
应付账款	重庆钢铁公司	624 000	三栏式
	新都线材公司	300 360	三栏式
	松威线材公司		三栏式
销售费用	广告费	113 200	三栏式
	其他	40 000	三栏式
管理费用	职工薪酬		三栏式
	折旧费		三栏式
	办公费	424 000	三栏式
	其他	240 040	三栏式
应交税费	未交增值税	200 000	三栏式
	应交增值税		三栏式
	应交营业税	188 000	三栏式
实收资本	市国资委	8 600 000	三栏式
	东华有限责任公司	4 025 260	三栏式
	彩虹有限责任公司		三栏式
利润分配	提取盈余公积		三栏式
	应付股利		三栏式
	未分配利润	480 000	三栏式

"生产成本"明细账及成本项目如表 2-4 所示。

表 2-4 生产成本明细账　　　　　　　　　　单位：元

明细科目	直接材料	直接人工	制造费用	合计
自动降温设备（90 套）	720 000	280 000	278 000	1 278 000
食品加工机（200 台）	385 000	168 000	63 780	616 780
合计	1 105 000	448 000	341 780	1 894 780

4. 经济业务

2013 年 12 月 21 日至 12 月 31 日发生如下经济业务（为方便练习应用，以下图表均采用图的标记方法）：

（1）12 月 21 日，签发转账支票 154 200 元支付职工工资到银行卡，如图 2-1 所示。

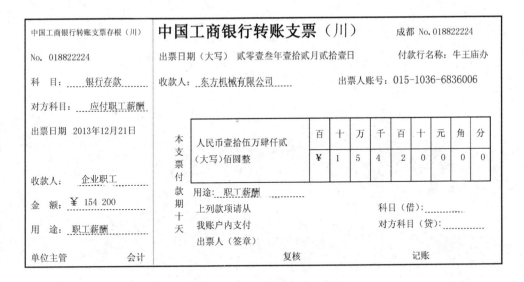

图 2-1 转账支票

（2）12 月 21 日，签发转账支票，支付上月未交的增值税 200 000 元和企业营业税 188 000 元，如图 2-2、图 2-3 所示。

中国工商银行转账支票存根（川）	中国工商银行转账支票（川）	成都 No. 018822225

中国工商银行转账支票存根（川）

No. 018822225

科　目：<u>银行存款</u>

对方科目：<u>应交税费</u>

出票日期 2013 年 12 月 21 日

收款人：<u>锦江区国家税务局</u>

金　额：<u>￥388 000</u>

用　途：<u>缴纳税金</u>

单位主管　　　会计

中国工商银行转账支票（川）　　成都 No. 018822225

出票日期（大写）<u>贰零壹叁年壹拾贰月贰拾壹日</u>　　付款行名称：牛王庙办

收款人：<u>锦江区国家税务局</u>　　出票人账号：015-1036-6836006

本支票付款期十天

人民币叁拾捌万捌仟圆整（大写）	百	十	万	千	百	十	元	角	分
	￥	3	8	8	0	0	0	0	0

用途：

上列款项请从

我账户内支付

出票人（签章）

科目（借）：

对方科目（贷）：

复核　　　　记账

图 2-2　转账支票

中华人民共和国税收缴款书

隶属关系：市属企业　　　　　　　　　　　　　(05)川国缴电 02893765 号

经济类型：有限责任　　　填发日期 2013 年 12 月 21 日　　　征收机关：成都市国税局

缴款单位	代码	44010410054392	预算科目	款项	增值税
	全称	东方机械有限公司			
	开户银行	工行牛王庙办		级次	中央75%，地方25%
	账号	015-1036-6836006	收款国库		

税款所属时期	2013 年 12 月 10 日	税款限缴日期	2013 年 12 月 20 日

品目名称	课税数量	计税金额或销售收入	生产率或单位税款	已缴或扣除额	实缴税额
增值税		3 000 000	17%	310 000	200 000
企业所得税					188 000

金额合计	人民币(大写)叁拾捌万捌仟圆整	￥388 000

缴款单位(人) (盖章) 经办人(章)	税务机关 (盖章) 王明 填票人(章)	上列款项已收妥并划转收款单位账户 国库(银行)(盖章)　　年 月 日	备　注 缴款书号码： 02893958

图 2-3　税收缴款书

（3）12月21日，向工商银行借入短期借款 300 000 元，转存银行存款账户，如图 2-4 所示。

中国工商银行成都市支行短期贷款协议

贷款单位：中国银行成都市支行牛王庙办（甲方）
借款单位：东方机械有限公司（乙方）

双方协商一致，由甲方贷款给乙方人民币 300 000 元，期限 6 个月，年利率 6.6%，贷款期限到期，本金利息一并结清。

甲方：中国工商银行成都市支行牛王庙办　　　乙方：东方机械有限公司

（盖章）　　　　　　　　　　　　　　　　　　　　（盖章）

2013 年 12 月 21 日

图 2-4　短期贷款协议

（4）12月21日，向弘毅公司购入公司管理用小汽车一辆 300 000 元，已交管理部门验收，款项签发转账支票支付，如图 2-5、图 2-6 所示。

中国工商银行转账支票存根（川）	中国工商银行转账支票（川）							成都 No. 018822226		
No. 018822226	出票日期（大写）　年　月　日						付款行名称：牛王庙办			
科　目：	收款人：					出票人账号：015-1036-6836006				
对方科目：										
出票日期　年　月　日	本支票付款期十天	人民币（大写）	百	十	万	千	百	十	元	角 分
收款人：										
金　额：										
用　途：		用途：								
		上列款项请从我账户内支付				科目（借）：				
		出票人（签章）				对方科目（贷）：				
单位主管　　　会计		复核				记账				

图 2-5　转账支票

固定资产验收单

2013 年 12 月 21 日 No.0009

固定资产 名称及编号	规格型号	单位	数量	预计使 用年限	已使用年限	原始价值	已提折旧	备 注
小汽车		辆	1	10		300 000		
验 收 意 见	使用部门	技术鉴定小组		固定资产管理部门		主管部门审批		
	行政科			行政科				

验收人：张琴

图 2-6 固定资产验收单

（5）12 月 21 日，签发现金支票，提取现金 2 000 元以备零星使用，如图 2-7 所示。

中国工商银行现金支票存根（川）	中国工商银行现金支票（川）												
No.038800117	出票日期（大写）贰零壹叁年壹拾贰月贰拾壹日					付款行名称：牛王庙办							
科 目： 银行存款	收款人：东方机械有限公司					出票人账号：015-1036-6836006							
对方科目： 库存现金	本支票付款期十天	人民币贰仟圆整 （大写）	百	十	万	千	百	十	元	角	分		
出票日期 2013 年 12 月 21 日						¥	2	0	0	0	0	0	
收款人： 张山(出纳)		用途：................ 上列款项请从 我账户内支付 出票人（签章）					科目（借）：..........						
金 额： ¥2 000.00							对方科目（贷）：......						
用 途： 备用													
单位主管 会计	复核					记账							

图 2-7 现金支票

（6）12月21日，签发转账支票支付电信公司电话费6 170元，如图2-8、图2-9所示。

中国工商银行转账支票存根（川）	中国工商银行转账支票（川）	成都 No. 018822227											
No. 018822227	出票日期（大写）　　年　　月　　日			付款行名称：牛王庙办									
科　目：................	收款人：电信公司............			出票人账号：015-1036-6836006									
对方科目：................	本支票付款期十天		百	十	万	千	百	十	元	角	分	
出票日期　年　月　日		人民币（大写）										
收款人：................												
金　额：................	用途：............											
用　途：................	上列款项请从我账户内支付	科目（借）：.........										
单位主管　　　会计	出票人（签章）	对方科目（贷）：.........										
	复核	记账										

图2-8　转账支票

成都市电信专用收据

2013 年 12 月 21 日　　　　　　　　　　No. 3065

今收到　东方机械有限公司
￥6 170.00 元
人民币（大写）：陆仟壹佰柒拾圆整　　金额（小写）￥：6 170元

收款单位（签章）成都市电信局　　　　　　　　　　收款人：李明

图2-9　收据

（7）12月22日，收到东风商场转账支票一张，当日填写"转账进账单"一张送存银行。款项是该公司上月所欠货款180 000元，如图2-10、图2-11所示。

中国工商银行进账单(收账通知) **1**

2013年 12 月 22 日　　　　　　委托号码：第　　号

付款人	全　称	东风商场	收款人	全　称	东方机械有限公司	此联是收款人开户银行交给收款人的收账通知
	账　号	015-1028-9675332		账　号	015-1036-6836006	
	开户银行	工行春熙路办		开户银行	工行牛王庙办	

人民币 (大写)壹拾捌万圆整	千	百	十	万	千	百	十	元	角	分
			￥	1	8	0	0	0	0	0

票据种类
转账支票

收款人开户银行(盖章)

图2-10　转账进账单

中国工商银行转账支票存根（川）

No. 018822660

科　目：　　

对方科目：　　

出票日期　年　月　日

收款人：　　

金　额：　　

用　途：　　

单位主管　　会计

中国工商银行转账支票（川）　　成都 No. 018822660

出票日期（大写）贰零壹叁年壹拾贰月贰拾贰日　　付款行名称：春熙路办

收款人：东方机械有限公司　　出票人账号：015-1028-9675332

本支票付款期十天

人民币壹拾捌万圆整 (大写)	百	十	万	千	百	十	元	角	分
	￥	1	8	0	0	0	0	0	0

用途：付货款　　

上列款项请从
我账户内支付
出票人（签章）

科目（借）：　　
对方科目（贷）：　　

复核　　　　　　记账

图2-11　转账支票

（8）12月22日，用银行存款支付市工业设备维修公司一车间机器设备维修费 4 200 元，如图 2-12 所示。

中国工商银行转账支票存根（川）	中国工商银行转账支票（川）	成都 No. 018822228

中国工商银行转账支票存根（川）

No. 018822228

科 目： ....

对方科目： ....

出票日期 年 月 日

收款人： ....

金 额： ....

用 途： ....

单位主管　　会计

中国工商银行转账支票（川）　　　成都 No. 018822228

出票日期（大写）　年　月　日　　付款行名称：牛王庙办

收款人： ....　　　出票人账号：015-1036-6836006

本支票付款期十天

人民币（大写）	百	十	万	千	百	十	元	角	分

用途： ....

上列款项请从我账户内支付

出票人（签章）

科目（借）： ....

对方科目（贷）： ....

复核　　　　　　　记账

图 2-12 转账支票

（9）12月22日，向昆明钢铁公司购入生产产品用钢材 16 吨，单价 8 000 元，金额 128 000 元，增值税税率 17%，运杂费 1 600 元（为简化计算，购买材料不考虑运费抵扣增值税的问题，全部计入采购成本，下同），材料验收入库，以上款项签发电汇凭证予以支付。如图 2-13、图 2-14、图 2-15、图 2-16 所示。

东方机械有限公司材料入库验收单

供货单位：　　　　　　　　　　2013 年 12 月 22 日

品名	规格	单位	数量		实际价格			
			来料数	实际数	单价	总价	运杂费	合计
钢材		吨	16	16	8 000	128 000	1 600	129 600
合计				16		128 000	1 600	129 600

供销主管　　　　　　复核　　　　　　验收保管员　李立

图 2-13 材料入库验收单

昆明市物流公司专用收据

2013 年 12 月 22 日　　　　　　　　　　　　No. 3065

今收到　昆明钢铁公司搬运费
￥1 600.00元
人民币（大写）：壹仟陆佰圆整　　金额（小写）：￥1 600 元

收款单位（签章）昆明市物流公司　　　　　　　　　　　收款人：王　楚

备注：此运费为昆明钢铁公司为东方机械有限公司代垫费用。

图 2－14　收据

云南增值税专用发票

开票日期：2013 年 12 月 22 日　　　　　　发 票 联　　　　　　No.77023585

购货单位	名称	东方机械有限公司			税务登记号		7	7	7	8	8	8	5	8	4	8	3	3	3	3
	地址电话	成都市牛王庙南路 153			开户银行及账号				工行牛王庙办　015-1036-6836006											

货物或应税劳务名称	规格型号	计量单位	数量	单价	金 额								税率	金 额							
					十万	千	百	十	元	角	分	(%)	十万	千	百	十	元	角	分	
钢材		吨	16	8 000	1	2	8	0	0	0	0	0	17		2	1	7	6	0	0	0
合计					1	2	8	0	0	0	0	0	17	￥	2	1	7	6	0	0	0
价税合计	壹拾肆万玖仟柒佰陆拾零元零角零分													￥149 760							
备注																					

销货单位	名称	昆明钢铁公司			税务登记号		2	1	3	2	1	2	7	3	9	8	9	7	5	3
	地址电话	昆明市解放路 13 号			开户银行及账号				工行解放路办 018-1032-3253221											

销货单位:(章)　　　　　收款人:　　　　　复核:　　　　　开票人:

图 2－15　增值税专用发票

第三联：发票联　购货方记账凭证

中国工商银行转账支票存根（川）	中国工商银行转账支票（川）		成都 No. 018822229

中国工商银行转账支票存根（川）

No. 018822229

科　目：...............

对方科目：...............

出票日期　年　月　日

收款人：...............

金　额：...............

用　途：...............

单位主管　　　　会计

中国工商银行转账支票（川）　　　　成都 No. 018822229

出票日期（大写）　年　月　日　　　付款行名称：牛王庙办

收款人：...............　　　　出票人账号：015-1036-6836006

本支票付款期十天

人民币（大写）	百	十	万	千	百	十	元	角	分

用途：...............

上列款项请从

我账户内支付

出票人（签章）

科目（借）：...............

对方科目（贷）：...............

复核　　　　　　记账

图 2-16　转账支票

　　（10）12 月 22 日，用银行存款支付电力公司本月电力费 56 000 元，如图 2-17、图 2-18 所示。

中国工商银行　电汇凭证（回单）　　　1

委托日期 2013 年 12 月 22 日　　　　　　第 238 号

汇款人	全　称	东方机械有限公司		收款人	全　称	昆明钢铁公司										
	账号或住址	015-1036-6836006			账号或住址	018-1032-3253221										
	汇出地点	四川省成都市	汇出行名称		工行牛王庙办	汇入地点	云南省昆明市	汇入行名称		工行解放路办						

金额	人民币（大写）	伍万陆仟元整	百	十	万	千	百	十	元	角	分
				￥	5	6	0	0	0	0	0

汇款用途：付货税款及运费

汇出行（盖章）

单位主管　　会计　　复核　　记账　　　　　　年　月　日

此联为汇出行给汇款人的回单

图 2-17　电汇凭证

电力费用分配表

用途	数量（度）	分配率	分配金额
一车间	42 000	0.5	21 000
二车间	30 000	0.5	15 000
管理部门	28 000	0.5	14 000
销售部门	12 000	0.5	6 000
合计	112 000		56 000

图 2-18　电力费用分配表

（11）12 月 23 日，用现金 600 元购买办公用品，已由公司办公室领用，如图 2-19 所示。

四川省成都市工商业商品销售统一发票

发票联

顾客名称：东方机械有限公司　　　2013 年 12 月 23 日填发　　　No. 00038245256

货品名称及规格	件数	单位	数量	单价	超过拾万元无效	金额						第二联：客户报账凭证
						万	千	百	十	元	角	分
办公用品	批							6	0	0	0	0
合计人民币	（大写）陆佰零拾零元零角零分				合计	￥	6	0	0	0	0	
提货地点及日期	年　月　日		提货人			年　月　日	备注					

填票　　　　　　收款人：李立　　　　　　业务名称　　　　　　（盖章）

图 2-19　销售发票

（12）12 月 23 日，向重庆钢铁公司购入生产产品用钢材 10 吨，单价 9 360 元，金额 93 600 元。材料入库（该笔购进业务未取得增值税专用发票，不存在进项税额抵扣），款项签发转账支票支付，如图 2-20、图 2-21、图 2-22 所示。

东方机械有限公司材料入库验收单

供货单位：　　　　　　　　2013 年 12 月 23 日

品名	规格	单位	数量		实际价格			
			来料数	实际数	单价	总价	运杂费	合计
钢材		吨	10	10	9 360	93 600		93 600
合计				10		93 600		93 600

供销主管　　　　　　　　复核　　　　　　　　验收保管员　李立

图 2-20　材料入库验收单

四川省成都市工商业商品销售统一发票
发票联

顾客名称：东方机械有限公司　　　2013 年 12 月 23 日填发　　　No. 00038245256

货品名称及规格	件数	单位	数量	单价	超过拾万元无效	金 额						
						万	千	百	十	元	角	分
合计人民币 (大写)					合计	¥						
提货地点及日期　年　月　日			提货人		年　月　日	备注						

填票 收款人：王 立　　　　业务名称　　　　　　　　　　(盖章)

第二联：客户报账凭证

图 2-21　发票

中国工商银行转账支票存根（川）	中国工商银行转账支票（川） 成都 No.018822230
No.018822230	出票日期（大写） 年 月 日 付款行名称：牛王庙办
科 目：..................	收款人：.............. 出票人账号：015-1036-6836006

中国工商银行转账支票（川）　　成都 No.018822230

出票日期（大写）　年　月　日　　付款行名称：牛王庙办

收款人：..............　　　出票人账号：015-1036-6836006

		百	十	万	千	百	十	元	角	分
人民币（大写）										

用途：...............

上列款项请从　　　　　　科目（借）：..............
我账户内支付　　　　　　对方科目（贷）：..............
出票人（签章）

复核　　　　　　　　记账

图 2-22　转账支票

（13）12 月 23 日，接开户行工商银行转来"特种转账支票"，收取 2013 年第四季度短期借款利息 23 000 元，直接从本企业存款账户中扣除。该利息已在前期预提 16 000 元，如图 2-23 所示。

中国工商银行特种转账支票（川）　成都 No.0388442855643

出票日期（大写）贰零壹叁年壹拾贰月贰拾叁日　　付款行名称：牛王庙办

收款人：工行牛王庙办　　　出票人账号：015-1036-6836006

		百	十	力	千	百	十	元	角	分
人民币（大写）贰万叁仟圆整				¥	2	3	0	0	0	0

用途：...............

上列款项请从　　　　　　科目（借）：..............
我账户内支付　　　　　　对方科目（贷）：..............
出票人（签章）

复核　　　　　　　　记账

中国工商银行转账支票存根（川）

No.0388442855643

科 目： 银行存款

对方科目：..............

出票日期 年 月 日

收款人：..............

金 额：..............

用 途：..............

单位主管 会计

图 2-23　转账支票

（14）12 月 23 日，用现金支付职工工伤医药费 4 500 元，如图 2 - 24 所示。

四川省人民医院收据

姓名	张一	2013 年 12 月 23 日
项 目		金 额
西药费		2 000
中药费		
检查费		1 800
治疗费		700
合 计		￥4 500

单位公章 收款人
领导签字：同意报销

图 2 - 24　收据

（15）12 月 23 日，销售给蓉北动力公司自动降温设备 100 套，单价 20 000 元，金额 2 000 000 元，增值税税率 17%，签发转账支票代垫运费 3 300 元，货税款及代垫运费当即办妥托收手续，如图 2 - 25、图 2 - 26、图 2 - 27 所示。

中国工商银行转账支票存根（川） No. 018822231 科 目：银行存款 对方科目：应收账款 出票日期 2013 年 12 月 23 日 收款人：成都市物流公司 金 额：￥3 300.00 用 途：代垫运费 单位主管　　会计	**中国工商银行转账支票**（川）成都 No. 018822231

中国工商银行转账支票存根（川）

No. 018822231

科　目：银行存款

对方科目：应收账款

出票日期 2013 年 12 月 23 日

收款人：成都市物流公司

金　额：￥3 300.00

用　途：代垫运费

单位主管　　　　会计

中国工商银行转账支票（川）成都 No. 018822231

出票日期（大写）　贰零壹叁年壹拾贰月贰拾叁日　　　付款行名称：牛王庙办

收款人：成都市物流公司　　　　出票人账号：015-1036-6836006

	百	十	万	千	百	十	元	角	分
人民币 （大写）叁仟叁佰圆整						￥3	3	0	0	0	0

本支票付款期十天

用途：代垫运费
上列款项请从　　　　　　　科目（借）：
我账户内支付　　　　　　　对方科目（贷）：
出票人（签章）

复核　　　　　　　记账

图 2 - 25　转账支票

四川省增值税专用发票

开票日期: 2013 年 12 月 23 日　　　　　　　记 账 联　　　　　　　　　　No. 26528122

购货单位	名称					税务登记号														
	地址电话					开户银行及账号														

货物或应税劳务名称	规格型号	计量单位	数量	单价	金 额								税率(%)	税 额							
					十	万	千	百	十	元	角	分		十	万	千	百	十	元	角	分
合计																					
价税合计																					
备注																					

销货单位	名称					税务登记号														
	地址电话					开户银行及账号														

销货单位: (章)　　　　　收款人:　　　　　复核:　　　　　开票人:

第四联: 销货方记账凭证

图 2-26　增值税专用发票

邮划　　　　**托收承付凭证** (回单)　　　　**1**

委托日期 2013 年 12 月 23 日　　　　　　　　委托号码: 第 4 号

收款人	全 称		付款人	全 称										
	账 号或住址			账 号或住址										
	开户银行			开户银行				行号						
委托金额	人民币(大写)					千	百	十	万	千	百	十	元	角	分
款项内容		委托收款凭据名称			附寄单证张数									
备注:			款项收妥日期											
			年　月　日	收款人开户银行(盖章)　月　日										

此联为开户银行给收款人的回单

单位主管　　　　　会计　　　　　复核　　　　　记账

提示: 已向银行办妥托收事项, 但货款未收。

图 2-27　托收承付凭证

(16) 12 月 23 日, 向重庆钢铁公司购入生产产品用线材 60 千克, 单价 4 600 元, 金额 276 000 元, 增值税税率 17%, 材料验收入库, 银行转来"托收承付凭证"第五联"支款通知", 审核无误, 予以承付, 如图 2-28、图 2-29 所示。

重庆市增值税专用发票

开票日期：2013 年 12 月 23 日　　　　　　发 票 联　　　　　　　　　No.26528123

购货单位	名称				税务登记号																		
	地址电话				开户银行及账号																		

货物或应税劳务名称	规格型号	计量单位	数量	单价	金　额								税率(%)	税　额								
					十	万	千	百	十	元	角	分		十	万	千	百	十	元	角	分
合计																					
价税合计																					
备注																					

销货单位	名称				税务登记号																		
	地址电话				开户银行及账号																		

销货单位：(章)　　　　收款人：　　　　　　复核：　　　　　　开票人：

第三联：发票联　购货方记账凭证

图 2-28　增值税专用发票

委邮　　　**委托收款凭证**(付款通知)　　　**5**　　　委托号码：

委托日期 2013 年 12 月 23 日　　　　　　　　　　　　第 8 号

付款日期 2013 年 12 月 26 日

付款人	全　称	东方机械有限公司	委托人	全　称	重庆钢铁公司											
	账号或住址	015-1036-6836006		账号或住址	020-1026-3314775											
	开户银行	成都市工商银行牛王庙办		开户银行	工行化成办	行号										

委托金额	人民币(大写)		千	百	十	万	千	百	十	元	角	分

款项内容	商业汇票到期付款	委托收款凭据名称	发票	附寄单证张数	1

备注：

付款人注意：

1. 根据结算办法，上列委托收款，如在付款期限内未拒付时，即视同全部同意付款，以此联代付款通知。

2. 如需要提前付款或多付款时，应另写书面通知送银行办理。

3. 如全部或部分拒付，应在付款期限内另填拒绝付款理由书送银行办理。

此联为付款人开户银行给付款人按期付款的通知

单位主管　　　会计　　　复核　　　记账　　　付款人开户银行(盖章)

图 2-29　委托收款凭证

（17）12 月 23 日，出售已报废作备查登记的废旧材料 20 千克，单价 117 元，金额 2 340 元，收到现金交出纳，如图 2－30 所示。

收款收据

今 收 到	1 号仓库保管员交来出售废旧材料收入		
交 来	现金		
人民币(大写)	贰仟叁佰肆拾零元零角零分		￥2 340.00
其 中：	现 金：	单 据：	
收款单位(签章)		收款人(签章) 年 月 日	

记账： 缴款人(签章)

图 2－30 收据

（18）12 月 23 日，用银行存款支付邮电部门订购本月报纸杂志费 1 500 元。其中：一车间负担 500 元，二车间负担 400 元，管理部门负担 600 元，如图 2－31 所示。

中国人民邮政报刊费收据
2013 年 12 月 23 日   第 22301875 号

订 户	东方机械有限公司		期间：2013 年 12 月 1 日至 2013 年 12 月 31 日		邮　　戳 及收订员号码
订单号	22108686		电脑号	18746861	
种 类	订单数	金 额	投递费	共计收款（元）	
报 刊	5	1 300	200	1 500	
合 计				￥1 500	

成都市牛王庙邮局

图 2－31 收据

（19）12 月 24 日，11 月从新都线材公司购入的原材料线材 10 千克已付款，单价 4 200 元，金额 42 000 元，验收入库，如图 2－32 所示。

东方机械有限公司材料入库验收单

供货单位：　　　　　　　　　　　2013 年 12 月 24 日

品名	规格	单位	数量		实际价格			
			来料数	实际数	单价	总价	运杂费	合计
线材		千克	10	10	4 200	42 000		42 000
合计				10		42 000		42 000

供销主管　　　　　　复核　　　　　　　　验收保管员　李立

图 2 - 32　材料入库验收单

（20）12 月 24 日，签发转账支票支付新时代广告公司销售产品广告费 1 000 元，如图 2 - 33、图 2 - 34 所示。

中国工商银行转账支票存根（川）	中国工商银行转账支票（川）　　　　成都 No. 018822232
No. 018822232	出票日期（大写）　　年　　月　　日　　付款行名称：牛王庙办
科　目：_____	收款人：_____　　　　出票人账号：015-1036-6836006
对方科目：_____	
出票日期　年　月　日	人民币　　　　　百 十 万 千 百 十 元 角 分
收款人：_____	（大写）
金　额：_____	用途：_____
用　途：_____	上列款项请从　　　　科目（借）：_____
单位主管　　　会计	我账户内支付　　　对方科目（贷）：_____
	出票人（签章）
	复核　　　　　　　记账

本支票付款期十天

图 2 - 33　转账支票

成都市运输广告行业专用发票

客户名称：东方机械有限公司　　　　　2013 年 12 月 24 日　　　　　第 5848 号

项　目	类　型	超过十万元无效	金　额						
			万	千	百	十	元	角	分
广　告	产品广告			1	0	0	0	0	0
合　计			￥	1	0	0	0	0	0

人民币合计（大写）壹仟零佰零拾零元零角零分

备　注	

单位（盖章）：新时代广告公司　　　会计：　　　　复核：　　　　　制单：

第二联：交对方

图 2-34　发票

（21）12 月 24 日，从新都电器公司购入生产产品用的电器开关 1 000 个，单价 26.40 元，金额 26 400 元，材料验收入库，款项签发转账支票付讫，如图 2-35、图 2-36 所示。

中国工商银行转账支票存根（川） No. 018822233 科　目：-------------- 对方科目：------------ 出票日期　年　月　日 收款人：-------------- 金　额：-------------- 用　途：-------------- 单位主管　　　　会计	**中国工商银行转账支票**（川）　　　成都 No. 018822233

中国工商银行转账支票（川）　　　成都 No. 018822233

出票日期（大写）　年　月　日　　付款行名称：牛王庙办

收款人：　　　　　　　　　出票人账号：015-1036-6836006

本支票付款期十天

人民币 （大写）	百	十	万	千	百	十	元	角	分

用途：

上列款项请从

我账户内支付

出票人（签章）

科目（借）：------------

对方科目（贷）：----------

复核　　　　　　　记账

图 2-35　转账支票

东方机械有限公司材料入库验收单

供货单位： 2013 年 12 月 24 日

品名	规格	单位	数量		实际价格			
			来料数	实际数	单价	总价	运杂费	合计
电器开关		个	1 000	1 000	26.40	26 400		26 400
合计				1 000		26 400		26 400

供销主管 复核 验收保管员 李立

图 2 - 36 材料入库验收单

（22）12 月 25 日，职工张兵以现金归还前借支款 300 元，如图 2 - 37 所示。

收款收据

今 收 到	张兵	
交 来	前借支款剩余现金	
人民币(大写)	零仟叁佰零拾零元零角零分	￥300.00
其 中：	现 金：300.00	单 据：
收款单位(签章)	收款人(签章)	年 月 日

记账： 缴款人(签章)

图 2 - 37 收据

（23）12 月 25 日，从松威线材公司购入生产产品用线材 15 千克，单价 4 000元，金额 60 000 元，增值税税率 17%，材料验收入库，货税款未付，如图 2 - 38、图 2 - 39 所示。

四川省增值税专用发票

购货单位	名称					税务登记号											
	地址电话					开户银行及账号											

货物或应税劳务名称	规格型号	计量单位	数量	单价	金 额								税率 (%)	税 额								
					十	万	千	百	十	元	角	分		十	万	千	百	十	元	角	分
合计																					
价税合计																					
备注																					

销货单位	名称					税务登记号											
	地址电话					开户银行及账号											

销货单位:(章)   收款人: 复核: 开票人:

图 2-38 增值税专用发票

东方机械有限公司材料入库验收单

供货单位: 2013 年 12 月 25 日

品名	规格	单位	数量		实际价格			
			来料数	实际数	单价	总价	运杂费	合计
线材		千克	15	15	4 000	60 000		60 000
合计			15	15		60 000		60 000

供销主管   复核   验收保管员   李立

图 2-39 材料入库验收单

(24) 12 月 26 日,接受彩虹有限责任公司投资 2 000 000 元,资产的协议价格为:自动化新机床 10 台,单价 150 000 元,土地使用权 500 000 元,如图 2-40、图 2-41 所示。

投 资 协 议 书

经双方协商东方机械有限公司同意彩虹有限责任公司以自动化机床10台、价值1 500 000元和土地使用权500 000元投资。

甲方：东方机械有限公司　　　　　　　乙方：彩虹有限责任公司
　　　（盖章）　　　　　　　　　　　　　　（盖章）

2013年12月26日

图2-40　投资协议书

东方机械有限公司非流动资产验收单

2013 年 12 月 26 日

供货单位：

品　名	规　格	数　量	单　价（元）	金　额（元）
自动化机床		10	150 000	1 500 000
土地使用权		1	500 000	500 000
合　　计				2 000 000

验收人：王锐

图2-41　验收单

(25) 12 月 26 日，收到银行转来"委托收款凭证"第四联"收款通知"，系前本月销售给蓉北动力公司的款项收妥存入银行，如图2-42所示。

委邮   委托收款凭证(收款通知)   4   委托号码:

委托日期 2013 年 12 月 26 日   第 225 号

收款人	全 称	东方机械有限公司	付款人	全 称	蓉北动力公司											
	账 号或住址	牛王庙南路 153 号		账 号或住址	015-1033-2232445											
	开户银行	015-1036-6836006		开户银行	三洞桥办	行号										

委托金额	人民币(大写)	贰佰叁拾肆万叁仟叁佰圆整	千	百	十	万	千	百	十	元	角	分
			¥	2	3	4	3	3	0	0	0	0

款项内容	委托银行收取前欠款	委托收款凭据名称	托收承付委托书	附寄单证张数	2
备注:			款项收妥日期		
			2013 年 12 月 11 日	收款人开户银行(盖章) 月 日	

此联为持票人开户银行交给收款人的回单

图 2-42   委托收款凭证

(26)12 月 26 日,开出工商银行"电汇凭证"一张,用以支付前欠重庆钢铁公司材料款 290 000 元,如图 2-43 所示。

中国工商银行   电汇凭证(回单)   1

委托日期 2013 年 12 月 26 日   第 238 号

汇款人	全 称	东方机械有限公司		收款人	全 称	重庆钢铁公司									
	账号或住址	015-1036-6836006			账号或住址	020-1026-3314775									
	汇出地点	四川省成都市	汇出行名称	工行牛王庙办		汇入地点	重庆市	汇入行名称	工行化成路办						

金额	人民币(大写)	贰拾玖万零仟零佰零拾零元零角零分	百	十	万	千	百	十	元	角	分
			¥	2	9	0	0	0	0	0	0

汇款用途:付货税款及运费	汇出行(盖章)
单位主管 会计 复核 记账	年 月 日

此联为汇出行给汇款人的回单

图 2-43   电汇凭证

(27)12 月 26 日,出售给东风商场食品加工机 6 台,单价 4 000 元,金额 24 000 元,增值税税率 17%,货税款未收,如图 2-44 所示。

四川省增值税专用发票

开票日期：2013 年 12 月 26 日　　　　　　记 账 联　　　　　　No. 265281500

购货单位	名称	东凤商场	税务登记号	2	1	1	2	0	3	0	0	7	6	3	4	0	1	3
	地址电话	蜀都大道 432 号	开户银行及账号	工行春熙路办 015-1028-9675332														

货物或应税劳务名称	规格型号	计量单位	数量	单价	金 额								税率(%)	税 额							
					十	万	千	百	十	元	角	分		十	万	千	百	十	元	角	分
食品加工机		台	6	4 000		2	4	0	0	0	0	0	17		4	0	8	0	0	0	0
合计																					
价税合计	贰万捌仟零捌拾圆整							￥28 080.00													
备注																					

销货单位	名称	东方机械有限公司	税务登记号	7	7	7	8	8	8	5	8	4	8	3	3	3	3	
	地址电话	成都市牛王庙南路 153 号	开户银行及账号															

第四联 记账联 购货方记账凭证

销货单位（章）：　　　收款人：　　　复核：　　　开票人：

图 2－44　增值税专用发票

（28）12 月 26 日，将银行存款 2 200 000 元转入华西证券公司，准备从二级市场购入股票，如图 2－45 所示。

中国工商银行转账支票存根（川）	中国工商银行转账支票（川）　　成都 No. 018822234
No. 018822234 科 目：................ 对方科目：................ 出票日期　年　月　日 收款人：................ 金 额：................ 用 途：................ 单位主管　　　会计	出票日期（大写）　　年　　月　　日　　付款行名称：牛王庙办 收款人：................　　出票人账号：015-1036-6836006 本支票付款期十天　人民币（大写）　百 十 万 千 百 十 元 角 分 用途：................ 上列款项请从　　　　　　　　科目（借）：........ 我账户内支付　　　　　　　　对方科目（贷）：........ 出票人（签章） 　　　　复核　　　　　　记账

图 2－45　转账支票

（29）12 月 27 日，用银行存款支付市环保局罚款支出 3 200 元，如图 2－46 所示。

成都市环境保护局罚款专用收据

2013 年 12 月 27 日   No. 03065

今收到　东方机械有限公司
交来罚款
人民币（大写）：叁仟贰佰圆整　　金额（小写）：￥3 200.00 元

收款单位（签章）   收款人：钟山

图 2 - 46　收据

（30）12 月 27 日，办公室主任张强报销差旅费 960 元，原借支金额 1 200 元，剩余金额退回现金交出纳，如图 2 - 47 所示。

东方机械有限公司差旅费报销单

项　　目	金　　额	费用内容	
报销金额	960.00	车船费	800.00
应退金额	240.00	补助费	160.00
应退金额（人民币大写）贰佰肆拾圆整		￥240.00 元	

报销人   出纳

图 2 - 47　差旅费报销单

（31）12 月 27 日，购买四川长虹股票 800 000 股，单价 2.30 元，金额 1 840 000 元，公司将该金融资产分类为交易性金融资产，另支付佣金 2 300 元（金额较小，不计入股票成本），买价及佣金用存入华西证券公司的投资款支付，如图 2 - 48 所示。

东方机械有限公司金融资产入账单

发行单位：××股份公司   2013 年 12 月 27 日

金融名称	资金账号	成交序号	结算金额		已计利息或已宣告股利
			手续费	成本额	
股票	52200984	23	2 300	1 840 000	
人民币(大写)　壹佰捌拾肆万贰仟叁佰圆整				￥1 842 300.00 元	
备注：经公司决定，该股票计入"交易性金融资产"					

经办：   保管：   制单：

图 2 - 48　金融资产入账单

第二联　会计记账

（32）12月28日，收回蓉北动力公司前欠货款 280 000 元和蓝天商场购货欠款 20 000 元，存入银行，如图 2-49、图 2-50、图 2-51、图 2-52 所示。

中国工商银行转账支票存根（川）	中国工商银行转账支票（川） 成都 No.0351000020
No.0351000020	出票日期（大写） 年 月 日　　付款行名称：蓝天商场

中国工商银行转账支票存根（川）
No.0351000020
科　目：...............
对方科目：...............
出票日期 年 月 日
收款人：...............
金　额：...............
用　途：...............
单位主管　　会计

中国工商银行转账支票（川）　　　成都 No.0351000020
出票日期（大写）　年　月　日　　付款行名称：蓝天商场
收款人：...............　　出票人账号：015-1007-3324569

本支票付款期十天

人民币（大写）｜百｜十｜万｜千｜百｜十｜元｜角｜分｜

用途：...............
上列款项请从我账户内支付
出票人（签章）

科目（借）：...............
对方科目（贷）：...............

复核　　　　记账

图 2-49 转账支票

中国工商银行进账单(收账通知) **1**

年　月　日　　　　委托号码：第　号

付款人	全　称	蓝天商场	收款人	全　称	东方机械有限公司
	账　号	015-1007-3324569		账　号	015-1036-6836006
	开户银行	工行盐市口办		开户银行	工行牛王庙办

人民币（大写）贰万圆整	千｜百｜十｜万｜千｜百｜十｜元｜角｜分
	¥ 2 0 0 0 0 0 0

票据种类
转账支票

收款人开户银行(盖章)

此联是收款人开户银行交给收款人的收账通知

图 2-50 进账单

中国工商银行转账支票存根（川）	中国工商银行转账支票（川）		成都 No.037200005

中国工商银行转账支票存根（川）

No.037200005

科　目：...............

对方科目：...............

出票日期　年　月　日

收款人：...............

金　额：...............

用　途：...............

单位主管　　　会计

中国工商银行转账支票（川）　　成都 No.037200005

出票日期（大写）　年　月　日　　付款行名称：蓉北动力公司

收款人：...............　　　出票人账号：015-1033-2232445

本支票付款期十天

人民币（大写）

	百	十	万	千	百	十	元	角	分

用途：...............

上列款项请从

我账户内支付

出票人（签章）

科目（借）：...........

对方科目（贷）：...........

复核　　　　　　记账

图2-51　转账支票

中国工商银行进账单(收账通知)　　1

年　月　日　　　　　　委托号码：第　号

付款人	全　称	蓉北动力公司	收款人	全　称	东方机械有限公司
	账　号	015-1033-2232445		账　号	015-1036-6836006
	开户银行	三洞桥办		开户银行	工行牛王庙办

人民币 (大写)贰拾捌万圆整	千	百	十	万	千	百	十	元	角	分
			¥	2	8	0	0	0	0	0	0

票据种类
转账支票

收款人开户银行(盖章)

此联是收款人开户银行交给收款人的收账通知

图2-52　进账单

（33）12月28日，出售购入的四川长虹股票800 000股，每股单价2.6元，金额2 080 000元，佣金、手续费、印花税共计6 900元，扣除佣金、手续费、印花税后的款项收存银行存款账户，如图2-53、图2-54所示。

中国工商银行转账支票存根（川）	中国工商银行转账支票（川）											成都 No.035500221

中国工商银行转账支票存根（川）

No.035500221

科　目：..................

对方科目：..................

出票日期　年　月　日

收款人：..................

金　额：..................

用　途：..................

单位主管　　　会　计

中国工商银行转账支票（川）　　　　成都 No.035500221

出票日期（大写）　年　月　日　　　付款行名称：华西证券

收款人：..................　　　出票人账号：

		百	十	万	千	百	十	元	角	分
人民币（大写）										

本支票付款期十天

用途：..................

上列款项请从我账户内支付

出票人（签章）

科目（借）：..................

对方科目（贷）：..................

复核　　　　　　　　　记账

图 2-53　转账支票

股票交割单

客户：东方机械有限公司　　　　2013 年 12 月 28 日　　　　发行单位：四川长虹股份公司

金融资产名称	资金账号	成交序号	委托号	买卖	开平	成交金额	手数	手续费
四川长虹股票	52200984	36	330	卖出	开仓	2 080 000		6 900
人民币(大写)	贰佰零柒万叁仟壹佰圆整　　¥2 073 100.00							
备　注：								

盖章：华西证券公司　　　　　复核：　　　　　　　经办：

图 2-54　股票交割单

（34）12 月 29 日，签发转账支票，归还工商银行长期借款 100 000 元，如图 2-55 所示。

中国工商银行转账支票存根（川）	中国工商银行转账支票（川）								成都 No. 018822235		
No. 018822235	出票日期（大写） 年 月 日					付款行名称：牛王庙办					

中国工商银行转账支票（川）　　　　　　　　成都 No. 018822235

出票日期（大写）　年　月　日　　付款行名称：牛王庙办

收款人：　　　　　　　　　　　出票人账号：015-1036-6836006

本支票付款期十天	人民币（大写）	百	十	万	千	百	十	元	角	分

科　目：.............

对方科目：.............

出票日期　年　月　日

收款人：.............

金　额：.............

用　途：.............

单位主管　　会计

用途：.............

上列款项请从

我账户内支付

出票人（签章）

科目（借）：.............

对方科目（贷）：.............

复核　　　　　　记账

图 2 - 55　转账支票

（35）12 月 29 日，从重庆钢铁公司购入生产产品用钢材 50 吨，单价 8 200 元，金额 410 000 元，增值税税率 17%，材料在途，银行转来"委托收款凭证"第五联"付款通知"，审核无误，予以承付，如图 2 - 56、图 2 - 57 所示。

委邮　　　**委托收款凭证**(付款通知)　　　　**5**　　委托号码：

委托日期 2013 年 12 月 23 日　　　　　　　　第 8 号

付款日期 2013 年 12 月 26 日

付款人	全　称	东方机械有限公司	委托人	全　称	重庆钢铁公司									
	账号或住址	015-1036-6836006		账号或住址	020-1026-3314775									
	开户银行	成都市工商银行牛王庙办		开户银行	工行化成办	行号								

委托金额	人民币（大写） 肆拾柒万玖仟柒佰圆整	千	百	十	万	千	百	十	元	角	分
			¥	4	7	9	7	0	0	0	0

款项内容	商业汇票到期付款	委托收款凭据名称		发票	附寄单证张数	1

备注：

付款人注意

1. 根据结算办法，上列委托收款，如在付款期限内未拒付时，即视同全部同意付款，以此联代付款通知。
2. 如需提前付款或多付款时，应另写书面通知送银行办理。
3. 如全部或部分拒付，应在付款期限内另填拒绝付款理由书送银行办理。

单位主管　　会计　　复核　　记账　　付款人开户银行(盖章)2013 年 12 月 4 日

此联为付款人开户银行给付款人按期付款的通知

图 2 - 56　委托收款凭证

重庆市增值税专用发票

开票日期: 2013 年 12 月 29 日　　　　　　发 票 联　　　　　　No. 265281532

<table>
<tr><td rowspan="2">购货单位</td><td>名称</td><td colspan="2">东方机械有限公司</td><td colspan="2">税务登记号</td><td>7</td><td>7</td><td>7</td><td>8</td><td>8</td><td>8</td><td>5</td><td>8</td><td>4</td><td>8</td><td>3</td><td>3</td><td>3</td><td>3</td></tr>
<tr><td>地址电话</td><td colspan="2">成都市牛王庙南路153 号</td><td colspan="2">开户银行及账号</td><td colspan="14">015-1036-6836006</td></tr>
<tr><td colspan="2">货物或应税劳务名称</td><td>规格型号</td><td>计量单位</td><td>数量</td><td>单价</td><td colspan="9">金　额</td><td>税率(%)</td><td colspan="8">税　额</td></tr>
<tr><td colspan="2"></td><td></td><td></td><td></td><td></td><td>十</td><td>万</td><td>千</td><td>百</td><td>十</td><td>元</td><td>角</td><td>分</td><td></td><td>十</td><td>万</td><td>千</td><td>百</td><td>十</td><td>元</td><td>角</td><td>分</td></tr>
<tr><td colspan="2">钢　材</td><td></td><td>吨</td><td>50</td><td>8 200</td><td>4</td><td>1</td><td>0</td><td>0</td><td>0</td><td>0</td><td>0</td><td>0</td><td>17</td><td></td><td>6</td><td>9</td><td>7</td><td>0</td><td>0</td><td>0</td><td>0</td></tr>
<tr><td colspan="2"></td><td></td><td></td><td></td><td></td><td></td><td></td><td></td><td></td><td></td><td></td><td></td><td></td><td></td><td></td><td></td><td></td><td></td><td></td><td></td><td></td><td></td></tr>
<tr><td colspan="2">合计</td><td></td><td></td><td></td><td></td><td></td><td></td><td></td><td></td><td></td><td></td><td></td><td></td><td></td><td></td><td></td><td></td><td></td><td></td><td></td><td></td><td></td></tr>
<tr><td colspan="2">价税合计</td><td colspan="7">肆拾柒万玖仟柒佰圆整</td><td colspan="14">￥479 700.00</td></tr>
<tr><td colspan="2">备注</td><td colspan="21"></td></tr>
<tr><td rowspan="2">销货单位</td><td>名称</td><td colspan="2">重庆钢铁公司</td><td colspan="2">税务登记号</td><td colspan="14"></td></tr>
<tr><td>地址电话</td><td colspan="2"></td><td colspan="2">开户银行及账号</td><td colspan="14"></td></tr>
</table>

销货单位:(章)　　　　收款人:　　　　复核:　　　　开票人:

第三联: 发票联　购货方记账凭证

图 2-57　增值税专用发票

(36) 12 月 30 日, 出售给红源商场食品加工机 8 台, 单价 4 000 元, 金额 32 000元, 增值税税率17%, 货税款收存银行, 如图 2-58、图 2-59、图 2-60 所示。

四川省增值税专用发票

开票日期: 2013 年 12 月 30 日　　　　　　记 账 联　　　　　　No. 26528122

<table>
<tr><td rowspan="2">购货单位</td><td>名称</td><td colspan="2">红源商场</td><td colspan="2">税务登记号</td><td colspan="14"></td></tr>
<tr><td>地址电话</td><td colspan="2"></td><td colspan="2">开户银行及账号</td><td colspan="14"></td></tr>
<tr><td colspan="2">货物或应税劳务名称</td><td>规格型号</td><td>计量单位</td><td>数量</td><td>单价</td><td colspan="9">金　额</td><td>税率(%)</td><td colspan="8">税　额</td></tr>
<tr><td colspan="2"></td><td></td><td></td><td></td><td></td><td>十</td><td>万</td><td>千</td><td>百</td><td>十</td><td>元</td><td>角</td><td>分</td><td></td><td>十</td><td>万</td><td>千</td><td>百</td><td>十</td><td>元</td><td>角</td><td>分</td></tr>
<tr><td colspan="2"></td><td></td><td></td><td></td><td></td><td></td><td></td><td></td><td></td><td></td><td></td><td></td><td></td><td></td><td></td><td></td><td></td><td></td><td></td><td></td><td></td><td></td></tr>
<tr><td colspan="2"></td><td></td><td></td><td></td><td></td><td></td><td></td><td></td><td></td><td></td><td></td><td></td><td></td><td></td><td></td><td></td><td></td><td></td><td></td><td></td><td></td><td></td></tr>
<tr><td colspan="2">合计</td><td></td><td></td><td></td><td></td><td></td><td></td><td></td><td></td><td></td><td></td><td></td><td></td><td></td><td></td><td></td><td></td><td></td><td></td><td></td><td></td><td></td></tr>
<tr><td colspan="2">价税合计</td><td colspan="21"></td></tr>
<tr><td colspan="2">备注</td><td colspan="21"></td></tr>
<tr><td rowspan="2">销货单位</td><td>名称</td><td colspan="2">东方机械有限公司</td><td colspan="2">税务登记号</td><td>7</td><td>7</td><td>7</td><td>8</td><td>8</td><td>8</td><td>5</td><td>8</td><td>4</td><td>8</td><td>3</td><td>3</td><td>3</td><td>3</td></tr>
<tr><td>地址电话</td><td colspan="2">成都市牛王庙南路153 号</td><td colspan="2">开户银行及账号</td><td colspan="14">015-1036-6836006</td></tr>
</table>

销货单位:(章)　　　　收款人:　　　　复核:　　　　开票人:

第四联　记账联　销货方记账凭证

图 2-58　增值税专用发票

中国工商银行转账支票存根（川） No. 036100122 科　目：＿＿＿＿＿＿ 对方科目：＿＿＿＿＿ 出票日期　年　月　日 收款人：＿＿＿＿＿＿ 金　额：＿＿＿＿＿＿ 用　途：＿＿＿＿＿＿ 单位主管　　　会计	中国工商银行转账支票（川）　　成都 No.036100122

（表格内容）

中国工商银行转账支票（川）　　　成都 No.036100122

出票日期（大写）　　年　　月　　日　　　付款行名称：红源商场

收款人：东方机械有限公司　　　　　　　出票人账号：

本支票付款期十天

人民币（大写）　　百 十 万 千 百 十 元 角 分

用途：
上列款项请从
我账户内支付
出票人（签章）

科目（借）：＿＿＿＿＿
对方科目（贷）：＿＿＿＿＿

复核　　　　　　　　　　　记账

图 2-59　转账支票

中国工商银行进账单 (收账通知)　　　1

年　月　日　　　　　　　委托号码：第　号

付款人	全　称	红源商场	收款人	全　称	东方机械有限公司
	账　号			账　号	015-1036-6836006
	开户银行			开户银行	牛王庙办

人民币（大写）　　　　　　千 百 十 万 千 百 十 元 角 分
　　　　　　　　　　　　　　　　　　　¥

票据种类
转账支票

收款人开户银行（盖章）

此联是收款人开户银行交给收款人的收账通知

图 2-60　进账单

　　（37）12 月 31 日，本月耗用材料分配资料：东方机械有限公司本月"发料凭证汇总表"（加权平均法）资料如图 2-61、图 2-62 所示。

用途	钢材	线材	电器开关	合计
自动降温设备	60 吨	10 千克	2 000 个	
食品加工机	20 吨	40 千克	600 个	
一车间	1 吨	0.5 千克	100 个	
二车间	1 吨	0.5 千克	100 个	
管理部门	1 吨	1 千克	200 个	
合计	83 吨	52 千克	3 000 个	

（设：计算出的加权平均单价分别为：钢材 8 279.25 元，线材 4 608.51 元，电器开关 25.42 元。）

图 2-61 发料凭证汇总表

材 料 费 用 分 配 表

用途	钢材	线材	电器开关	金额
生产自动降温设备	60 吨	10 千克	2 000 个	593 680.10 元
生产食品加工机	20 吨	40 千克	600 个	365 177.40 元
一车间	1 吨	0.5 千克	100 个	13 125.51 元
二车间	1 吨	0.5 千克	100 个	13 125.51 元
管理部门	1 吨	1 千克	200 个	17 971.76 元
合　计	83 吨	52 千克	3 000 个	1 003 080.28 元

图 2-62 材料费用分配表

（38）12 月 31 日，本月分配工资费用资料如下及见图 2-63：

工资用途	分配金额
自动降温设备	120 000
食品加工机	80 000
一车间	8 200
二车间	8 200
管理部门	14 800
合计	231 200

职 工 薪 酬 分 配 表　　　　单位：元

工资用途	分配率	分配金额
自动降温设备	1.0	120 000.00
食品加工机	1.0	80 000.00
一车间	1.0	8 200.00
二车间	1.0	8 200.00
管理部门	1.0	14 800.00
合计		231 200.00

图2-63　职工薪酬分配表

（39）12月31日，本月计提折旧资料如下及见图2-64：

折旧费用途	分配金额
一车间	40 000
二车间	38 000
管理部门	25 000
合计	103 000

折 旧 费 用 分 配 表　　　　单位：元

折旧费用途	分配金额
一车间	40 000
二车间	38 000
管理部门	25 000
合计	103 000

图2-64　折旧费用分配表

（40）12月31日，计提本月短期借款利息10 000元，如图2-65所示。

短 期 借 款 利 息 计 算 单　　　　单位：元

本金	利率	利息
1 200 000		10 000
合计		10 000

图2-65　短期借款利息计算单

（41）12 月 31 日，摊销本月无形资产资料如下及见图 2 - 66：

摊销费用途	分配金额
一车间	4 000
二车间	7 100
管理部门	4 200
合计	15 300

无 形 资 产 摊 销 费 用 分 配 表　　　单位：元

摊销费用途	分配金额
一车间	4 000
二车间	7 100
管理部门	42 000
合计	15 300

图 2 - 66　无形资产摊销费用分配表

（42）12 月 31 日，该企业一车间生产自动降温设备，二车间生产食品加工机，将各车间的制造费用结转生产成本，如图 2 - 67 所示。

制 造 费 用 分 配 表　　　单位：元

制造费用途	分配金额
自动降温设备	163 885.51
食品加工机	130 325.51
合计	294 211.02

图 2 - 67　制造费用分配表

（43）12 月 31 日，结转本期完工产品成本。本期投料生产自动降温设备 30 套，期初在产品 70 套，食品加工机本月投料生产 100 台，月初在产品 100 台，均全部生产完工，验收入库，如图 2 - 68 所示。

完 工 产 品 成 本 计 算 表　　　　单位：元

产品名称	直接材料	直接人工	制造费用	合计
自动降温设备	1 313 680.10	400 000	441 885.51	2 155 565.61
食品加工机	750 177.40	248 000	194 105.51	1 192 282.91
合计	2 063 857.50	648 000	635 991.02	3 347 848.52

图 2 - 68　完工产品成本计算表

（44）12 月 31 日，结转本期产品销售成本 1 600 000 元，其中，自动降温设备 1 560 000 元，食品加工机 40 000 元，如图 2 - 69 所示。

产 品 销 售 成 本 计 算 表　　　　单位：元

产品名称	销售金额
自动降温设备	1 560 000
食品加工机	40 000
合计	1 600 000

图 2 - 69　产品销售成本计算表

说明：此笔业务结束后，编制本月最后一张"科目汇总表"并登记总账。后面几笔业务编制记账凭证时，可以直接根据账簿记录数据编制，不需要原始凭证，编制记账凭证后可以直接根据记账凭证登记总账。

（45）12 月 31 日，结转本月收入到"本年利润"账户。

（46）12 月 31 日，结转本月费用及支出到"本年利润"账户。

（47）12 月 31 日，按本月实现利润，即应纳税所得额的 25% 计提，并结转所得税费用。

（48）12 月 31 日，结转本年利润到"利润分配——未分配利润"账户。

（49）12 月 31 日，按本年净利润的 10% 提取法定盈余公积，向投资者分配利润。

（50）12 月 31 日，结转"利润分配"的有关明细分类账户到"利润分配——未分配利润"账户。

四、实验要求

（1）根据资料开设有关总分类账户。

（2）根据资料开设"库存现金"、"银行存款"日记账和有关明细分类账户。

（3）根据资料编制记账凭证（原始凭证内容未填制完的先填写完成，然后将原始凭证剪下来，再据以编制记账凭证，并将原始凭证附在记账凭证后面）。

（4）根据编制的记账凭证登记"库存现金"、"银行存款"日记账以及明细账。

（5）每 5 日编制一张科目汇总表并登记总账，第一张科目汇总表的时间为 12 月 21～25 日，记账凭证号为 1～23 号；第二张科目汇总表的时间为 12 月 26～31 日，记账凭证号为 24～44 号；记账凭证 45～50 号，不需要汇总，直接根据记账凭证登记总账。

（6）编制资产负债表和利润表。

（7）使用用友财务软件或金蝶财务软件进行会计电算化操作。

第三章　系统配合型实验模式

本章我们将把一个单位的全部会计工作划分为若干会计岗位，同时分期进行岗位轮换，并运用第一章所讲述的会计凭证和会计账簿规范处理的基本理论与方法进行具体操作。这种将基础理论与会计实验模式的结合，就形成了本章的内容——系统配合型实验模式。

一、实验模式简介

综合系统配合型高仿真实验模式（以下简称"系统配合型实验模式"）是依据系统论、行为科学和激励机制理论，通过创建高仿真实验教学平台，以特定职业角色划分、相互联系、协调运作、分工负责，强化学生的主体意识，以身临其境的感受使学生始终保持高昂的学习热情，培养学生的创新精神和团队合作精神。该实验模式创建于1989年，经过多年的运行逐步完善。系统配合型实验模式具有下列特点：一是会计机构人员的设立仿真。将会计及其相关工作划分为13个岗位，进行职责分工。二是实验环境与资料仿真。实验场地、办公条件、印章、原始凭证、记账凭证、账簿、财务报表、商品、货币均高度仿真。三是角色转换，系统配合。在实习期内，学生可以轮换到几个不同的会计岗位训练，使学生认识到一个单位的会计工作一般都不是一个人完成的，需要团队合作才能共同完成。四是师生互动，多元驱动。学生在实习中会提出许多问题，教师也要思考和解决问题，从而促进实验教学水平的提高。在该实验模式下，每一种原始凭证的产生及其印章的加盖都是真实的，各联原始凭证的用途及其传递都必须是规范的；通过不断的岗位轮换，使学生熟悉各个岗位的工作职责及其要求，这样就避免了独立操作综合型实验模式的缺点，真实性更强，使学生充分接触会计工作各个环节的内容，全面提高学生的动手能力。

系统配合型实验模式实习时间原则上为 120 学时，其中 80 学时为手工操作会计，40 学时为电算化会计。教师可以根据学生的能力适当增减教学时间，凭证传递要到位，不要随意简化实验环节。

系统配合型实验模式实施需要具备的条件包括：该企业采用科目汇总表会计核算形式，每 10 天编制科目汇总表一次；记账凭证采用通用复式记账凭证格式；原材料采用计划成本计价；购进过程中的实际成本包括买价、运杂费及相关费用，购进时的实际成本记入"物资采购"账户借方，材料入库时按计划成本转出记入"原材料"账户贷方，月末将其材料成本差异从"物资采购"账户转入"材料成本差异"账户，并通过发出材料成本差异的计算调整，将计划成本调整为实际成本；购进直接出售的库存商品按买价计价，发生的运杂费直接记入"销售费用——运杂费"而不计入商品成本，期末采用加权平均法，顺算商品销售成本；计算过程及其结果均保留到小数点后两位。单位成本或单价保留到小数点后四位。

二、实验目的

在系统配合型实验模式中，在划分财会部门岗位的基础上，通过实验了解现代企业各种混合经济业务发生与会计密切相关的业务处理手续及其原始凭证的填制与流转；掌握各个岗位基本工作流程、管辖的账户，准确根据原始凭证填制记账凭证和复核记账凭证的方法；巩固与熟练掌握本岗位日记账与明细分类账的登记方法；主办会计岗位应掌握科目汇总表的编制和总分类账户的登记方法及管辖的账户；掌握主要财务报告的编制方法。

三、实验资料

1. 基本情况

单位名称：南方实业有限公司。公司是实行独立核算、自负盈亏、具有法人资格的生产经营实体。公司从事文化用品（球类）的批发和建筑用水泥制品的生产。文化用品批发包括篮球、排球和足球的购进、储存与销售，实行数量进价金额核算。建筑用水泥制品的生产包括楼盘方型烟道和污水管道两种产品的生产。该公司为增值税一般纳税人，增值税税率为 17%。该公司产品生产成本核算方法采用品种法，期末在产品成本计算采用约当产量法，约当产量为 50%。原材料按计划成本计价，材料成本差异不设明细账户，收入和发出材料成本差异均在月末集中计算和结转。

公司地址：成都市东大路 153 号

法人代表：贺文东

注册资本：400 万元

开户银行：工行成都市支行牛市口办

账号：015 – 1032 – 3255313

税务登记号：551326221136302

联系电话：028 – 84543321

2. 公司内部组织机构

公司实行总经理领导下的岗位责任制，内部组织机构设置如图 3 – 1 所示。

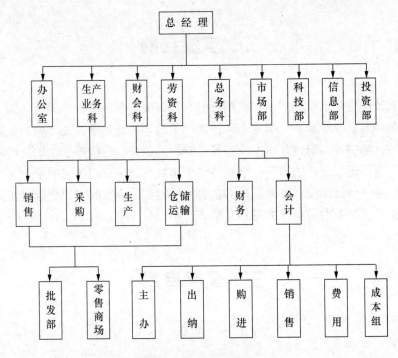

图 3 – 1　公司组织机构

3. 岗位职责分工

公司相关岗位职责分工如表 3 – 1 所示。

表 3 - 1 岗位职责分工

序号	岗位	人数分配	职责	开设账户
一、主体单位				
(一) 财务科岗位				
1	主办会计	3	(1) 全组工作安排、考勤 (2) 负责清洗器具、门窗、电灯管理 (3) 审核记账凭证 (4) 汇总,记账 (5) 计算交纳各种税金 (6) 转账,对账,结账;对本科财务正确性负责 (7) 编制会计报表	所有总账账户 利润分配 实收资本 资本公积 盈余公积 应交税费 本年利润 应付利润 应付职工薪酬 其他应付款
2	出纳	3	(1) 现金收付保管 (2) 有价证券、票据的保管 (3) 现金日记账、银行存款日记账的逐笔登记 (4) 与银行联系办理结算事宜 (5) 定期与银行对账,月末编制银行存款余额调节表	库存现金、银行存款 短期借款、长期借款 其他货币资金 其他应收款 应收票据 应付票据 持有至到期投资
3	购进账组	3	(1) 购进业务账务处理 (2) 物资采购明细账登记 (3) 库存商品二级账登记 (4) 与下级商品对账 (5) 结转销售成本	库存商品二级账 物资采购 受托代销商品 待处理财产损溢 应付账款 主营业务成本 存货跌价准备 应付账款
4	销售账组	2	(1) 销售业务的管理与记账凭证的编制 (2) 应收账款的账务管理与登记 (3) 销售收入账务的管理与登记	主营业务收入 应收账款 坏账准备 代销商品款 其他应付款 营业税金及附加

续表

序号	岗位	人数分配	职责	开设账户
5	成本组	2	(1) 成本管理制度的制定与组织 (2) 生产费用的归集和分配 (3) "生产成本"、"制造费用"、"劳务成本" 明细账的管理与登记 (4) 期末在产品的计算与分配 (5) 产品生产成本的计算 (6) 完工产品成本的结转	生产成本 制造费用 劳务成本
6	费用账组	2	(1) 审核费用支出 (2) 费用账务处理 (3) 登记费用明细账 (4) 管理固定资产、在建工程、工程物资、包装物、低值易耗品	销售费用 财务费用 管理费用 其他业务收入 其他业务成本 营业外收入 营业外支出 固定资产 累计折旧 固定资产清理 在建工程 工程物资 低值易耗品 待摊费用 长期待摊费用 预提费用 应付工资
(二) 公司内部其他岗位				
7	商品账组	2	(1) 登记库存商品明细账 (2) 登记受托代销商品、代管商品明细账 (3) 与仓库核对商品数量账 (4) 月末结出每种商品库存数量与余额 (5) 与购进账组配合结转销售成本	库存商品明细账 受托代销商品明细账 代管商品物资明细账

续表

序号	岗位	人数分配	职责	开设账户
8	生产业务科	2	(1) 购销合同的签订和执行 (2) 销货开票 (3) 进货审合同，作出承付拒付决定，并签字 (4) 说明拒付理由 (5) 货到时，开收货单，通知仓储组去车站提货 (6) 负责合同执行过程中非常规情况的交涉处理	
9	仓储组	2	(1) 管理库存商品、代销商品、代销商品物资 (2) 建立各种商品数量明细账 (3) 收货，根据验收情况填收货单实收数量及溢缺报告 (4) 根据提货单发货 (5) 每次轮换清点商品，保持账实相符，再办交接手续 (6) 结转成本前，对库存商品进行清点	库存商品数量账 代销商品数量账 代管商品数量账
10	总务综合组	2	(1) 管理工程物资、包装物、低值易耗品，并作备查登记 (2) 为内部费用发生单位制作工资表，代填差旅费、医药费报销单等 (3) 接洽公司内部，除已有岗位以外的到本单位办事的单位和人员	备查登记 材料物资 工程物资 包装物 低值易耗品 家电维修部
二、客体单位				
11	主体开户行	1	(1) 接受公司开户 (2) 登记该单位银行存款、银行贷款、专项存款账 (3) 办理各种银行结算业务 (4) 结算存借款利息 (5) 定期与单位对账，提供银行对账单 (6) 出售结算凭证	建立主体单位银行存款、银行借款、专项存款等账户，根据结算凭证逐笔登记

序号	岗位	人数分配	职责	开设账户
12	客体开户行	1	(1) 为公司以外其他单位开户 (2) 办理客体单位结算 (3) 接受或传递结算凭证给主体单位开户银行或其他单位	集中登记每一笔与公司银行收支有关的账务
13	其他客体单位	3	(1) 模拟铁路、公路部门办理货运手续 (2) 收取货运费用，开出费用结算单据 (3) 发出提货通知，凭提货通知发货 (4) 填制增值税销售发票，准备货物 (5) 通过运输部门发运商品，支付代垫运费 (6) 给公司的对方单位办托收 (7) 收到托收回单或收款通知 (8) 去公司购货、提货或由公司主动发货 (9) 货款结算分为支票结算、现金结算、承付托收和银行汇兑付款 (10) 款项未付而提货（或由公司主动发货时），必须留下"付款承诺书"	

4. 主要凭证及其流转

系统配合型实验模式中涉及众多原始凭证的填制和流转，现分述于下：

(1) 收货单。收货单如图 3-2 所示。

图 3-2 收货单

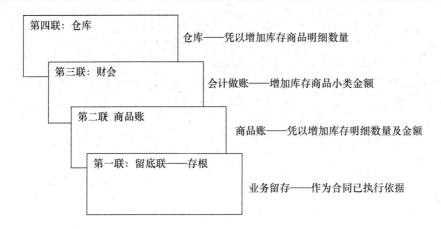

第四联：仓库　　　　仓库——凭以增加库存商品明细数量

第三联：财会　　　　会计做账——增加库存商品小类金额

第二联　商品账　　　商品账——凭以增加库存明细数量及金额

第一联：留底联——存根

业务留存——作为合同已执行依据

图 3 - 2　收货单（续）

（2）发货单。发货单如图 3 - 3 所示。

×××公司

装箱单/发货单　　NO.

客户：×××　　　　　　收货单位：×××　　　　　　发货日期：

收货地址：

收货人：　　　　电话：　　　　邮编：

订单号码	品名	规格	数量（箱）	重量（吨）	备注
合计					

承运单位：　　　　　　　　　　　车号：

发货人：　　　　门卫：　　　　收货单位签收（盖章）：

图 3 - 3　发货单

第五联：随货同行 —— 随同商品到达购货方

第四联：仓库 —— 仓库发货下账

第三联：财会 —— 会计记账

第二联：留底联——商品账 —— 商品账——减少库存明细账

第一联：留底联——存根 —— 业务留存

图 3 - 3 发货单（续）

（3）信汇凭证。信汇凭证如图 3 - 4 所示。

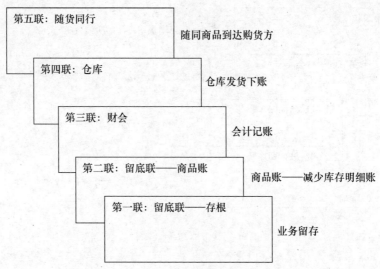

中国工商银行信汇凭证（或取款收据）

第四联：收账通知 —— 银行转收款单位，款已收存银行凭证

第三联：收款通知 —— 收款单位开户银行记账凭证

第二联：支款通知 —— 付款单位开户银行记账凭证

第一联：回单 —— 付款单位开户银行盖章后退付款单位

图 3 - 4 信汇凭证

（4）委托收款凭证。委托收款凭证如图 3 – 5 所示。

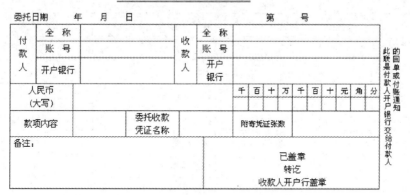

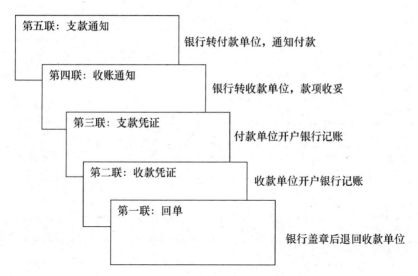

图 3 – 5 委托收款凭证

5. 总分类账户余额

南方实业有限公司 2013 年 12 月 1 日有关总分类账户的余额及发生额如下：

（1）资产、负债及所有者权益总分类账账户余额如表 3 – 2 所示。

（2）损益类总分类账账户累计发生额。损益类总账账户 1 ~ 11 月累计发生额如表 3 – 3 所示。

6. 明细分类账账户余额

南方实业有限公司 2013 年 12 月 1 日有关明细分类账账户的余额如下：

（1）资产、负债及所有者权益明细账账户余额如表 3 – 4 所示。

表3-2　相关总分类账账户余额　　　　单位：元

账户名称	资产余额	账户名称	负债及所有者权益余额
库存现金	4 800	短期借款	558 340
银行存款	2 325 000	应付票据	81 900
其他货币资金	435 000	应付账款	324 000
交易性金融资产		预收账款	168 000
应收票据	324 000	其他应付款	26 200
应收账款	570 600	应付职工薪酬	154 200
坏账准备	4 800（贷）	应交税费	488 000
应收利息		应付利息	60 000
其他应收款	8 360	长期借款	1 900 000
物资采购	42 000	递延所得税负债	
原材料	1 008 000	实收资本	4 000 000
材料成本差异	10 080	资本公积	123 600
库存商品	1 510 200		
存货跌价准备	6 400（贷）		
周转材料	23 500	盈余公积	850 800
待处理财产损溢		利润分配	480 000
生产成本	106 000	本年利润	1 805 600
长期股权投资	1 200 000		
可供出售金融资产			
持有至到期投资	820 000		
固定资产	3 228 000		
累计折旧	1 153 200（贷）		
在建工程	220 000		
工程物资	109 000		
无形资产	295 000		
累计摊销	54 500（贷）		
递延所得税资产			
总计	11 020 640	总计	11 020 640

表3-3 相关总分类账账户累计发生额 单位：元

主营业务成本	15 234 800	主营业务收入	18 688 200
其他业务成本	48 000	其他业务收入	55 000
销售费用	153 200	公允价值变动损益	
管理费用	664 040	投资收益	82 440
财务费用		营业外收入	110 000
资产减值损失			
营业税金及附加	170 000		
营业外支出	860 000		
所得税费用			
小计	17 130 040	小计	18 935 640

表3-4 相关明细分类账账户余额 单位：元

总分类账账户	明细分类账账户	余额	账页格式
其他货币资金	存出投资款（华西证券）	170 000	三栏式
	外埠存款（上海办）	265 000	三栏式
	小计	435 000	
交易性金融资产	成本		三栏式
	公允价值变动		三栏式
应收票据	商业承兑汇票（东顺商场）	324 000	三栏式
应收账款	兰州新丰文化公司	213 000	三栏式
	昆明启明文化公司	183 300	三栏式
	凉山现代文体公司	105 000	三栏式
	成都蓝天商场	69 300	三栏式
其他应收款	刘兵	1 200	二栏式
	刘强	2 000	三栏式
	市食品商城	5 160	三栏式
原材料	钢材	160 吨，计划单价 4 200 元，金额 672 000 元	数量金额式
	水泥	450 吨，计划单价 580 元，金额 261 000 元	数量金额式
	铁丝	1 500 千克，计划单价 50 元，金额 75 000 元	数量金额式

总分类账账户	明细分类账账户	余额	账页格式
库存商品	篮球	斯力达 400 个，单价 90 元，金额 36 000 元	三栏式和数量金额式
		火车头真皮 280 个，单价 120 元，金额 33 600 元	三栏式和数量金额式
		斯伯丁真皮 150 个，单价 780 元，金额 117 000 元	三栏式和数量金额式
	篮球类金额小计	186 600	
	排球	红双喜 500 个，单价 70 元，金额 35 000 元	三栏式和数量金额式
		世达牌 200 个，单价 180 元，金额 36 000 元	三栏式和数量金额式
		米奥牌 100 个，单价 460 元，金额 46 000 元	三栏式和数量金额式
	排球类金额小计	117 000	
	足球	南华利生 520 个，单价 120 元，金额 62 400 元	三栏式和数量金额式
		阿迪达斯 430 个，单价 300 元，金额 129 000 元	三栏式和数量金额式
		耐克牌 200 个，单价 980 元，金额 196 000 元	三栏式和数量金额式
	足球类金额小计	387 400	
	方型烟道	320 立方米，单价 360 元，金额 115 200 元	数量金额式
	排污管道	3 200 米，单价 220 元，金额 704 000 元	数量金额式
周转材料	包装物	塑料箱 100 个，单价 40 元，金额 4 000 元	三栏式和数量金额式
		木箱 200 个，单价 50 元，金额 10 000 元	三栏式和数量金额式
	低值易耗品	办公桌 25 张，单价 200 元，金额 5 000 元	三栏式和数量金额式

续表

总分类账账户	明细分类账账户	余额	账页格式
周转材料	低值易耗品	文件柜 10 个，单价 450 元，金额 4 500 元	三栏式和数量金额式
持有至到期投资	成本	620 000	三栏式
	公允价值变动	200 000	三栏式
固定资产	房屋及建筑物	厂房 2 400 平方米，单价 800 元，金额 1 920 000 元	三栏式和数量金额式
		办公楼 600 平方米，单价 1 250 元，金额 750 000 元	三栏式和数量金额式
	机器设备	水泥搅拌机 2 台，单价 86 000 元，金额 172 000 元	三栏式和数量金额式
	运输设备	东风货车 2 辆，单价 65 000 元，金额 130 000 元	三栏式和数量金额式
		管理用小汽车 2 辆，单价 128 000 元，金额 256 000 元	三栏式和数量金额式
在建工程	变电房	220 000	三栏式
工程物资	钢材	66 000	三栏式
	水泥	43 000	三栏式
无形资产	商标权	55 000	三栏式
	土地使用权	240 000	三栏式
	专利权		三栏式
应付票据	商业承兑汇票（东兴公司）	58 500	三栏式
	商业承兑汇票（兴兴公司）	23 400	三栏式
应付账款	重庆钢铁公司	124 000	三栏式
	江油水泥公司	158 000	三栏式
	宏民铁丝公司	42 000	三栏式
应交税费	未交增值税	200 000	三栏式
	应交增值税		三栏式
	应交营业税	288 000	三栏式
	应交所得税		三栏式
应付职工薪酬	工资	12 000	三栏式

续表

总分类账账户	明细分类账账户	余额	账页格式
应付职工薪酬	福利费	84 000	三栏式
	社保基金	42 000	三栏式
	社会保险	16 200	三栏式
预收账款	威达公司	122 000	三栏式
	长兴公司	46 000	三栏式
其他应付款	公司集团	22 000	三栏式
	天天公司	4 200	三栏式
实收资本	市国资委	2 000 000	三栏式
	东华有限责任公司	1 000 000	三栏式
	彩虹有限责任公司	1 000 000	三栏式
盈余公积	法定盈余公积	438 000	三栏式
	一般盈余公积	412 800	三栏式
	小计	850 800	
利润分配	提取盈余公积		三栏式
	应付股利		三栏式
	未分配利润	480 000	三栏式

说明：需要开设的上述明细账账户中，除库存商品、固定资产两个账户既需要按类别运用三栏式账页开设二级账，也需要按品名运用数量金额式账页开设三级账外，其余的明细账户只开设二级账户。

生产成本明细账及成本项目如表 3-5 所示。

表 3-5　生产成本明细账及成本项目　　　　　单位：元

明细科目	直接材料	直接人工	制造费用	合计
方型烟道（100 立方米）	9 000	6 200	2 800	18 000
排污管道（800 米）	60 000	14 000	14 000	88 000
合计	69 000	20 200	16 800	106 000

（2）明细分类账户累计发生额。损益类明细账账户 1~11 月发生额如表 3-6 所示。

表3－6 相关明细分类账累计发生额　　　　单位：元

总分类账户	明细分类账户	1～11月发生额	账页格式
主营业务收入	篮球类	3 654 300	三栏式
	排球类	1 889 200	三栏式
	足球类	6 386 000	三栏式
	方型烟道	1 322 100	三栏式
	排污管道	5 436 600	三栏式
	小计	18 688 200	三栏式
其他业务收入	出售材料收入	18 000	三栏式
	资产出租收入	37 000	三栏式
	小计	55 000	三栏式
营业外收入	处置固定资产净收益	55 300	三栏式
	转让无形资产净收益	46 100	三栏式
	滞纳金收入	8 600	三栏式
	小计	110 000	三栏式
主营业务成本	篮球类	3 122 280	三栏式
	排球类	1 521 000	三栏式
	足球类	4 823 560	三栏式
	方型烟道	1 103 500	三栏式
	排污管道	4 664 460	三栏式
	小计	15 234 800	三栏式
销售费用	广告费	68 750	三栏式
	样品费	42 300	三栏式
	运杂费	30 000	三栏式
	其他	12 150	三栏式
	小计	153 200	三栏式
管理费用	职工薪酬	211 560	三栏式
	业务招待费	10 000	三栏式
	折旧费	215 515	三栏式
	差旅费	110 575	三栏式
	会议费	65 700	三栏式
	办公费	42 960	三栏式
	其他	7 730	三栏式
	小计	664 040	三栏式

说明：开设上述损益明细账户时，损益账户在月末已结转到"本年利润"账户，余额为零，所以应在账户的借方和贷方分别登记相同的金额，并在"借或贷"栏填"平"，余额栏填"0"。

7. 发生的经济业务

在系统配合型实验模式中，假定南方实业有限公司 2013 年 12 月 1 日至 12 月 31 日发生如下经济业务。

第一轮业务（1～10 日）

（1）12 月 1 日，用现金支付从银行购买结算凭证费用 300 元。

原始凭证："空白凭证领用单"金额 300 元。

操作步骤：

①出纳填"空白凭证领用单"一式两联交银行，付款购买结算凭证，银行收款后发出各种结算凭证，并在上述凭证第二联上盖章，然后退给出纳；

②出纳领回结算凭证，将空白凭证领用单（回单联）转交费用组；

③费用组凭"空白凭证领用单（回单联）"编记账凭证；

借：管理费用——办公费

　　贷：库存现金

④记账凭证交给主办会计审核、编号后，费用账组取回记账凭证，登记"管理费用"明细账后将记账凭证交出纳记账；

⑤出纳登记"库存现金日记账"后，将记账凭证交主办会计保存。

（2）12 月 1 日，用现金向税务部门购买印花税票 100 元。

原始凭证：地方税务局购买税票收据（发票联）。

操作步骤：

①出纳带现金 100 元到其他客体单位（地税局）购税票；

②地税局收款、开收据、发税票；

③出纳取得收据（财会联）及税票后，将收据传费用组；

④费用组依据收据（财会联）编记账凭证；

借：管理费用——印花税

　　贷：库存现金

⑤费用组将记账凭证交给主办会计审核、编号后，取回记账凭证，登记"管理费用"明细账后将记账凭证交出纳登记库存现金日记账；

⑥出纳登记"库存现金日记账"后，将记账凭证交给主办会计保存。

（3）12 月 1 日，接客体单位火车（货站）发来到货通知，仓储组持此到货通知去车站提回商品并验收入库。商品系广州文化公司发来的斯力达篮球100个，单价92元，金额9 200元，该批商品货款及增值税已于11月25日向广州文化公司承付。

原始凭证：收货（料）单（财会联）。

操作步骤：

①客体单位（运输部门）填写"到货通知"，准备商品，并将"到货通知"附件寄给公司生产业务科；

②生产业务科将"到货通知"转交仓储部门，仓储部门持"到货通知"到运输部门提货并运回商品；

③仓储部门点验商品无误后填写"收货（料）单"一式四联，将第二联（商品账）送交商品账组，第三联（财会）送给购进账组；

④仓储组留下"收货单"第一联（存根）备查，根据第二联（仓库）登记商品卡增加商品数量，并将商品收入仓库；

⑤购进账组编制记账凭证，交给主办会计审核、编号后退回，登记库存商品二级账和有关明细账后将记账凭证交给主办会计保存；

⑥商品材料组根据"收货（料）单"第二联（商品账）登记库存商品三级账。

（4）12月1日，生产方型烟道和排污管道领用原材料资料如表3－7所示：

表3－7　材料领用汇总表

用途	钢材（吨）	水泥（吨）	铁丝（千克）	金额（元）
方型烟道	50	100	60	271 000
排污管道	50	120	50	282 100
管理部门			10	500
合计	100	220	120	553 600

原始凭证：发货（料）单（财会联）。

操作步骤：

①总务综合组（代生产车间）填制"发货（料）单"一式四联，留下第一联存根备查；

②总务人事组带上"发货（料）单"第二联（仓库）和第三联（财会）到仓储组，仓储组根据第二联发料，并登记原材料数量卡片据以减少材料数量，然后将第三联转交成本组；

③成本组编制记账凭证，交给主办会计审核、编号后退回，登记"生产成本"明细账后转给费用账组登记"管理费用"明细账，再转商品材料组登记

"原材料"明细账后将记账凭证交给主办会计保存。

（5）12月1日，签发转账支票购入仓库管理用药品20瓶，单价60元，金额1 200元，当即由仓库领用。

原始凭证：①转账支票（存根）；②领料单（财会联）；③药品销售方普通发票。

操作步骤：

①总务人事组领取支票，填完后交给药品销售方，取回药品和药品销售方普通发票；

②仓储组到总务组填"领料单"一式三联，领取防虫药品；

③总务人事组编制记账凭证，交给主办会计审核、编号后退回，然后转交费用账组；

④费用账组登记费用明细账后，转交出纳登记银行存款日记账，最后将记账凭证交给主办会计保存。

（6）12月2日，生产业务科开出增值税发票，销售表3-8中商品给乐山文化公司，增值税税率为17%，商品自提，当日办妥委托收款手续。

表3-8　销售商品明细表

品名	品牌	数量（个）	单价（元）	金额（元）
排球	红双喜	100	110	11 000
排球	世达	120	240	28 800
足球	南华利生	80	150	12 000
足球	阿迪达斯	120	450	54 000
合计				105 800

原始凭证：①增值税发票（记账联）；②发货（料）单第三联（财会联）；③委托收款凭证（回单联）。

操作步骤：

①客户看样选货，确定商品品名。

②生产业务科开出增值税发票一式四联，发货（料）单一式四联，留下第一联备查；客户持增值税发票第二联、第三联和发货（料）单第二联（仓库）到出纳处办理结算。

③客户到出纳处办理结算手续后，出纳填制委托收款凭证一式五联，委托银行收款。

④客户持出纳在发货（料）单第二联上盖章的凭证到仓库提货，仓库保管员收取发货（料）单第二联（仓库），记商品卡片上的商品数量减少，客户带回商品、增值税发票第二联、第三联。

⑤出纳到银行办妥托收手续，取回银行盖章后的委托收款凭证第一联回单后，将回单、增值税发票第四联（记账联）、发货（料）单第三联（财会联）交销售账组编制记账凭证，同时将发货（料）单第四联（商品材料联）交商品账组登记"库存商品明细账"。

⑥填制记账凭证后交给主办会计审核、编号后退回。

⑦登记主营业务收入和应收账款明细账。

⑧销售账组将记账凭证交给主办会计，主办会计登记应交税费明细账后保存记账凭证。

（7）12月2日，公司办公室刘强出差十天，每天住宿包干100元，伙食补助40元，交通工具费560元，原借支2 000元，余款退回现金40元，予以报账。

原始凭证： ①差旅费报销单；②汽车票、火车票；③住宿发票第二联（发票联）；④收据第三联（记账凭证联）。

操作步骤：

①总务人事组协助刘强填制"差旅费报销单"，交领导签字；

②出纳报账，收取交来剩余现金40元，开出收据一式三联，第一联（存根）备查，第二联（交款人）给报销人，第三联（记账凭证联）连同"差旅费报销单"交费用账组编制记账凭证；

③费用账组编制记账凭证后，交给主办会计审核、编号后退回；

④费用账组登记费用明细账后，转出纳登记"库存现金日记账"；

⑤将记账凭证交给主办会计保存。

（8）12月2日，生产业务科开出增值税发票，销售以下商品给市文化商场，增值税税率为17%，收到转账支票送存银行，给予（不含增值税）2%的现金折扣。销售商品明细如表3－9所示。

表3－9 销售商品明细表

品名	品牌	数量（个）	批发价（元）	金额（元）	折扣后金额（元）
排球	米奥	20	520	10 400	10 192
足球	耐克	50	1 200	60 000	58 800
合计				70 400	68 992

原始凭证：①增值税发票（记账联）；②转账进账单（回单联）。

操作步骤：

①根据购货方"要货计划"所列商品，由生产业务科开出增值税发票一式四联，发货（料）单一式三联，留下第一联备查；客户持增值税发票第二联、第三联和发货（料）单第二联（仓库）到出纳处办理结算。

②客户到出纳处办理结算手续，交给填好后的支票后，出纳填制"转账进账单"一式二联，连同支票一起送交银行，银行将"转账进账单"第一联（回单）盖章后退给出纳。

③客户持出纳在发货（料）单第二联上盖章的凭证到仓库提货，仓库保管员收取发货（料）单第二联（仓库）联，记商品数量减少，客户带回商品、增值税发票第二联、第三联。

④出纳将"转账进账单"第一联（回单）、增值税发票第四联（记账联）、发货（料）单第三联（财会联）送交销售账组编制记账凭证；同时将发货（料）单第四联（商品联）交给商品账组登记"库存商品明细账"。

⑤销售账组编制记账凭证后，交给主办会计审核、编号后退回。

⑥销售账组登记主营业务收入明细账。

⑦销售账组将记账凭证交出纳登记银行存款日记账。

⑧出纳将记账凭证交给主办会计保存。

（9）12月2日，经领导研究决定，增拨上海办事处外埠存款80 000元：电汇汇出采购款，汇入行为工行上海四川路办，账号为"100283556"。经批准填信汇凭证汇出。

原始凭证：电汇凭证（回单联）。

操作步骤：

①总务人事制作批准文件（自制）；

②出纳填信汇凭证一式四联，送银行盖章后退回第一联（回单）并据此编制记账凭证，交给主办会计审核、编号后退回；

③出纳登记"银行存款日记账"和"其他货币资金明细账"；

④将记账凭证交给主办会计保存。

（10）12月2日，银行转来委托收款凭证，向湖北钢铁公司购入钢材和铁丝一批，如表3-10所示，增值税税率为17%，材料入库，另代垫运费2 000元（为简化核算，不考虑抵扣增值税进项税额问题，下同），审核无误，予以承付。

表3－10　材料采购明细表

品名	规格	单位	数量	单价（元）	金额（元）
钢材	一等	吨	200	4 300	860 000
铁丝	0.02 毫米	千克	160	55	8 800
合计					868 800

原始凭证：①增值税专用发票第三联（发票联）；②代垫费用清单；③"收货（料）单"第三联（财会）；④委托收款凭证第五联（支款通知）。

操作步骤：

①客体单位填货运单、代垫费用清单、增值税发票、委托收款凭证一式五联到客体银行办妥托收手续，将银行加盖印章后的委托收款凭证第一联（回单）取回；

②客体单位开户银行留下委托收款凭证第二联（收款单位开户银行）后，将委托收款凭证第三联、第四联、第五联及其附件寄主体单位开户银行；

③主体单位开户银行留下委托收款凭证第三联（付款单位开户银行）和第四联（收账通知）后，再将委托收款凭证第五联及其附件转交付款单位；

④付款单位接到银行转来委托收款凭证第五联及其附件审核无误后，默认付款；

⑤客体单位（运输部门）填写"到货通知"，准备商品，并将"到货通知"附件寄给公司生产业务科；

⑥生产业务科将"到货通知"转交仓储部门，仓储部门持"到货通知"到运输部门提货并运回商品；

⑦仓储部门点验商品无误后，填写"收货（料）单"一式四联，将第二联（商品账）送商品账组，第三联（财会）送购进账组；

⑧仓储组留下"收货单"第一联（存根）备查，根据第二联（仓库）登记商品卡增加商品数量，并将商品收入仓库；

⑨购进账组编制记账凭证，交主办会计审核、编号后退回，登记库存商品二级账和有关明细账后，将记账凭证交主办会计保存；

⑩商品材料组根据"收货单"第二联（商品账）登记库存商品三级账。

（11）12月2日，银行转来信汇凭证收款通知，兰州新丰文化公司汇来11月所欠货税款213 000 元，已收妥入账。

原始凭证：信汇凭证第四联（收账通知）。

操作步骤：

①客体单位（购货方）出纳填制银行信汇凭证一式四联交客体银行，将银

行加盖印章后的信汇凭证第一联（回单）取回；

②客体单位开户银行留下信汇凭证第二联（付款单位开户银行）后，将委托收款凭证第三联、第四联寄主体单位开户银行；

③主体单位开户银行留下信汇凭证第三联（收款单位开户银行）记账后，将信汇凭证第四联（收款通知）转交收款单位；

④出纳将信汇凭证第四联（收款通知）交销售账组编制记账凭证后，交主办会计审核、编号后退回；

⑤销售账组登记"应收账款"明细账后，将记账凭证交出纳，登记银行存款日记账；

⑥将记账凭证交给主办会计保存。

（12）12月3日，生产业务科开出增值税发票，销售以下商品给蓝天商场，增值税税率为17%，商品自提，当日办妥委托收款手续，如表3-11所示。

表3-11　商品销售明细表

品名	品牌	数量（个）	批发价（元）	金额（元）
篮球	火车头真皮	40	160	6 400
排球	米奥	20	520	10 400
足球	耐克	20	1 200	24 000
合计			-	40 800

原始凭证：①增值税发票（记账联）；②委托收款凭证第一联（回单联）；③发货（料）单第三联（财会联）。

操作步骤：与第（6）笔业务相同。

（13）12月3日，银行转来上海文化公司委托收款凭证第五联（支款通知）及其附件，发来如表3-12所示商品，增值税税率为17%，代垫费用1 800元，审核无误予以承付，商品未到。

表3-12　商品明细表

品名	品牌	数量（个）	单价（元）	进价金额（元）
篮球	火车头真皮	400	125	50 000
篮球	斯伯丁真皮	200	760	152 000
排球	米奥	100	450	45 000
足球	耐克	100	960	96 000
合计				343 000

原始凭证：①委托收款凭证第五联（支款通知）；②增值税发票（发票联）；③运费结算单据。

操作步骤：

①客体单位填货运单、代垫费用清单、增值税发票、委托收款凭证一式五联到客体银行办妥托收手续，将银行加盖印章后的委托收款凭证第一联（回单）取回；

②客体单位开户银行留下委托收款凭证第二联（收款单位开户银行）后，将委托收款凭证第三联、第四联、第五联及其附件寄主体单位开户银行；

③主体单位开户银行留下委托收款凭证第三联（付款单位开户银行）和第四联（收账通知）后，再将委托收款凭证第五联及其附件转交付款单位；

④付款单位接到银行转来委托收款凭证第五联及其附件审核无误后，默认付款，出纳将委托收款凭证第五联及其附件交购进账组编制记账凭证，交主办会计审核、编号后退回；

⑤购进账组登记"物资采购明细账"后，转交费用账组登记"销售费用明细账"后交出纳；

⑥出纳登记"银行存款日记账"后，将记账凭证交主办会计保存。

（14）12月3日，银行转来江油水泥公司委托收款凭证第五联（支款通知）及有关单据，托收11月29日验收入库的江油水泥230吨，单价580元，金额133 400元及其代垫运费1 922元，增值税税率为17%，审核无误，同意付款。

原始凭证：①委托收款凭证（支款通知）；②增值税发票第三联（发票联）；③运费结算单据。

操作步骤：

①客体单位填货运单、代垫费用清单、增值税发票、委托收款凭证一式五联到客体银行办妥托收手续，将银行加盖印章后的委托收款凭证第一联（回单）取回；

②客体单位开户银行留下委托收款凭证第二联（收款单位开户银行）后，将委托收款凭证第三联、第四联、第五联及其附件寄主体单位开户银行；

③主体单位开户银行留下委托收款凭证第三联（付款单位开户银行）和第四联（收账通知）后，再将委托收款凭证第五联及其附件转交付款单位；

④付款单位接到银行转来委托收款凭证第五联及其附件审核无误后，默认付款，出纳将委托收款凭证第五联及其附件交购进账组编制记账凭证，交主办会计

审核、编号后退回；

　　⑤购进账组登记"应付账款明细账"后交出纳；

　　⑥出纳登记"银行存款日记账"后，将记账凭证交给主办会计保存。

　　(15) 12月3日，"变电房"工程建设领用表3-13中工程物资，该工程包工不包料（工程物资按实际成本计价）。

表3-13　工程物资明细表

品名	数量（吨）	单价（元）	金额（元）
钢材	10	4 100	41 000
水泥	60	560	33 600
合计			74 600

　　原始凭证：工程物资领料单（记账联）。

　　操作步骤：

　　①施工人员填制"工程物资领料单"一式三联；

　　②总务综合组根据"专项物资领料单"第二联（仓库）下账，将"工程物资领料单"第三联（记账联）转费用账组编制记账凭证；

　　③费用账组编制记账凭证后交给主办会计审核、编号后退回，登记有关明细账；

　　④将记账凭证交给主办会计保存。

　　(16) 12月3日，生产业务科开出增值税发票，销售表3-14中商品给区文化公司，增值税税率为17%，给予货款金额2%的现金折扣，货税款收到转账支票送存银行。

表3-14　商品销售明细表

品名	品牌	数量（个）	单价（元）	进价金额（元）	折扣后金额（元）
排球	米奥	50	460	23 000	22 540
足球	耐克	50	1 280	64 000	62 720
合计				87 000	86 540

　　原始凭证：①增值税发票（记账联）；②转账进账单（回单联）；③发货（料）单第三联（财会联）。

操作步骤:

①根据客体单位(区文化公司)"要货计划"所列商品,由生产业务科开出增值税发票一式四联,发货(料)单一式三联,留下第一联备查;

②客体单位持增值税发票第二联、第三联和发货(料)单第二联(仓库)到出纳处办理结算(交填好后的转账支票);

③客体单位到出纳处办理结算手续,交给填好的支票后,出纳填制"转账进账单"一式二联,连同支票一起送交银行,银行在"转账进账单"第一联(回单)盖章后退给出纳;

④客体单位持出纳在发货(料)单第二联上盖章的凭证到仓库提货,仓库保管员收取发货(料)单第二联(仓库),记商品卡商品数量减少,客体单位带回商品和增值税发票第二联、第三联;

⑤出纳将"转账进账单"第一联(回单)、增值税发票(记账联)、发货(料)单第三联(财会联)送交销售账组编制记账凭证,同时将发货(料)单第四联(商品材料联)交给商品账组登记"库存商品明细账";

⑥销售账组编制记账凭证后,交给主办会计审核、编号后退回;

⑦销售账组登记主营业务收入明细账;

⑧销售账组将记账凭证交出纳登记银行存款日记账;

⑨出纳将记账凭证交给主办会计保存。

(17) 12月4日,签发转账支票支付电力公司本月电力费48 000元。电力费用途及其数量如表3-15所示。

表3-15 电力费使用统计表

用途	数量(度)	分配率	分配金额(元)
方型烟道生产车间	40 000	0.5	20 000
排污管道生产车间	24 000	0.5	12 000
管理部门	20 000	0.5	10 000
变电房改建工程	12 000	0.5	6 000
合计	96 000	0.5	48 000

原始凭证: ①"转账支票"正本;②"供电公司电力费收据"(用收据代);③"电力费分配表"。

操作步骤:

①客体单位(供电公司)开出收据送公司总务综合组;

②总务综合组将电费收据和电力使用数量统计表送出纳，出纳签发转账支票，将正本给客体单位付款；

③出纳将支票存根、电费收据和电力使用数量统计表交给成本组，成本组据此编制记账凭证，然后交主办会计审核、编号后退回；

④成本组登记"制造费用明细账"，转费用账组登记"管理费用明细账"后，转总务综合组登记"在建工程明细账"后转出纳；

⑤出纳登记"银行存款日记账"；

⑥将记账凭证交给主办会计保存。

(18) 12月4日，总务综合组出售已注销记入备查簿的废弃物料给废品公司，收到现金200元，交出纳入账。

原始凭证：①收据第三联（财会联）；②废弃物品清单。

操作步骤：

①总务综合组卖废旧材料给客体单位，取得现金；

②总务综合组将现金交出纳；

③总务综合组编制记账凭证，然后交主办会计审核、编号后退回；

④将记账凭证交费用账组登记"其他收入明细账"，然后交出纳登记"库存现金日记账"；

⑤将记账凭证交给主办会计保存。

(19) 12月4日，开出转账支票，支付县运输公司从火车站转运商品回本公司的转运费用1 500元。

原始凭证：①转账支票存根；②运费结算单据。

操作步骤：

①客体单位（县运输公司）交"运费结算单据"到出纳；

②出纳填支票将正本交客体单位；

③出纳将支票存根和"运费结算单据"交总务综合组编制记账凭证，然后交给主办会计审核、编号后退回；

④总务综合组登记"销售费用明细账"后，退回出纳登记"银行存款日记账"；

⑤将记账凭证交给主办会计保存。

(20) 12月4日，银行转来委托收款凭证收款通知，昆明启明文化公司11月所欠款项183 300元，已收妥入账。

原始凭证：委托收款凭证第四联（收账通知）。

操作步骤：

提示：首先补办 11 月委托收款手续，托收程序见第（6）笔业务，然后传递本笔业务凭证。

①出纳从主体单位开户银行取回"委托收款凭证"第四联（收账通知）；

②出纳将"委托收款凭证"第四联（收账通知）转销售账组编制记账凭证，然后交给主办会计审核、编号后退回；

③销售账组登记"应收账款"明细账；

④将记账凭证交出纳登记"银行存款日记账"；

⑤将记账凭证交给主办会计保存。

（21）12 月 4 日，以现金 550 元支付临时修理仓库修理费。

原始凭证：修理工领款凭证（自制）。

操作步骤：

①客体单位到总务综合组填单、签字；

②出纳现金付款后，将"修理工领款凭证"交总务综合组编制记账凭证；

③交给主办会计审核、编号后退回；

④总务综合组登记"管理费用明细账"后，转出纳登记"银行存款日记账"；

⑤将记账凭证交给主办会计保存。

（22）12 月 5 日，银行转来收账通知和部分商品的拒付理由书，凉山现代文体公司以 11 月 15 日所购篮球和排球中有两个质量不符合要求为由（米奥排球每个 460 元），拒付两个排球货税款，原托收 105 000 元，拒付 1 076.4 元，实际承付 103 923.6 元。

原始凭证：①托收款凭证第四联（收账通知）；②拒付理由书第四联（拒付通知）。

操作步骤：

提示：首先由出纳补办 11 月托收手续，操作程序见前面业务中的委托收款程序。再由凉山现代文体公司填拒付理由书，办理部分拒付手续，其余承付。拒付款项待双方有关部门协商。

①客体单位填"拒付理由书"一式四联，送客体开户银行；

②客体单位开户银行将"拒付理由书"第三联、第四联连同托收凭证第四联（收账通知）寄收款单位开户银行；

③收款单位开户银行将凭证转收款单位出纳；

④出纳将凭证转销售账组编制记账凭证后，交给主办会计审核、编号后退回；

⑤销售账组登记"应收账款明细账"后，转出纳登记"银行存款日记账"；

⑥将记账凭证交给主办会计保存。

（23）12月5日，生产业务科开出增值税发票，销售表3－16中商品给东风商场，增值税税率为17%，给予（不含增值税）2%现金折扣，其余款项已收到转账支票，并送存银行。

表3－16　商品销售明细表

品名	品牌	数量（个）	单价（元）	金额（元）	折扣后金额（元）
篮球	斯力达	10	120	1 200	1 176
排球	米奥	5	460	2 300	2 254
合计				3 500	3 430

原始凭证：①增值税发票（记账联）；②发货（料）单第三联（财会）；③银行进账单（回单联）。

操作步骤：

①根据客体单位（东风商场）"要货计划"所列商品，由生产业务科开出增值税发票一式四联，发货（料）单一式三联，留下第一联备查；

②客体单位持增值税发票第二联、第三联和发货（料）单第二联（仓库）到出纳处办理结算（交填好的转账支票）；

③客体单位到出纳处办理结算手续，交填好的支票后，出纳填制"转账进账单"一式二联，连同支票一起送交银行，银行在"转账进账单"第一联（回单）盖章后退给出纳；

④客体单位持出纳在发货（料）单第二联上的盖章凭证到仓库提货，仓库保管员收取发货（料）单第二联（仓库），记商品数量减少，客体单位带回商品，增值税发票第二联、第三联；

⑤出纳将"转账进账单"第一联（回单）、增值税发票第四联（记账联）、发货（料）单第三联（财会联）送交销售账组编制记账凭证，同时将发货（料）单第四联（商品材料联）交给商品账组登记"库存商品明细账"；

⑥销售账组编制记账凭证后，交给主办会计审核、编号后退回；

⑦销售账组登记主营业务收入明细账；

⑧销售账组将记账凭证交出纳登记银行存款日记账；

⑨出纳将记账凭证交给主办会计保存。

（24）12月5日，银行转来信汇凭证收款通知，乐山文化公司12月1日所购商品货款及税款123 786元已收妥入账。

原始凭证：委托收款凭证第四联（收款通知）。

操作步骤：与第（20）笔业务相同。

（25）12月6日，甲公司委托西南证券公司从上海证券交易所购入A上市公司股票5万股，并将其划分为交易性金融资产。该笔股票投资在购买日的买价为100 000元。另支付相关交易费用金额为500元（作损益处理），款项从存出投资款中支付。

原始凭证：①"股票交割单"第二联（客户）；②"客户资金对账单"（客户）。

操作步骤：

①投资部经批准购入股票，下单，操作成功完成交易；

②根据"股票交割单"第二联（客户）、"客户资金对账单"（客户）编制记账凭证；

③交给主办会计审核、编号后退回，登记"交易性金融资产明细账"后转交出纳；

④出纳登记银行存款日记账；

⑤交给主办会计保存。

（26）12月6日，购置不需要安装的非生产设备冷冻机一台，价款60 000元，支付增值税10 200元，另支付运输费300元、包装费500元，交食堂验收，款项以银行存款支付。

原始凭证：①增值税发票第二联（发票联）；②"固定资产验收单"第三联（财会）；③"转账支票"存根。

操作步骤：

①总务综合组提出固定资产购进计划，经批准后执行；

②食堂填"固定资产验收单"，留存第一联（仓库），将第三联（财会）交总务综合组；

③总务综合组根据"增值税发票"第二联（发票联）、"固定资产验收单"第三联（财会）、"转账支票"存根编制记账凭证，登记"固定资产明细账"后转出纳；

④出纳登记银行存款日记账；

⑤交给主办会计保存。

（27）12 月 6 日，生产业务科开出增值税发票，销售表 3 - 17 中商品给威达公司，增值税税率为 17%，商品由本公司发运，签发支票代垫运费 800 元，全部款项从预收账款中扣除。

表 3 - 17　商品销售明细表

品名	品牌	数量（个）	单价（元）	金额（元）
排球	红双喜	230	100	23 000
足球	耐克	20	1 280	25 600
合计				48 600

原始凭证：①增值税发票（记账联）；②发货（料）单第三联（财会）；③"预收账款对账单"（客户）；④转账支票存根。

操作步骤：

①根据威达公司采购计划所列商品，由生产业务科开出增值税发票一式四联，发货（料）单一式三联，留下第一联备查。

②仓储部门到出纳处办理结算手续，填"货运单"提货发运商品。

③将商品交车站，并将支票交给承运单位。

④出纳将"转账支票"存根、增值税发票第四联（记账联）、发货（料）单第三联（财会联）送交销售账组编制记账凭证，同时将发货（料）单第四联（商品材料联）交给商品账组登记"库存商品明细账"。

⑤销售账组编制记账凭证后，交给主办会计审核、编号后退回。

⑥销售账组登记主营业务收入明细账。

⑦销售账组将记账凭证交出纳，登记银行存款日记账。

⑧出纳将记账凭证交给主办会计保存。

（28）12 月 6 日，生产业务科开出增值税发票，销售表 3 - 18 中商品给市政建设公司，增值税税率为 17%，商品由本公司发运到指定建筑工地，签发支票，代垫运费 1 200 元，收到全部款项的支票存入银行。

表 3 – 18 商品销售明细表

品名	规格	数量（立方米）	单价（元）	金额（元）
方型烟道	300—10	300	450	135 000
排污管道	100 厘米	2 000	330	660 000
合计				795 000

原始凭证：①增值税发票（记账联）；②发货（料）单第三联（财会）；③转账支票存根；④转账进账单（回单联）。

操作步骤：

①根据市政建设公司采购计划所列商品，由生产业务科开出增值税发票一式四联，发货（料）单一式四联，留下第一联备查；

②仓储部门到出纳处办理结算手续，填"货运单"，提货发运商品；

③将商品运到指定地点，并将支票交给承运单位；

④出纳填制"转账进账单"送存银行，取回回单后，将"转账支票"存根、增值税发票（记账联）、发货（料）单第三联（财会联）、"转账进账单"回单联送交销售账组编制记账凭证，同时将发货（料）单第四联（商品材料联）交商品账组登记"库存商品明细账"；

⑤销售账组编制记账凭证后，交给主办会计审核、编号后退回；

⑥销售账组登记主营业务收入明细账；

⑦销售账组将记账凭证交出纳，登记银行存款日记账；

⑧出纳将记账凭证交给主办会计保存。

（29）12 月 6 日，生产方型烟道和排污管道领用原材料资料如表 3 – 19 所示。

表 3 – 19 材料领用汇总表

用途	钢材（吨）	水泥（吨）	铁丝（千克）	金额（元）
方型烟道	50	100	60	271 000
排污管道	50	120	50	282 100
管理部门			10	500
合计	100	220	120	553 600

原始凭证：发货（料）单（财会联）。

操作步骤:

①总务人事组(代生产车间)填制"发货(料)单"一式四联,留下第一联存根备查。

②总务人事组带上"发货(料)单"第二联(仓库)和第三联(财会)到仓储组,仓储组根据第二联发料并登记原材料数量卡片、减少材料数量,然后将第三联转交成本组。

③成本组编制记账凭证,交给主办会计审核、编号后退回。

④成本组登记"生产成本"明细账后,转给费用账组登记"管理费用"明细账。

⑤转商品材料组登记"原材料"明细账。

⑥将记账凭证交给主办会计保存。

(30) 12月7日,在建变电房完工,签发转账支票,支付承包费45 000元,结转工程成本。

原始凭证: ①"工程决算表"(自制);②转账支票存根。

操作步骤:

①客体单位出具质检报告、"工程决算表"交总务综合组;

②总务综合组编制记账凭证;

③交给主办会计审核、编号后退回;

④总务综合组登记"固定资产明细账"和"在建工程明细账";

⑤转出纳银行登记"银行存款日记账";

⑥出纳将记账凭证交主办会计保存。

(31) 12月7日,生产产品领用塑料箱和木箱用于产品包装,资料如表3-20所示。

表3-20 材料领用明细表

用途	品名	数量(个)	单价(元)	金额(元)
生产方型烟道	塑料箱	60	40	2 400
生产排污管道	木箱	100	50	5 000
合计				7 400

原始凭证: 发货(料)单(财会联)。

操作步骤:

①总务人事组(代生产车间)填制"发货(料)单"一式四联,留下第一

联存根备查；

②总务人事组根据"发货（料）单"第二联（仓库）和第三联（财会）发周转材料，根据第二联发料并登记周转材料数量及减少周转材料数量，然后将第三联转交成本组；

③成本组编制记账凭证，交给主办会计审核、编号后退回；

④成本组登记"生产成本"明细账；

⑤转总务综合组登记"周转材料明细账"；

⑥将记账凭证交给主办会计保存。

（32）12月7日，收到市食品商城交来11月欠交房屋租金5 160元的转账支票一张，该收入11月末已入账。

原始凭证：①"转账进账单"回单；②"收据"第三联（财会）。

操作步骤：

①客体单位持支票到出纳处交款；

②出纳开收据并收支票；

③出纳填制"转账进账单"送存银行，取回回单；

④出纳将"转账进账单"回单、"收据"第三联（财会）送费用账组编制记账凭证；

⑤交给主办会计审核、编号后退回；

⑥费用账组登记"其他业务收入"明细账；

⑦转出纳登记"银行存款日记账"；

⑧将记账凭证交给主办会计保存。

说明：从本笔业务开始，以后的各笔业务操作步骤绝大部分与前面的业务操作步骤相同，故只列出主要原始凭证和核心操作岗位名称，由核心岗位组织操作，不再列出具体步骤。对于操作步骤与原来完全不同的业务，再作个别详细说明。

（33）12月8日，生产业务科开出增值税发票，销售表3-21中商品给兰州新丰文化公司，增值税税率为17%，增值税24 140元。商品自提，采用汇兑结算，款项已于当日收妥。

表3-21　商品销售明细表

品名	品牌	数量（个）	单价（元）	金额（元）
篮球	斯伯丁真皮	40	980	39 200
篮球	斯力达	200	120	24 000

续表

品名	品牌	数量（个）	单价（元）	金额（元）
排球	红双喜	40	120	4 800
足球	耐克	50	1 480	74 000
合计				142 000

原始凭证：①增值税发票第四联（记账联）；②信汇凭证第四联（收账通知）；③发货（料）单第三联（财会）。

核心岗位：销售账组。

（34）12月8日，12月3日上海文化公司发来如表3−22所示商品，增值税税率为17%，增值税58 310元。审核无误，已予以承付。现商品到货，验收入库。

表3−22　商品购买明细表

品名	品牌	数量（个）	单价（元）	进价金额（元）
篮球	火车头真皮	400	125	50 000
篮球	斯伯丁真皮	200	760	152 000
排球	米奥	100	450	45 000
足球	耐克	100	960	96 000
合计				343 000

原始凭证：收货（料）单（财会联）。

核心岗位：购进账组。

（35）12月8日，银行转来重庆钢铁公司托收承付结算凭证支款通知，托收钢材25吨，单价4 000元，增值税税率为17%，另代垫运费7 000元，共计124 000元，经审核无误，同意承付，商品已于11月27日验收入库。

原始凭证：①值税发票（发票联）；②托收凭证第五联（承付支款通知）。

核心岗位：购进账组。

（36）12月9日，签发转账支票支付购买机油2 200千克，单价8.6元，金额18 920元，其中烟道生产车间负担5 600元，排污管道车间负担13 320元。

原始凭证： ①转账支票存根；②普通发票第二联（发票联）。

核心岗位： 成本组。

（37）12月9日，短期借款 200 000 元到期，填制银行借款偿还凭证，以银行存款偿还到期借款 200 000 元。利息 16 000 元，未预提。

　　原始凭证： ①借款偿还凭证（自制）；②转账支票存根。

　　核心岗位： 主办会计。

（38）12月9日，与区文化站签订代销合同，以视同买断方式委托区文化站代销火车头真皮篮球 300 个，协议价（接收价）为 140 元/个，该商品的成本单价为 125 元，增值税税率为 17%，商品已发出。

　　原始凭证： ①委托代销合同（自制）；②代销商品发货（料）单（财会联）。

　　说明： 以发货（料）单原始凭证代替"代销商品发货（料）单"原始凭证，只需在该凭证名称前加上"代销商品"即可。

　　核心岗位： 销售账组。

（39）12月9日，生产业务部门转来销货更正单，12月6日，销售给兰州新丰文化公司的斯力达篮球 200 个，单价应为 125 元，误收为 120 元，应补收货款及增值税款，下次进货时一并结算。

　　原始凭证： ①红字增值税发票第二联（发票联）（单价 120 元）；②蓝字增值税发票第二联（发票联）（单价 125 元）。

　　核心岗位： 销售账组。

（40）12月10日，生产业务科开出增值税发票，销售表 3－23 中商品给市政建设公司，增值税税率为 17%，增值税 47 600 元。商品由本公司发运到指定建筑工地，签发支票代垫运费 2 000 元，全部款项暂欠。

表 3－23　商品销售明细表

品名	规格（厘米）	数量（立方米）	单价（元）	金额（元）
排污管道	100	800	350	280 000
合计				280 000

原始凭证: ①增值税发票第四联（记账联）; ②发货（料）单第三联（财会）; ③转账支票存根。

核心岗位: 销售账组。

(41) 12 月 10 日，车站发来到货通知，北京文化公司发来表 3 – 24 中商品运到入库，托收凭证尚未到达。

表 3 – 24　商品购买明细表

品名	品牌	数量（个）	单价（元）	进价金额（元）
排球	红双喜	100	75	7 500
排球	世达	50	164	8 200
合计				15 700

保管员验收时发现其中两个红双喜排球漏气，不符合质量要求，拒收代管。

原始凭证: ①收货（料）单（财会联）; ②代管商品收货（料）单（财会联）。

说明: 以收货（料）单原始凭证代替"代销商品收货（料）单"原始凭证，只需在"收货（料）单"原始凭证名称前加上"代管商品"四个字即可。

核心岗位: 购进账组。

(42) 12 月 10 日，接到上海文化公司转来《开具红字增值税专用发票通知单》，12 月 6 日我公司入库的斯伯丁真皮篮球 200 个，单价 750 元，每个少收 15 元，故应补付货款 3 000 元，增值税 510 元，当即通过银行信汇结清。

原始凭证: ①收货（料）单（财会联）（只填金额，不填数量）; ②增值税发票第二联（发票联）; ③信汇凭证第一联（回单）。

核心岗位: 购进账组。

(43) 12 月 10 日，银行转来上海文化公司托收凭证支款通知，予以承付，增值税税率为 17%，代垫运费 2 100 元，商品在途。托收及相关资料如表 3 – 25 所示。

表 3-25　商品购买明细表

品名	品牌	应收数	实收数	进货单价	托收货款
排球	世达	100	100	176	17 600
排球	米奥	100	98	450	45 000
合计					62 600

原始凭证：①委托收款凭证第五联（承付支款通知）；②增值税发票；③运费结算单据；④拒付理由书第一联（回单）；⑤发货（料）单第三联（财会）；⑥商品溢余（短缺）报告单。

核心岗位：购进账组。

（44）12 月 10 日，银行转来委托收款结算凭证第四联收账通知，12 月 2 日向蓝天商场委托收款 47 736 元，已收妥入账。

原始凭证：委托收款凭证第四联（收账通知）。

核心岗位：销售账组。

（45）12 月 10 日，车站发来到货通知，仓储组到车站提取上海文化公司发货返回，验收入库，按实收数填"收货（料）单"，按短缺数填"商品短缺报告单"。商品是第（43）笔业务承付货款所购商品的验收，验收时发现米奥排球短缺两个，原因待查。

原始凭证：①收货（料）单第三联（财会联）；②"商品溢余（短缺）报告单"第三联（财会联）。

注：短缺商品暂不考虑增值税进项税额转出，以后协商解决时一并处理。

核心岗位：购进账组。

第二轮业务（11 ~ 20 日）

（46）12 月 11 日，主办会计填纳税申报表，缴纳 11 月应交营业税 288 000 元，应交增值税 200 000 元，上述税款开转账支票支付。

原始凭证：①"纳税申报表"；②转账支票存根。

核心岗位：主办会计、出纳。

（47）12 月 11 日，收到区文化站开来代销商品清单：已售出火车头真皮篮球 200 个，结存 100 个，协议价（接收价）为 140 元/个，当即对代销商品 200 个火车头真皮篮球开具增值税专用发票，发票上注明：售价金额 200 × 140 = 28 000 元，增值税额 4 760 元，当即收到区文化站转账支票一张，送存银行。

原始凭证：①"代销商品清单"（自制）；②"转账进账单"第一联（回单）；③"增值税发票"第四联（记账联）。

核心岗位：销售账组。

（48）12 月 11 日，与市文化站签订代销合同，以收取手续费方式委托市文化站代销南华利生足球 200 个，手续费按销售收入（不含增值税）8% 结算，该商品协议价（接收价）为每个 144 元，代销商品销售价格为每个 158 元，该商品的成本单价为 120 元，增值税税率为 17%，商品已发出。

原始凭证：①委托代销合同（自制）；②代销商品发货（料）单（财会联）。

核心岗位：销售账组。

（49）12 月 11 日，前上海文化公司发来米奥排球短缺两个，经与对方单位联系，是对方少发所致，收到对方寄来凭证，款项以后进货时扣减。

原始凭证：①"开具红字增值税发票通知单"第三联（购货方）；②红字"增值税发票"（发票联）；③蓝字"增值税发票"（发票联）。

核心岗位：购进账组。

（50）12 月 12 日，生产业务科开出增值税发票，销售表 3 - 26 中商品给东风商场，增值税税率为 17%，商品自提，款项已于当日办妥托收手续。

表 3 - 26　商品销售明细表

品名	品牌	数量（个）	单价（元）	金额（元）
篮球	斯伯丁真皮	20	980	19 600
篮球	斯力达	20	120	2 400
排球	红双喜	40	120	4 800
合计				26 800

原始凭证：①增值税发票（记账联）；②委托收款凭证第一联（回单）；③发货（料）单第三联（财会）。

核心岗位：销售账组。

（51）12月12日，公司支付价款200 000元从华欣公司购入一项专利权，使用年限为10年。此外，另支付相关税费10 000元，款项已通过银行转账支付。

原始凭证：①"普通发票"第二联（购货方记账）；②转账支票存根。

核心岗位：总务综合组。

（52）12月12日，公司办公楼陈旧，经批准进行清理，该资产原值750 000元，已提取折旧620 000元，结转其账面价值。

原始凭证："固定资产报废单"（自制）。

核心岗位：总务综合组。

（53）12月12日，公司与武汉文化公司签订代销合同，采用视同买断方式为武汉文化公司代销红双喜排球400个，协议价（接收价）为每个80元，增值税税率为17%，销售单价100元，受托代销商品已收到入库。

原始凭证：①委托代销合同（自制）；②代销商品收货（料）单第三联（财会联）。

说明：以收货（料）单原始凭证代替"代销商品收货（料）单"原始凭证，只需在该凭证名称前加上"代销商品"即可。

核心岗位：购进账组。

（54）12月13日，收到区文化站开来代销商品清单：已售出火车头真皮篮球100个，协议价（接收价）为每个140元，当即对代销商品100个火车头真皮篮球开具增值税专用发票，发票上注明：售价金额100×140=14 000元，增值税额2 380元，当即收到区文化站转账支票一张送存银行。

原始凭证：①"代销商品清单"（自制）；②"转账进账单"第一联（回单）；③"增值税发票"（记账联）。

核心岗位：销售账组。

（55）12月14日，签发转账支票支付办公楼清理费5 600元。

原始凭证：①客体单位收据；②转账支票存根。

核心岗位：总务综合组。

（56）12 月 14 日，经职代会讨论，给予职工张山生活困难补助 2 000 元，签发现金支票支付。

原始凭证：①领条（自制）；②现金支票存根。

核心岗位：总务综合组。

（57）12 月 15 日，办公楼清理残值出售收入 220 000 元，收存银行。

原始凭证：①收据第三联（财会）；②转账进账单第一联（回单）。

核心岗位：总务综合组。

（58）12 月 15 日，生产业务科开出增值税发票和发货单，销售为武汉文化公司代销的商品红双喜排球 200 个，单价 100 元，金额 20 000 元，增值税税率为 17%，货税款收存银行。已开出"代销商品清单"寄给对方，并收到对方的增值税发票，应付货税款暂欠。

原始凭证：①"代销商品清单"；②增值税发票（发票联）；③增值税发票（记账联）。

核心岗位：销售账组。

（59）12 月 15 日，原来与市文化站签订的合同，以收取手续费方式委托市文化站代销南华利生足球 200 个，协议价（接收价）为每个 144 元，代销商品销售价格为每个 158 元，该商品的成本单价为 120 元，增值税税率为 17%，商品前已发出。现生产业务科收到市文化站"代销商品清单"：代销商品全部售出，扣除手续费后，通过信汇汇来我公司应收取的款项。我公司开出增值税发票，收到款项存入银行。

原始凭证：①"代销商品清单"；②增值税发票第二联（发票联）；③增值税发票第二联（记账联）；④信汇凭证第四联（收款通知）。

核心岗位：销售账组。

（60）12 月 15 日，办公楼清理结束，按清理净收入 5% 计提营业税，再按 7% 计提城市维护建设税，3% 计提教育费附加。

原始凭证：清理办公楼净收入税费计算表（自制）。

核心岗位：总务综合组。

（61）12月15日，结转办公楼清理净损益。

原始凭证：清理办公楼净损益计算表（自制）。

核心岗位：总务综合组。

（62）12月15日，银行转来委托收款凭证：向攀枝花钢铁公司购入钢材和铁丝一批，增值税税率为17%，数额74 460元。另代垫运费3 600元，审核无误，予以承付，材料在途。资料如表3－27所示。

表3－27 材料采购明细表

品名	规格	单位	数量	单价（元）	金额（元）
钢材	一等	吨	100	4 260	426 000
铁丝	0.02毫米	千克	250	48	12 000
合计					438 000

原始凭证：①增值税专用发票第二联（发票联）；②代垫费用清单；③委托收款凭证第五联（支款通知）。

核心岗位：购进账组。

（63）12月16日，签发转账支票一张购办公用品1 500元，当即交给相关部门领用。领用资料如下：

方型管道车间　　　　　　200元

排污管道车间　　　　　　400元

管理部门　　　　　　　　900元

原始凭证：①办公用品领料单（自制）；②"普通发票"第二联（购货方记账）。

核心岗位：总务综合组。

（64）12月16日，向银行借入长期借款460 000元，转存存款户。

原始凭证：①借款协议（自制）；②银行特种转账通知（自制）。

核心岗位：主办会计。

（65）12月16日，公司与重庆文化公司签订代销合同，采用收取手续费方式为重庆文化公司代销阿迪达斯足球 100 个，协议价（接收价）为每个 330 元，增值税税率为 17%，销售单价为 380 元，代销手续费按代销销售收入的 6% 结算，受托代销商品已收到入库。

原始凭证：①委托代销合同（自制）；②代销商品收货（料）单第三联（财会联）。

核心岗位：购进账组。

（66）12 月 16 日，接到成都火车（货站）发来到货通知，仓储组持此到货通知去车站提货并验收入库。材料是攀枝花钢铁公司发来我单位以前购入的钢材 100 吨和铁丝 250 千克，该批商品货款、代垫运费及增值税已于本月承付。

验收资料如表 3 – 28 所示：

表 3 – 28　商品购买明细表

品名	规格	单位	数量	计划单价（元）	金额（元）
钢材	一等	吨	100	4 200	420 000
铁丝	0. 02 毫米	千克	250	50	12 500
合计					432 500

原始凭证：①收货（料）单第三联（财会）；②攀枝花钢铁公司发货单（随货同行）。

核心岗位：购进账组。

（67）12 月 16 日，签发转账支票支付前因代销商品欠武汉文化公司 18 720 元货税款。

原始凭证：转账支票存根。

核心岗位：购进账组。

（68）12 月 16 日，签发转账支票捐赠给困难企业 5 800 元。

原始凭证：①转账支票存根；②收据第三联（财会）。

核心岗位：总务综合组。

（69）12 月 16 日，向上海文化公司购入一批商品，增值税税率为 17%，金额 2 839 元，商品到达，验收入库。货税款扣除上次发货短缺应退货税款 1 053 元后，信汇付清。如表 3-29 所示。

表 3-29 商品购买明细表

品名	品牌	数量（个）	单价（元）	金额（元）
篮球	斯力达	100	92	9 200
排球	红双喜	100	75	7 500
合计				16 700

原始凭证：①增值税发票（发票联）；②收货（料）单第三联（财会）。

核心岗位：购进账组。

（70）12 月 16 日，仓库原材料储备过多，经研究出售钢材 80 吨给市农机公司，每吨 4 300 元，增值税税率为 17%，款项收到，支票送存银行。每吨钢材计划成本 4 200 元。

原始凭证：①增值税发票（记账联）；②转账进账单第一联（回单）。

核心岗位：费用账组。

（71）12 月 16 日，之前与重庆文化公司签订合同，以收取手续费方式为重庆市文化公司代销阿迪达斯足球 100 个，协议价（接收价）为每个 330 元，增值税税率为 17%，销售单价为每个 380 元，现代销商品已全部售完，将"代销商品清单"寄重庆市文化公司，扣除手续费后，通过信汇汇去我公司应付款项。我公司当天收到对方单位开出的增值税发票。

原始凭证：①"代销商品清单"；②增值税发票（发票联）；③增值税发票（记账联）；④信汇凭证（回单）。

核心岗位：销售账组。

（72）12 月 16 日，签发转账支票支付环保局滞纳金 7 200 元。

原始凭证：①环保局收据（财会）（自制）；②转账支票存根。

核心岗位：费用账组。

（73）12 月 17 日，向沙石站购买河沙 200 立方米，豆石 300 立方米，增值税税率为 17%，增值税 15 640 元。材料运到，办理验收手续，货税款签发转账支票结清，资料如表 3－30 所示。

表 3－30　材料采购明细表

品名	规格	单位	数量	单价（元）	金额（元）
河沙	中粗	立方米	200	130	26 000
豆石	2 厘米	立方米	300	220	66 000
合计					92 000

原始凭证：①增值税发票（发票联）；②转账支票存根；③收货（料）单（财会）。

核心岗位：购进账组。

（74）12 月 17 日，上述河沙、豆石交生产产品用。河沙计划单价 120 元，豆石计划单价 200 元。领用资料如表 3－31 所示。

表 3－31　资料领用明细表

品名	方型烟道			排污管道		
	数量（立方米）	单价（元）	金额（元）	数量（立方米）	单价（元）	金额（元）
河沙	100	120	12 000	100	120	12 000
豆石	100	200	20 000	200	200	40 000
合计			32 000			52 000

原始凭证：①发货（料）单（财会）；②材料费分配表。

核心岗位：成本组。

（75）12 月 17 日，用库存现金付农民工两人整理办公室的清洁卫生整理费，共计 600 元。

原始凭证：领条（自制）。

核心岗位：费用账组。

（76）12 月 17 日，签发转账支票付电视台产品广告费 23 000 元。

原始凭证：①电视台收据（自制）；②转账支票存根。

核心岗位：费用账组。

（77）12 月 17 日，集团领导检查工作，用现金支付工作餐 820 元。

原始凭证：餐饮收据（自制）。

核心岗位：费用账组。

（78）12 月 17 日，公司驻上海办事处寄回采购凭证：购入商品如表 3 − 32 所示。其增值税税率为 17%，金额 5 508 元，商品入库，款项从外埠存款中支付。

表 3 − 32　商品购买明细表

品名	品牌	数量（个）	单价（元）	金额（元）
篮球	斯力达	200	88	17 600
排球	红双喜	200	74	14 800
合计				32 400

原始凭证：①增值税发票（发票联）；②收货（料）单第三联（财会）。

核心岗位：购进账组。

（79）12 月 18 日，东顺商场承兑的 3 个月到期的不带息商业承兑汇票 324 000 元到期，填制托收凭证，委托银行收取，手续办妥。

原始凭证：委托收款凭证第一联（回单）。

核心岗位：销售账组。

（80）12 月 18 日，经领导研究，增拨 800 000 元到华西证券存出投资款户。

原始凭证：转账支票存根。

核心岗位：主办会计。

（81）12 月 18 日，购买 B 上市公司股票 200 000 股，单价 3. 30 元，金额 660 000 元，公司将该资产分类为交易性金融资产，另支付佣金 2 000 元（金额较小，不计入股票成本），买价及佣金从存入华西证券公司的投资款支付。

原始凭证：①股票交割单（自制）；②华西证券资金对账单（自制）。

核心岗位：主办会计。

（82）12 月 18 日，以经营租赁方式租入现代公司办公场地，租赁期半年，月租 6 000 元，签发转账支票一次付给。从当月开始摊销。

原始凭证： ①出租人收据（自制）；②转账支票存根。

核心岗位： 费用账组。

（83）12 月 18 日，生产业务科开出增值税发票，销售以下商品给蓝天商场，增值税税率为 17%，商品自提，当日办妥委托收款手续。如表 3-33 所示。

表 3-33 商品销售明细表

品名	品牌	数量（个）	批发价（元）	金额（元）
篮球	火车头真皮	40	160	6 400
排球	米奥	20	520	10 400
合计				16 800

原始凭证： ①增值税发票第四联（记账联）；②托收款凭证第一联（回单联）；③发货（料）单第三联（财会联）。

核心岗位： 销售账组。

（84）12 月 19 日，签发转账支票支付给省医院职工体检费 28 500 元。

原始凭证： ①省医院收据；②转账支票存根。

核心岗位： 总务综合组。

（85）12 月 19 日，收到阿坝文化公司预付我公司货款 40 000 元，款项已收到，信汇凭证存入银行。

原始凭证： 转账支票存根。

核心岗位： 购进账组。

（86）12 月 19 日，接到银行通知，第（50）笔业务托收东风商场货税款 31 356 元，"委托收款凭证"（收账通知）和"拒付理由书"交出纳领回。拒付理由书内容：原托收金额 31 356 元，拒付金额 4 800 元，承付金额 26 556 元，拒付理由为发去的红双喜排球 40 个，单价 120 元，质量不符合要求，拒收代管，其余货税款承付。拒付金额待双方协商解决。

原始凭证：①委托收款凭证第四联（收账通知）；②拒付理由书第四联（拒付通知）。

核心岗位：销售账组。

（87）12 月 19 日，为庆祝国庆，总务向红旗超市购进红纸 20 张，单价 2 元，金额 40 元；白纸 20 张，单价 2 元，金额 40 元；墨汁 2 瓶，单价 10 元，金额 20 元；广告颜料 5 瓶，单价 10 元，金额 50 元。共计 150 元。以上物品已交宣传部门使用，经审核无误，出纳现金付讫。

原始凭证：普通发票（财会）。

核心岗位：总务综合组。

（88）12 月 20 日，接建设银行转来长期借款利息结算清单，本年应付利息 12 000 元。按借款费用准则规定，应予以费用化。

原始凭证：建设银行借款利息结算单（自制）。

核心岗位：费用组。

（89）12 月 20 日，11 月销售给兰州新丰文化公司红双喜排球 100 个（我方进价 70 元，售价 120 元），该单位以质量不符为由提出退货。经研究，我方同意退货，商品退回已验收入库，业务交来增值税发票，其货税款当即通过银行汇付（仓储组、商品账组和财会相应账组均以红字冲销其销售记录）。

原始凭证：①开具红字增值税发票通知单（第二联）；②信汇凭证回单；③红字增值税发票（记账联）。

核心岗位：销售账组。

（90）12 月 20 日，当年 4 月已冲销坏账准备的凉山现代文体公司三年前欠应收账款 4 200 元，因公司现在财务状况好转，主动联系汇来款项收存银行。

原始凭证：信汇凭证第四联（收款通知）。

核心岗位：销售账组。

第三轮业务 (21~31 日)

(91) 12 月 21 日，办公大楼批准修建，用银行存款购入工程物资如表 3－34 所示。增值税税率为 17%，金额 112 200 元。款项用银行存款支付。材料由专项物资仓库验收。

表 3－34　工程物资明细表

品名	规格	单位	数量	单价（元）	金额（元）
钢材	1.2 厘米	吨	120	4 500	540 000
水泥	400 号	吨	200	600	120 000
合计					660 000

原始凭证：①增值税发票（发票联）；②专项物资收料单（财会）（用收货单代）；③转账支票存根。

核心岗位：总务综合组。

(92) 12 月 21 日，销售商品一批给阿坝文化公司，资料如表 3－35 所示。增值税税率为 17%，金额 5 712 元。货税款从前预收账款中扣除，剩余金额通过信汇汇给对方。

表 3－35　商品销售明细表

品名	品牌	数量（个）	单价（元）	金额（元）
篮球	火车头真皮	80	160	12 800
排球	米奥	40	520	20 800
合计				33 600

原始凭证：①增值税发票第四联（记账联）；②发货（料）单（财会）；③转账支票存根。

核心岗位：销售账组。

(93) 12 月 21 日，第（86）笔业务遭东风商场拒付的红双喜排球货款 4 800 元，经双方协商，同意按 9 折作价销售，对方汇来应付我方项存入银行。

原始凭证：①开具红字增值税专用发票通知单；②红字增值税专用发票（记

账联）；③蓝字增值税专用发票（记账联）；④信汇凭证（收款通知）。

核心岗位：销售账组。

（94）12月21日，将第（91）笔业务购买的建筑材料投入办公楼建设。

原始凭证：工程物资收料单（财会）。

核心岗位：总务综合组。

（95）12月21日，生产业务科开出增值税专业发票，销售排污管道800立方米给市城建公司，销售单价285元，金额228 000元，增值税税率为17%，金额38 760元，收到送存银行，另开出转账支票支付运费1 250元，由本公司承担。

原始凭证：①增值税发票第四联（记账联）；②发货（料）单（财会）；③转账支票存根；④运费收据；⑤转账进账单（回单联）。

核心岗位：销售账组。

（96）12月21日，经领导办公会研究决定，为加速资金周转，减少上海办事处存款150 000元，收到划回款项，信汇凭证存入银行。

原始凭证：①办公会研究决定（自制）；②信汇凭证（收款通知）。

核心岗位：主办会计。

（97）12月21日，办公楼工程经领导批准，将部分作原材料使用的钢材50吨转作办公楼工程使用，实际成本按计划成本加上11月末1%的材料成本差异率计算，增值税税率为17%，予以转账并直接移交建设工地。

原始凭证：①原材料结转工程物资计算表（自制）；②发货（料）单（财会）。

核心岗位：总务综合组。

（98）12月21日，出售12月购入的A上市公司股票50 000股，每股售价2.6元，另支付佣金手续费860元，款项存入华西证券存出投资款账户。

原始凭证：①股票交割单；②华西证券资金对账单。

核心岗位：总务综合组。

(99) 12 月 22 日，B 上市公司发布公告，每股分配现金股利 0.1 元，根据我公司持有的股数计算，应分得股利 20 000 元。

原始凭证： B 上市公司公告。

核心岗位： 主办会计。

(100) 12 月 22 日，接银行转来江油水泥公司委托收款凭证（支款通知）及其附件：发来水泥 200 吨，单价 585 元，金额 117 000 元，增值税税率为 17%，代垫运费 1 300 元，经审核无误，予以承付。

原始凭证： ①委托收款凭证（支款通知）；②增值税专用发票（发票联）；③代垫运费清单。

核心岗位： 购进账组。

(101) 12 月 23 日，12 月 22 日承付江油水泥公司货款的商品运到，仓库如数验收。

原始凭证： 收货（料）单（财会）。

核心岗位： 购进账组。

(102) 12 月 23 日，"持有至到期投资——成本"账户余额系持有 A 公司债券，年利率为 10%，根据市场利率计算的实际收益 48 000 元，予以转账。

原始凭证： "持有至到期投资——成本"利息调整计算表（自制）。

核心岗位： 主办会计。

(103) 12 月 23 日，销售给昆明启明文化公司商品一批，增值税税率为 17%，具体资料如表 3 - 36 所示。签发转账支票代垫运费 960 元，已办妥委托收款手续。

表 3 - 36　商品销售明细表

品名	品牌	数量（个）	单价（元）	金额（元）
篮球	斯力达	200	88	17 600
排球	红双喜	200	74	14 800
合计				32 400

原始凭证：①增值税发票第四联（记账联）；②委托收款凭证第一联（回单联）；③发货（料）单第三联（财会联）；④转账支票存根。

核心岗位：销售账组。

（104）12月23日，银行转来委托收款凭证（收账通知），是12月18日委托银行收取东顺商场款，收妥入账324 000元。

原始凭证：委托收款凭证第四联（收账通知）。

核心岗位：销售账组。

（105）12月23日，出售11月末持有的作为长期股权投资的C公司股票50 000股，单价5.6元，金额280 000元，佣金手续费360元，该企业长期股权投资采用成本法核算，C公司股票成本255 000元。款项存我公司账户。

原始凭证：①股票交割单；②证券资金对账单。

核心岗位：总务综合组。

（106）12月23日，通过银行信汇支付宏民铁丝公司前欠货款42 000元。

原始凭证：信汇凭证（回单）。

核心岗位：购进账组。

（107）12月24日，接到建设银行通知，我公司借入的三年期借款利息80 000元，其中6 000元应予以资本化计入办公楼建造成本，其余应予以费用化。利息签发转账支票支付。

原始凭证：①中国建设银行利息结息通知单（自制）；②转账支票存根。

核心岗位：总务综合组。

（108）12月24日，公司经理韦真东出差借支差旅费4 200元，签发现金支票付给。

原始凭证：①借款单（自制）；②现金支票存根。

核心岗位：出纳。

（109）12月24日，3个月前签发给东兴公司的商业承兑汇票到期，面值

58 500元，月利率为0.6%，现接到银行转来委托收款凭证及其附件，审核无误，予以承付。

原始凭证：委托收款凭证（支款通知）。

核心岗位：购进账组。

（110）12月25日，签发转账支票预付办公楼承包工程款（包工不包料）223 000元给市建二公司。

原始凭证：①办公楼承包费计算表（自制）；②转账支票存根。

核心岗位：总务综合组。

（111）12月25日，接到银行转来委托收款凭证（支款通知）及其附件，是收取12月10日北京文化公司发来验收入库的商品。经审核，其中两个红双喜排球漏气，货款和增值税填制"拒付理由书"拒付，其余承付。漏气排球代管。

原始凭证：①委托收款凭证（支款通知）；②增值税专用发票（发票联）；③"拒付理由书"（回单）。

核心岗位：销售账组。

（112）12月26日，B上市公司发布公告，每股分配现金股利0.1元，股权登记日12月25日，除权日12月26日，根据我公司持有的股数计算，应分得股利20 000元收到，存入银行。

原始凭证：资金对账单。

核心岗位：出纳。

（113）12月26日，购买橡胶皮带10根，单价40元，增值税税率为17%，方型烟道车间和排污管道车间各领用5根，款项签发转账支票支付。

原始凭证：①增值税专用发票（发票联）；②物品领用单（自制）；③转账支票存根。

核心岗位：成本组。

（114）12月26日，用现金支付供货会参会人员午餐费800元。

原始凭证：餐饮费发票（自制）。

核心岗位：费用组。

（115）12 月 29 日，经与北京文化公司协商，12 月 10 日发来的红双喜排球两个漏气，按 6 折作价，由我公司修理后购进入库，货税款暂欠。

原始凭证：①开具红字增值税专用发票通知单；②红字增值税专用发票（发票联）；③蓝字增值税专用发票（发票联）。

核心岗位：购进账组。

（116）12 月 29 日，销售人员刘兵出差返回报销差旅费 980 元，退回余款 220 元，原借支 1 200 元。

原始凭证：差旅费报销单（自制）。

核心岗位：费用组。

（117）12 月 31 日，结转本月入库材料成本差异。

原始凭证："本月入库材料成本差异计算表"（自制）。

核心岗位：成本组。

（118）12 月 31 日，结转本月发出材料成本差异。

说明：转办公楼建设的原材料已按月初 1% 的材料成本差异率结转材料成本差异，这里不再分摊材料成本差异。

原始凭证："本月发出材料成本差异计算表"（自制）。

核心岗位：成本组。

（119）12 月 31 日，分配本月及职工薪酬，资料如表 3 - 37 所示。

表 3 - 37　职工薪酬明细表

用途	工资（元）	福利费（元）	社保基金（元）	社会保险（元）	合计（元）
生产成本					
烟道生产	150 000	15 000	30 000	6 000	201 000
排污管道	260 000	26 000	52 000	10 400	348 400
制造费用					

续表

用途	工资（元）	福利费（元）	社保基金（元）	社会保险（元）	合计（元）
方型烟道生产车间	20 000	2 000	4 000	800	26 800
排污管道生产车间	30 000	3 000	6 000	1 200	40 200
企业管理人员	40 000	4 000	8 000	1 600	53 600
合计	500 000	50 000	100 000	20 000	670 000

原始凭证："本月职工薪酬计算表"（自制）。

核心岗位：成本组。

（120）12 月 31 日，计提本月固定资产折旧，资料如表 3 - 38 所示。

表 3 - 38　固定资产折旧

用途	固定资产月初余额（元）	月折旧率（%）	月折旧额（元）
方型烟道生产车间	865 000	4.8	41 520
排污管道生产车间	1 357 000	4.8	65 136
企业管理	1 006 000	4.0	40 240
合计	3 228 000		146 896

原始凭证："本月固定资产折旧计算表"（自制）。

核心岗位：成本组。

（121）12 月 31 日，计提期末无形资产摊销，有关资料如表 3 - 39 所示。

表 3 - 39　无形资产摊销

用途	无形资产期末余额（元）	摊销期限	摊销金额（元）
方型烟道生产车间	550 000	10 年	458.33
排污管道生产车间	210 000	10 年	1 750
合计	760 000		2 208.33

原始凭证："本月无形资产摊销计算表"（自制）。

核心岗位：成本组。

（122）12 月 31 日，按应收账款年余额的 1% 计提坏账准备 – 4 403.3 元，计提存货跌价准备 2 100 元。

原始凭证："本月坏账准备和存货跌价准备计算表"（自制）。

核心岗位：费用组。

（123）12 月 31 日，计提本月应交房产税 620 元，车船使用税 580 元。

原始凭证："本月房产税和车船使用税计算表"（自制）。

核心岗位：费用组。

（124）12 月 31 日，期末盘点发现斯力达篮球短少 2 个，每个单价 90 元，原因待查（损失应考虑增值税）。

原始凭证："商品溢余（短缺）报告单"（自制）。

核心岗位：仓储组。

（125）12 月 31 日，月末，结转本月应交增值税至未交增值税。

原始凭证："本月应交增值税转未交增值税计算表"（自制）。

核心岗位：销售账组。

（126）12 月 31 日，结转本月制造费用。

原始凭证："制造费用转账单"（自制）。

核心岗位：成本组。

（127）12 月 31 日，结转本月完工产品成本。本月方型烟道完工产品 3 000 立方米，期末在产品 1 000 立方米，约当产量 500 立方米；排污管道完工产品 5 000 立方米，期末在产品 2 000 立方米，约当产量 1 000 立方米。

原始凭证："完工产品成本计算单"（自制）。

核心岗位：成本组。

（128）12 月 31 日，结转本月产品销售成本和商品销售成本。

原始凭证："产品销售成本计算表"（自制）。

核心岗位：成本组。

（129）12 月 31 日，结转本月发生的各项收入至"本年利润"账户。

说明：以下结转损益的处理是按用友财务软件的使用要求编写的，既要列出总账账户，也要列出明细账户，否则无法生成处理结果。如果用手工操作，只需要在记账凭证上列出总账账户名称，不需要列出明细账户名称。

原始凭证："本月收入汇总表"（自制）。

核心岗位：主办会计。

（130）12 月 31 日，结转各项费用及支出至"本年利润"账户。

原始凭证："本月费用及支出汇总表"（自制）。

核心岗位：主办会计。

（131）12 月 31 日，该企业所得税税率为 25%，按全年利润计算并结转所得税。

说明：计算所得税时调整项目较多，很难掌握，故这里的调整项目只假设捐赠支出和罚款及滞纳金支出两项，其他的不予考虑。另外，该企业所得税一年计算一次。

原始凭证："所得税计算表"（自制）。

核心岗位：主办会计。

（132）12 月 31 日，结转净利润至"利润分配——未分配利润"账户。

原始凭证："本年利润"账户余额表（自制）。

核心岗位：主办会计。

（133）12 月 31 日，按净利润的 10%、20% 分别提取法定盈余公积和一般盈余公积。

原始凭证："提取盈余公积计算表"（自制）。

核心岗位：主办会计。

（134）12 月 31 日，按净利润的 30% 分配股利。

原始凭证："股利分配计算表"（自制）。

核心岗位： 主办会计。

（135）12 月 31 日，结转利润分配明细分类账户。

原始凭证："利润分配结转计算表"（自制）。

核心岗位： 主办会计。

四、实验要求

（1）根据资料开设有关总分类账户。

（2）根据资料开设"库存现金"日记账、"银行存款"日记账和有关明细分类账户。

（3）根据资料编制记账凭证。

（4）根据编制的记账凭证登记"库存现金"日记账、"银行存款"日记账以及明细账。

（5）每 10 日编制一张科目汇总表并登记总账，第一张科目汇总表时间为 12 月 1 ~ 10 日，记账凭证号为 1 ~ 45 号，第二张科目汇总表时间为 12 月 11 ~ 20 日，记账凭证号为 46 ~ 90 号。第三张科目汇总表时间为 12 月 21 ~ 31 日，记账凭证 91 ~ 128 号，从 129 号记账凭证开始不需要汇总，直接根据记账凭证登记总账。

（6）编制资产负债表和利润表。

（7）使用用友财务软件或金蝶财务软件进行会计电算化操作。

（8）进行简要财务分析。

第四章 独立操作型实验模式参考答案

独立操作型实验模式的参考答案包括该实验模式中的会计凭证、会计账户、会计报表，具体表现为记账凭证、科目汇总表、总账、日记账、明细分类账、资产负债表、利润表七个方面的内容，现分别列示于下。

一、记账凭证

1. 记账凭证如图4-1所示。

记账凭证

编制单位：东方机械有限公司　　　　2013 年 12 月 21 日

核算单位：东方机械有限公司　　　　　　　　　　　　　　第 0001 号

摘要	会计科目	借方金额	贷方金额
发放工资	应付职工薪酬	154 200.00	
发放工资	银行存款		154 200.00
附单据数　1　张	合计　　壹拾伍万肆仟贰佰元整	154 200.00	154 200.00

财务主管：张三2　　记账：张三3　　复核：张三2　　出纳：张三4　　制单：张三3

图 4-1　业务（1）的记账凭证

2. 记账凭证如图 4 – 2 所示。

记账凭证

编制单位：东方机械有限公司　　　　2013 年 12 月 21 日

核算单位：东方机械有限公司　　　　　　　　　　　　　第 0002 号

摘要	会计科目	借方金额	贷方金额
银行存款缴纳税款	应交税费——未交增值税	200 000.00	
银行存款缴纳税款	应交税费——应交营业税	188 000.00	
银行存款缴纳税款	银行存款		388 000.00
附单据数　2　张	合计　　叁拾捌万捌仟元整	388 000.00	388 000.00

财务主管：张三2　　　记账：张三3　　　复核：张三2　　　出纳：张三4　　　制单：张三3

图 4 – 2　业务（2）的记账凭证

3. 记账凭证如图 4 – 3 所示。

记账凭证

编制单位：东方机械有限公司　　　　2013 年 12 月 21 日

核算单位：东方机械有限公司　　　　　　　　　　　　　第 0003 号

摘要	会计科目	借方金额	贷方金额
向银行借款转存银行	银行存款	300 000.00	
向银行借款转存银行	短期借款		300 000.00
附单据数　1　张	合计　　叁拾万元整	300 000.00	300 000.00

财务主管：张三2　　　记账：张三3　　　复核：张三2　　　出纳：张三4　　　制单：张三3

图 4 – 3　业务（3）的记账凭证

4. 记账凭证如图 4 – 4 所示。

记账凭证

编制单位：东方机械有限公司　　　　2013 年 12 月 21 日

核算单位：东方机械有限公司　　　　　　　　　　　　第 0004 号

摘要	会计科目	借方金额	贷方金额
购入汽车，存款支付	固定资产	300 000.00	
购入汽车，存款支付	银行存款		300 000.00
附单据数　2　张	合计　叁拾万元整	300 000.00	300 000.00

财务主管：张三2　　　记账：张三3　　　复核：张三2　　　出纳：张三4　　　制单：张三3

图 4 – 4　业务（4）的记账凭证

5. 记账凭证如图 4 – 5 所示。

记账凭证

编制单位：东方机械有限公司　　　　2013 年 12 月 21 日

核算单位：东方机械有限公司　　　　　　　　　　　　第 0005 号

摘要	会计科目	借方金额	贷方金额
提现备用	库存现金	2 000.00	
提现备用	银行存款		2 000.00
附单据数　1　张	合计　贰仟元整	2 000.00	2 000.00

财务主管：张三2　　　记账：张三3　　　复核：张三2　　　出纳：张三4　　　制单：张三3

图 4 – 5　业务（5）的记账凭证

6. 记账凭证如图 4 - 6 所示。

记账凭证

编制单位：东方机械有限公司　　　　2013 年 12 月 21 日

核算单位：东方机械有限公司　　　　　　　　　　　　　第 0006 号

摘要	会计科目	借方金额	贷方金额
存款支付电话费	管理费用——办公费	6 170. 00	
存款支付电话费	银行存款		6 170. 00
附单据数　2　张	合计　陆仟壹佰柒拾元整	6 170. 00	6 170. 00

财务主管：张三2　　　记账：张三3　　　复核：张三2　　　出纳：张三4　　　制单：张三3

图 4 - 6　业务（6）的记账凭证

7. 记账凭证如图 4 - 7 所示。

记账凭证

编制单位：东方机械有限公司　　　　2013 年 12 月 22 日

核算单位：东方机械有限公司　　　　　　　　　　　　　第 0007 号

摘要	会计科目	借方金额	贷方金额
收到货款存银行	银行存款	180 000. 00	
收到货款存银行	应收账款——东风商场		180 000. 00
附单据数　2　张	合计　壹拾捌万元整	180 000. 00	180 000. 00

财务主管：张三2　　　记账：张三3　　　复核：张三2　　　出纳：张三4　　　制单：张三3

图 4 - 7　业务（7）的记账凭证

8. 记账凭证如图 4-8 所示。

记账凭证

编制单位：东方机械有限公司　　　　2013 年 12 月 22 日

核算单位：东方机械有限公司　　　　　　　　　　　　第 0008 号

摘要	会计科目	借方金额	贷方金额
存款支付设备维修费	制造费用——车间	4 200.00	
存款支付设备维修费	银行存款		4 200.00
附单据数　1　张	合　计　肆仟贰佰元整	4 200.00	4 200.00

财务主管：张三2　　记账：张三3　　复核：张三2　　出纳：张三4　　制单：张三3

图 4-8　业务（8）的记账凭证

9. 记账凭证如图 4-9 所示。

记账凭证

编制单位：东方机械有限公司　　　　2013 年 12 月 22 日

核算单位：东方机械有限公司　　　　　　　　　　　　第 0009 号

摘要	会计科目	借方金额	贷方金额
购买材料验收入库	原材料——钢材	129 600.00	
购买材料验收入库	应交税费——应交增值税——进项税额	21 760.00	
购买材料验收入库	银行存款		151 360.00
附单据数　4　张	合　计　壹拾伍万壹仟叁佰陆拾元整	151 360.00	151 360.00

财务主管：张三2　　记账：张三3　　复核：张三2　　出纳：张三4　　制单：张三3

图 4-9　业务（9）的记账凭证

10. 记账凭证如图 4 – 10 所示。

记账凭证

编制单位：东方机械有限公司　　　2013 年 12 月 22 日

核算单位：东方机械有限公司　　　　　　　　　　　　第 0010 号

摘要	会计科目	借方金额	贷方金额
支付并分配电费	制造费用——一车间	21 000.00	
支付并分配电费	制造费用——二车间	15 000.00	
支付并分配电费	管理费用——办公费	14 000.00	
支付并分配电费	销售费用——其他	6 000.00	
支付并分配电费	银行存款		56 000.00
附单据数　2　张	合计　伍万陆仟元整	56 000.00	56 000.00

财务主管：张三2　　　记账：张三3　　　复核：张三2　　　出纳：张三4　　　制单：张三3

图 4 – 10　业务（10）的记账凭证

11. 记账凭证如图 4 – 11 所示。

记账凭证

编制单位：东方机械有限公司　　　2013 年 12 月 23 日

核算单位：东方机械有限公司　　　　　　　　　　　　第 0011 号

摘要	会计科目	借方金额	贷方金额
购买办公用品发放	管理费用——办公费	600.00	
购买办公用品发放	库存现金		600.00
附单据数　1　张	合计　陆佰元整	600.00	600.00

财务主管：张三2　　　记账：张三3　　　复核：张三2　　　出纳：张三4　　　制单：张三3

图 4 – 11　业务（11）的记账凭证

12. 记账凭证如图 4 - 12 所示。

记账凭证

编制单位：东方机械有限公司　　　2013 年 12 月 23 日

核算单位：东方机械有限公司　　　　　　　　　　　　　　　第 0012 号

摘要	会计科目	借方金额	贷方金额
购买钢材验收入库	原材料——钢材	93 600. 00	
购买钢材验收入库	银行存款		93 600. 00
附单据数　3 张	合计　玖万叁仟陆佰元整	93 600. 00	93 600. 00

财务主管：张三2　　记账：张三3　　复核：张三2　　出纳：张三4　　制单：张三3

图 4 - 12　业务（12）的记账凭证

13. 记账凭证如图 4 - 13 所示。

记账凭证

编制单位：东方机械有限公司　　　2013 年 12 月 23 日

核算单位：东方机械有限公司　　　　　　　　　　　　　　　第 0013 号

摘要	会计科目	借方金额	贷方金额
银行扣利息费用	财务费用	7 000. 00	
银行扣利息费用	应付利息	16 000. 00	
银行扣利息费用	银行存款		23 000. 00
附单据数　1 张	合计　贰万叁仟元整	23 000. 00	23 000. 00

财务主管：张三2　　记账：张三3　　复核：张三2　　出纳：张三4　　制单：张三3

图 4 - 13　业务（13）的记账凭证

14. 记账凭证如图 4 – 14 所示。

记账凭证

编制单位：东方机械有限公司　　　　2013 年 12 月 23 日

核算单位：东方机械有限公司　　　　　　　　　　　　　　　第 0014 号

摘要	会计科目	借方金额	贷方金额
现金支付员工医药费	应付职工薪酬	4 500.00	
现金支付员工医药费	库存现金		4 500.00
附单据数　1　张	合计　肆仟伍佰元整	4 500.00	4 500.00

财务主管：张三2　　记账：张三3　　复核：张三2　　出纳：张三4　　制单：张三3

图 4 – 14　业务（14）的记账凭证

15. 记账凭证如图 4 – 15 所示。

记账凭证

编制单位：东方机械有限公司　　　　2013 年 12 月 23 日

核算单位：东方机械有限公司　　　　　　　　　　　　　　　第 0015 号

摘要	会计科目	借方金额	贷方金额
销售商品，货款未收	应收账款——蓉北动力公司	2 343 300.00	
	主营业务收入		2 000 000.00
	应交税费——应交增值税——销项税额		340 000.00
	银行存款		3 300.00
附单据数　3　张	合计　贰佰叁拾肆万叁仟叁佰元整	2 343 300.00	2 343 300.00

财务主管：张三2　　记账：张三3　　复核：张三2　　出纳：张三4　　制单：张三3

图 4 – 15　业务（15）的记账凭证

16. 记账凭证如图 4 - 16 所示。

记账凭证

编制单位：东方机械有限公司　　　　2013 年 12 月 23 日

核算单位：东方机械有限公司　　　　　　　　　　　　　　第 0016 号

摘要	会计科目	借方金额	贷方金额
购入材料，验收入库	原材料——线材	276 000.00	
购入材料，验收入库	应交税费——应交增值税——进项税额	46 920.00	
购入材料，验收入库	银行存款		322 920.00
附单据数　2　张	合计　叁拾贰万贰仟玖佰贰拾元整	322 920.00	322 920.00

财务主管：张三 2　　　记账：张三 3　　　复核：张三 2　　　出纳：张三 4　　　制单：张三 3

图 4 - 16　业务（16）的记账凭证

17. 记账凭证如图 4 - 17 所示。

记账凭证

编制单位：东方机械有限公司　　　　2013 年 12 月 23 日

核算单位：东方机械有限公司　　　　　　　　　　　　　　第 0017 号

摘要	会计科目	借方金额	贷方金额
出售报废材料，收到现金	库存现金	2 340.00	
出售报废材料，收到现金	营业外收入		2 340.00
附单据数　1　张	合计　贰仟叁佰肆拾元整	2 340.00	2 340.00

财务主管：张三 2　　　记账：张三 3　　　复核：张三 2　　　出纳：张三 4　　　制单：张三 3

图 4 - 17　业务（17）的记账凭证

18. 记账凭证如图 4 – 18 所示。

记账凭证

编制单位：东方机械有限公司　　　　2013 年 12 月 23 日

核算单位：东方机械有限公司　　　　　　　　　　　　第 0018 号

摘要	会计科目	借方金额	贷方金额
存款支付报刊费	制造费用——一车间	500.00	
	制造费用——二车间	400.00	
	管理费用——办公费	600.00	
	银行存款		1 500.00
附单据数　1　张	合计　壹仟伍佰元整	1 500.00	1 500.00

财务主管：张三 2　　　记账：张三 3　　　复核：张三 2　　　出纳：张三 4　　　制单：张三 3

图 4 – 18　业务（18）的记账凭证

19. 记账凭证如图 4 – 19 所示。

记账凭证

编制单位：东方机械有限公司　　　　2013 年 12 月 24 日

核算单位：东方机械有限公司　　　　　　　　　　　　第 0019 号

摘要	会计科目	借方金额	贷方金额
收到前购材料，验收入库	原材料——线材	42 000.00	
收到前购材料，验收入库	在途物资		42 000.00
附单据数　1　张	合计　肆万贰仟元整	42 000.00	42 000.00

财务主管：张三 2　　　记账：张三 3　　　复核：张三 2　　　出纳：张三 4　　　制单：张三 3

图 4 – 19　业务（19）的记账凭证

20. 记账凭证如图 4 - 20 所示。

记账凭证

编制单位：东方机械有限公司　　　　2013 年 12 月 24 日

核算单位：东方机械有限公司　　　　　　　　　　　　　　第 0020 号

摘要	会计科目	借方金额	贷方金额
存款支付广告费	销售费用——广告费	1 000.00	
存款支付广告费	银行存款		1 000.00
附单据数　2　张	合计　壹仟元整	1 000.00	1 000.00

财务主管：张三 2　　　记账：张三 3　　　复核：张三 2　　　出纳：张三 4　　　制单：张三 3

图 4 - 20　业务（20）的记账凭证

21. 记账凭证如图 4 - 21 所示。

记账凭证

编制单位：东方机械有限公司　　　　2013 年 12 月 24 日

核算单位：东方机械有限公司　　　　　　　　　　　　　　第 0021 号

摘要	会计科目	借方金额	贷方金额
购入材料，验收入库	原材料——电器开关	26 400.00	
购入材料，验收入库	银行存款		26 400.00
附单据数　2　张	合计　贰万陆仟肆佰元整	26 400.00	26 400.00

财务主管：张三 2　　　记账：张三 3　　　复核：张三 2　　　出纳：张三 4　　　制单：张三 3

图 4 - 21　业务（21）的记账凭证

22. 记账凭证如图 4 - 22 所示。

记账凭证

编制单位：东方机械有限公司　　　　2013 年 12 月 25 日

核算单位：东方机械有限公司　　　　　　　　　　　　第 0022 号

摘要	会计科目	借方金额	贷方金额
收到张兵归还借支款	库存现金	300.00	
收到张兵归还借支款	其他应收款——张兵		300.00
附单据数　1　张	合计　叁佰元整	300.00	300.00

财务主管：张三 2　　记账：张三 3　　复核：张三 2　　出纳：张三 4　　制单：张三 3

图 4 - 22　业务（22）的记账凭证

23. 记账凭证如图 4 - 23 所示。

记账凭证

编制单位：东方机械有限公司　　　　2013 年 12 月 25 日

核算单位：东方机械有限公司　　　　　　　　　　　　第 0023 号

摘要	会计科目	借方金额	贷方金额
购买线材，验收入库，货款未付	原材料——线材	60 000.00	
购买线材，验收入库，货款未付	应交税费——应交增值税——进项税额	10 200.00	
购买线材，验收入库，货款未付	应付账款——松威线材公司		70 200.00
附单据数　2　张	合计　柒万零贰佰元整	70 200.00	70 200.00

财务主管：张三 2　　记账：张三 3　　复核：张三 2　　出纳：张三 4　　制单：张三 3

图 4 - 23　业务（23）的记账凭证

24. 记账凭证如图 4 – 24 所示。

记账凭证

编制单位：东方机械有限公司　　2013 年 12 月 26 日

核算单位：东方机械有限公司　　　　　　　　　　第 0024 号

摘要	会计科目	借方金额	贷方金额
收到彩虹公司投资	固定资产	1 500 000.00	
收到彩虹公司投资	无形资产	500 000.00	
收到彩虹公司投资	实收资本——彩虹有限责任公司		2 000 000.00
附单据数　2　张	合计　贰佰万元整	2 000 000.00	2 000 000.00

财务主管：张三2　　记账：张三3　　复核：张三2　　出纳：张三4　　制单：张三3

图 4 – 24　业务（24）的记账凭证

25. 记账凭证如图 4 – 25 所示。

记账凭证

编制单位：东方机械有限公司　　2013 年 12 月 26 日

核算单位：东方机械有限公司　　　　　　　　　　第 0025 号

摘要	会计科目	借方金额	贷方金额
收到蓉北货款	银行存款	2 343 300.00	
收到蓉北货款	应收账款——蓉北动力公司		2 343 300.00
附单据数　1　张	合计　贰佰叁拾肆万叁仟叁佰元整	2 343 300.00	2 343 300.00

财务主管：张三2　　记账：张三3　　复核：张三2　　出纳：张三4　　制单：张三3

图 4 – 25　业务（25）的记账凭证

26. 记账凭证如图 4 – 26 所示。

记账凭证

编制单位：东方机械有限公司　　　2013 年 12 月 26 日

核算单位：东方机械有限公司　　　　　　　　　　　　第 0026 号

摘要	会计科目	借方金额	贷方金额
存款支付货款	应付账款——重庆钢铁公司	290 000.00	
存款支付货款	银行存款		290 000.00
附单据数 1 张	合计 贰拾玖万元整	290 000.00	290 000.00

财务主管：张三 2　　记账：张三 3　　复核：张三 2　　出纳：张三 4　　制单：张三 3

图 4 – 26　业务（26）的记账凭证

27. 记账凭证如图 4 – 27 所示。

记账凭证

编制单位：东方机械有限公司　　　2013 年 12 月 26 日

核算单位：东方机械有限公司　　　　　　　　　　　　第 0027 号

摘要	会计科目	借方金额	贷方金额
销售商品，货款未收	应收账款——东风商场	28 080.00	
销售商品，货款未收	主营业务收入		24 000.00
	应交税费——应交增值税——销项税额		4 080.00
附单据数 1 张	合计 贰万捌仟零捌拾元整	28 080.00	28 080.00

财务主管：张三 2　　记账：张三 3　　复核：张三 2　　出纳：张三 4　　制单：张三 3

图 4 – 27　业务（27）的记账凭证

28. 记账凭证如图 4 – 28 所示。

记账凭证

编制单位：东方机械有限公司　　　2013 年 12 月 26 日

核算单位：东方机械有限公司　　　　　　　　　　　　　　第 0028 号

摘要	会计科目	借方金额	贷方金额
存款转出，备购股票	其他货币资金——存出投资款（华西证券）	2 200 000.00	
存款转出，备购股票	银行存款		2 200 000.00
附单据数　1　张	合计　贰佰贰拾万元整	2 200 000.00	2 200 000.00

财务主管：张三2　　记账：张三3　　复核：张三2　　出纳：张三4　　制单：张三3

图 4 – 28　业务（28）的记账凭证

29. 记账凭证如图 4 – 29 所示。

记账凭证

编制单位：东方机械有限公司　　　2013 年 12 月 27 日

核算单位：东方机械有限公司　　　　　　　　　　　　　　第 0029 号

摘要	会计科目	借方金额	贷方金额
存款支付罚款	营业外支出	3 200.00	
存款支付罚款	银行存款		3 200.00
附单据数　1　张	合计　叁仟贰佰元整	3 200.00	3 200.00

财务主管：张三2　　记账：张三3　　复核：张三2　　出纳：张三4　　制单：张三3

图 4 – 29　业务（29）的记账凭证

30. 记账凭证如图 4 - 30 所示。

记账凭证

编制单位：东方机械有限公司　　　2013 年 12 月 27 日

核算单位：东方机械有限公司　　　　　　　　　　第 0030 号

摘要	会计科目	借方金额	贷方金额
张强报差旅费	管理费用——办公费	960.00	
张强报差旅费	库存现金	240.00	
张强报差旅费	其他应收款——张强		1 200.00
附单据数　1 张	合计　壹仟贰佰元整	1 200.00	1 200.00

财务主管：张三2　　　记账：张三3　　　复核：张三2　　　出纳：张三4　　　制单：张三3

图 4 - 30　业务（30）的记账凭证

31. 记账凭证如图 4 - 31 所示。

记账凭证

编制单位：东方机械有限公司　　　2013 年 12 月 27 日

核算单位：东方机械有限公司　　　　　　　　　　第 0031 号

摘要	会计科目	借方金额	贷方金额
购入长虹股票	交易性金融资产——成本	1 840 000.00	
购入长虹股票	投资收益	2 300.00	
购入长虹股票	其他货币资金——存出投资款（华西证券）		1 842 300.00
附单据数　1　张	合计　壹佰捌拾肆万贰仟叁佰元整	1 842 300.00	1 842 300.00

财务主管：张三2　　　记账：张三3　　　复核：张三2　　　出纳：张三4　　　制单：张三3

图 4 - 31　业务（31）的记账凭证

32. 记账凭证如图 4 – 32 所示。

记账凭证

编制单位：东方机械有限公司　　2013 年 12 月 28 日

核算单位：东方机械有限公司　　　　　　　　　　　　　　第 0032 号

摘要	会计科目	借方金额	贷方金额
收到货款，存入银行	银行存款	300 000.00	
收到货款，存入银行	应收账款——蓉北动力公司		280 000.00
收到货款，存入银行	应收账款——蓝天商场		20 000.00
附单据数　4　张	合计　叁拾万元整	300 000.00	300 000.00

财务主管：张三2　　记账：张三3　　复核：张三2　　出纳：张三4　　制单：张三3

图 4 – 32　业务（32）的记账凭证

33. 记账凭证如图 4 – 33 所示。

记账凭证

编制单位：东方机械有限公司　　2013 年 12 月 28 日

核算单位：东方机械有限公司　　　　　　　　　　　　　　第 0033 号

摘要	会计科目	借方金额	贷方金额
出售交易性金融资产	银行存款	2 073 100.00	
出售交易性金融资产	交易性金融资产——成本		1 840 000.00
出售交易性金融资产	投资收益		233 100.00
附单据数　2　张	合计　贰佰零柒万叁仟壹佰元整	2 073 100.00	2 073 100.00

财务主管：张三2　　记账：张三3　　复核：张三2　　出纳：张三4　　制单：张三3

图 4 – 33　业务（33）的记账凭证

34. 记账凭证如图 4 – 34 所示。

记账凭证

编制单位：东方机械有限公司　　　2013 年 12 月 29 日

核算单位：东方机械有限公司　　　　　　　　　　　第 0034 号

摘要	会计科目	借方金额	贷方金额
银行存款归还借款	长期借款	100 000.00	
银行存款归还借款	银行存款		100 000.00
附单据数　1　张	合计　壹拾万元整	100 000.00	100 000.00

财务主管：张三2　　记账：张三3　　复核：张三2　　出纳：张三4　　制单：张三3

图 4 – 34　业务（34）的记账凭证

35. 记账凭证如图 4 – 35 所示。

记账凭证

编制单位：东方机械有限公司　　　2013 年 12 月 29 日

核算单位：东方机械有限公司　　　　　　　　　　　第 0035 号

摘要	会计科目	借方金额	贷方金额
购入在途材料，存款支付	在途物资	410 000.00	
购入在途材料，存款支付	应交税费——应交增值税——进项税额	69 700.00	
购入在途材料，存款支付	银行存款		479 700.00
附单据数　2　张	合计　肆拾柒万玖仟柒佰元整	479 700.00	479 700.00

财务主管：张三2　　记账：张三3　　复核：张三2　　出纳：张三4　　制单：张三3

图 4 – 35　业务（35）的记账凭证

36. 记账凭证如图 4 - 36 所示。

记账凭证

编制单位：东方机械有限公司　　　　　2013 年 12 月 30 日

核算单位：东方机械有限公司　　　　　　　　　　　　　　第 0036 号

摘要	会计科目	借方金额	贷方金额
销售商品，货款收存银行	银行存款	37 440.00	
销售商品，货款收存银行	主营业务收入		32 000.00
销售商品，货款收存银行	应交税费——应交增值税——销项税额		5 440.00
附单据数　3 张	合计　叁万柒仟肆佰肆拾元整	37 440.00	37 440.00

财务主管：张三2　　　记账：张三3　　　复核：张三2　　　出纳：张三4　　　制单：张三3

图 4 - 36　业务（36）的记账凭证

37. 记账凭证如图 4 - 37 所示。

记账凭证

编制单位：东方机械有限公司　　　　　2013 年 12 月 31 日

核算单位：东方机械有限公司　　　　　　　　　　　　　　第 0037 号

摘要	会计科目	借方金额	贷方金额
分配本月生产用料	生产成本——自动降温设备——直接材料	593 680.1	
分配本月生产用料	生产成本——食品加工机——直接材料	365 177.4	
分配本月生产用料	制造费用——一车间	13 125.51	
分配本月生产用料	制造费用——二车间	13 125.51	
分配本月生产用料	管理费用——其他	17 971.76	
分配本月生产用料	原材料——钢材		687 177.75
分配本月生产用料	原材料——线材		239 642.53
分配本月生产用料	原材料——电器开关		76 260.00
附单据数　1 张	合计　壹佰万零叁仟零捌拾元贰角捌分	1 003 080.28	1 003 080.28

财务主管：张三2　　　记账：张三3　　　复核：张三2　　　出纳：　　　制单：张三3

图 4 - 37　业务（37）的记账凭证

38. 记账凭证如图 4 – 38 所示。

记账凭证

编制单位：东方机械有限公司　　　　2013 年 12 月 31 日

核算单位：东方机械有限公司　　　　　　　　　　　　第 0038 号

摘要	会计科目	借方金额	贷方金额
分配本月工资费用	生产成本——自动降温设备——直接人工	120 000.00	
	生产成本——食品加工机——直接人工	80 000.00	
	制造费用——一车间	8 200.00	
	制造费用——二车间	8 200.00	
	管理费用——职工薪酬	14 800.00	
	应付职工薪酬		231 200.00
附单据数　1　张	合计　贰拾叁万壹仟贰佰元整	231 200.00	231 200.00

财务主管：张三2　　　记账：张三3　　　复核：张三2　　　出纳：　　　　　制单：张三3

图 4 – 38　业务（38）的记账凭证

39. 记账凭证如图 4 – 39 所示。

记账凭证

编制单位：东方机械有限公司　　　　2013 年 12 月 31 日

核算单位：东方机械有限公司　　　　　　　　　　　　第 0039 号

摘要	会计科目	借方金额	贷方金额
分配本月折旧费用	制造费用——一车间	40 000.00	
分配本月折旧费用	制造费用——二车间	38 000.00	
分配本月折旧费用	管理费用——折旧费	25 000.00	
分配本月折旧费用	累计折旧		103 000.00
附单据数　1　张	合计　壹拾万零叁仟元整	103 000.00	103 000.00

财务主管：张三2　　　记账：张三3　　　复核：张三2　　　出纳：　　　　　制单：张三3

图 4 – 39　业务（39）的记账凭证

40. 记账凭证如图 4 – 40 所示。

记账凭证

编制单位：东方机械有限公司　　　　2013 年 12 月 31 日

核算单位：东方机械有限公司　　　　　　　　　　　　　第 0040 号

摘要	会计科目	借方金额	贷方金额
计提短期借款利息	财务费用	10 000.00	
计提短期借款利息	应付利息		10 000.00
附单据数 1 张	合计　壹万元整	10 000.00	10 000.00

财务主管：张三2　　　记账：张三3　　　复核：张三2　　　出纳：　　　制单：张三3

图 4 – 40　业务（40）的记账凭证

41. 记账凭证如图 4 – 41 所示。

记账凭证

编制单位：东方机械有限公司　　　　2013 年 12 月 31 日

核算单位：东方机械有限公司　　　　　　　　　　　　　第 0041 号

摘要	会计科目	借方金额	贷方金额
摊销无形资产	制造费用——一车间	4 000.00	
摊销无形资产	制造费用——二车间	7 100.00	
摊销无形资产	管理费用——其他	4 200.00	
摊销无形资产	累计摊销		15 300.00
附单据数　1　张	合计　壹万伍仟叁佰元整	15 300.00	15 300.00

财务主管：张三2　　　记账：张三3　　　复核：张三2　　　出纳：　　　制单：张三3

图 4 – 41　业务（41）的记账凭证

42. 记账凭证如图 4 – 42 所示。

记账凭证

编制单位：东方机械有限公司　　　　2013 年 12 月 31 日

核算单位：东方机械有限公司　　　　　　　　　　　　　　第 0042 号

摘要	会计科目	借方金额	贷方金额
分配制造费用	生产成本——自动降温设备——制造费用	163 885.51	
分配制造费用	生产成本——食品加工机——制造费用	130 325.51	
分配制造费用	制造费用——一车间		163 885.51
分配制造费用	制造费用——二车间		130 325.51
附单据数　1　张	合计　贰拾玖万肆仟贰佰壹拾壹元零角贰分	294 211.02	294 211.02

财务主管：张三2　　记账：张三3　　复核：张三2　　出纳：　　制单：张三3

图 4 – 42　业务（42）的记账凭证

43. 记账凭证如图 4 – 43 所示。

记账凭证

编制单位：东方机械有限公司　　　　2013 年 12 月 31 日

核算单位：东方机械有限公司　　　　　　　　　　　　　　第 0043 号

摘要	会计科目	借方金额	贷方金额
结转本月生产成本	库存商品——自动降温设备	2 155 565.61	
结转本月生产成本	库存商品——食品加工机	1 192 282.91	
结转本月生产成本	生产成本——自动降温设备——制造费用		1 313 680.10
结转本月生产成本	生产成本——自动降温设备——制造费用		400 000.00
结转本月生产成本	生产成本——自动降温设备——制造费用		441 885.51
结转本月生产成本	生产成本——食品加工机——制造费用		750 177.4
结转本月生产成本	生产成本——食品加工机——制造费用		248 000.00
结转本月生产成本	生产成本——食品加工机——制造费用		194 105.51
附单据数　1　张	合计　叁佰叁拾肆万柒仟捌佰肆拾捌元伍角贰分	3 347 848.52	3 347 848.52

财务主管：张三2　　记账：张三3　　复核：张三2　　出纳：　　制单：张三3

图 4 – 43　业务（43）的记账凭证

44. 记账凭证如图 4－44 所示。

记账凭证

编制单位：东方机械有限公司　　　　2013 年 12 月 31 日

核算单位：东方机械有限公司　　　　　　　　　　　　　　第 0044 号

摘要	会计科目	借方金额	贷方金额
结转本期销售成本	主营业务成本	1 600 000.00	
结转本期销售成本	库存商品——自动降温设备		1 560 000.00
结转本期销售成本	库存商品——食品加工机		40 000.00
附单据数　1　张	合计　壹佰陆拾万元整	1 600 000.00	1 600 000.00

财务主管：张三2　　记账：张三3　　复核：张三2　　出纳：　　　制单：张三3

图 4－44　业务（44）的记账凭证

45. 记账凭证如图 4－45 所示。

记账凭证

编制单位：东方机械有限公司　　　　2013 年 12 月 31 日

核算单位：东方机械有限公司　　　　　　　　　　　　　　第 0045 号

摘要	会计科目	借方金额	贷方金额
结转收入	主营业务收入	10 444 200.00	
结转收入	投资收益	230 800.00	
结转收入	营业外收入	1 056 340.00	
结转收入	本年利润		11 731 340.00
附单据数　张	合计　壹仟壹佰柒拾叁万壹仟叁佰肆拾元整	11 731 340.00	11 731 340.00

财务主管：张三2　　记账：张三3　　复核：张三2　　出纳：　　　制单：张三3

图 4－45　业务（45）的记账凭证

46. 记账凭证如图 4 - 46 所示。

记账凭证

编制单位：东方机械有限公司　　　　2013 年 12 月 31 日

核算单位：东方机械有限公司　　　　　　　　　　　　　第 0046 号

摘要	会计科目	借方金额	贷方金额
结转成本费用	本年利润	8 793 541.76	
结转成本费用	主营业务成本		6 834 800.00
结转成本费用	营业税金及附加		170 000.00
结转成本费用	销售费用——广告费		114 200.00
结转成本费用	销售费用——其他		46 000.00
结转成本费用	管理费用——职工薪酬		14 800.00
结转成本费用	管理费用——折旧费		25 000.00
结转成本费用	管理费用——办公费		446 330.00
结转成本费用	管理费用——其他		262 211.76
结转成本费用	财务费用		17 000.00
结转成本费用	营业外支出		863 200.00
附单据数　　张	合计　捌佰柒拾玖万叁仟伍佰肆拾壹元柒角陆分	8 793 541.76	8 793 541.76

财务主管：张三2　　记账：张三3　　复核：张三2　　出纳：　　　　制单：张三3

图 4 - 46　业务（46）的记账凭证

47. 记账凭证如图 4 - 47 所示。

记账凭证

编制单位：东方机械有限公司　　　　2013 年 12 月 31 日

核算单位：东方机械有限公司　　　　　　　　　　　　　第 0047 号

摘要	会计科目	借方金额	贷方金额
计提所得税	所得税费用	1 114 449.56	
计提所得税	应交税费——应交所得税		1 114 449.56
结转所得税	本年利润	1 114 449.56	
结转所得税	所得税费用		1 114 449.56
附单据数　　张	合计　贰佰贰拾贰万捌仟捌佰玖拾玖元壹角贰分	2 228 899.12	2 228 899.12

财务主管：张三2　　记账：张三3　　复核：张三2　　出纳：　　　　制单：张三3

图 4 - 47　业务（47）的记账凭证

48. 记账凭证如图 4 – 48 所示。

记账凭证

编制单位：东方机械有限公司　　　　2013 年 12 月 31 日

核算单位：东方机械有限公司　　　　　　　　　　　　　　第 0048 号

摘要	会计科目	借方金额	贷方金额
结转本年利润至利润分配	本年利润	3 343 348.68	
结转本年利润至利润分配	利润分配——未分配利润		3 343 348.68
附单据数　张	合计　叁佰叁拾肆万叁仟叁佰肆拾捌元陆角捌分	3 343 348.68	3 343 348.68

财务主管：张三2　　　记账：张三3　　　复核：张三2　　　出纳：　　　制单：张三3

图 4 – 48　业务（48）的记账凭证

49. 记账凭证如图 4 – 49 所示。

记账凭证

编制单位：东方机械有限公司　　　　2013 年 12 月 31 日

核算单位：东方机械有限公司　　　　　　　　　　　　　　第 0049 号

摘要	会计科目	借方金额	贷方金额
计提盈余公积	利润分配——提取盈余公积	334 334.87	
计提盈余公积	盈余公积		334 334.87
向投资者分配利润	利润分配——未分配利润	1 003 004.6	
向投资者分配利润	应付股利		1 003 004.6
附单据数　张	合计　壹佰叁拾叁万柒仟叁佰叁拾玖元肆角柒分	1 337 339.47	1 337 339.47

财务主管：张三2　　　记账：张三3　　　复核：张三2　　　出纳：　　　制单：张三3

图 4 – 49　业务（49）的记账凭证

50. 记账凭证如图 4 – 50 所示。

记账凭证

编制单位：东方机械有限公司　　　2013 年 12 月 31 日

核算单位：东方机械有限公司　　　　　　　　　　　　第 0050 号

摘要	会计科目	借方金额	贷方金额
结转利润分配至未分配利润	利润分配——未分配利润	1 337 339. 47	
结转利润分配至未分配利润	利润分配——提取盈余公积		334 334. 87
结转利润分配至未分配利润	利润分配——应付股利		1 003 004. 60
附单据数　　张	合计　壹佰叁拾叁万柒仟叁佰叁拾玖元肆角柒分	1 337 339. 47	1 337 339. 47

财务主管：张三 2　　记账：张三 3　　复核：张三 2　　出纳：　　　制单：张三 3

图 4 – 50 业务（50）的记账凭证

二、科目汇总表

1. 记账凭证第 1 号至第 23 号的科目汇总表如表 4 – 1 所示。

2. 记账凭证第 24 号至第 44 号的科目汇总表如表 4 – 2 所示。

表 4 – 1 科目汇总表

记账凭证第 1 号至第 23 号共 23 张　　　　　　　　单位：元

科汇字第 71 号

科目名称	借方金额	记账	贷方金额	记账
库存现金	4 640		5 100	
银行存款	480 000		1 533 650	
应收账款	2 343 300		180 000	
其他应收款			300	
在途物资			42 000	

续表

科目名称	借方金额	记账	贷方金额	记账
原材料	627 600			
固定资产	300 000			
短期借款			300 000	
应付账款			70 200	
应付职工薪酬	158 700			
应交税费	466 880		340 000	
应付利息	16 000			
制造费用	41 100			
主营业务收入			2 000 000	
营业外收入			2 340	
销售费用	7 000			
管理费用	21 370			
财务费用	7 000			
合计	4 473 590		4 473 590	

核算单位：东方机械有限公司　　　　　　　　　　　　制表：张三1

表 4 - 2 科目汇总表　　　　　　　　　　　单位：元

记账凭证第 24 号至第 44 号共 21 张　　　　　　　　　　　科汇字第 72 号

科目名称	借方金额	记账	贷方金额	记账
库存现金	240.00			
银行存款	4 753 840.00		3 072 900.00	
其他货币资金	2 200 000.00		1 842 300.00	
交易性金融资产	1 840 000.00		1 840 000.00	
应收账款	28 080.00		2 643 300.00	
其他应收款			1 200.00	
在途物资	410 000.00			
原材料			1 003 080.28	
库存商品	3 347 848.52		1 600 000.00	
固定资产	1 500 000.00			
累计折旧			103 000.00	
无形资产	500 000.00			
累计摊销			15 300.00	
短期借款	100 000.00			
应付账款	290 000.00			
应付职工薪酬			231 200.00	
应交税费	69 700.00		9 520.00	
应付利息			10 000.00	
实收资本			2 000 000.00	
生产成本	1 453 068.52		3 347 848.52	
制造费用	131 751.02		294 211.02	
主营业务收入			56 000.00	
投资收益	2 300.00		233 100.00	
主营业务成本	1 600 000.00			
管理费用	62 931.76			
财务费用	10 000.00			
营业外支出	3 200.00			
合计	18 302 959.82		18 302 959.82	

核算单位：东方机械有限公司　　　　　　　　　　　制表：张三1

三、总分类账

说明：在手工操作模式下，编制一次科目汇总表登记一次总账。但下列总账是用用友财务软件操作的，该软件一个月汇总登记一次总账，下同。

（1）库存现金总账如图 4－51 所示。

库存现金总账

科目：库存现金　　　　　　　　　　　　　　　　　　　　本币名称：人民币

2013 年		凭证号数	摘要	借方	贷方	借贷方向	余额
月	日						
12	21		期初余额	0.00	0.00	借	5 800.00
12	31		本月合计	4 880.00	5 100.00	借	5 580.00
12	31		本年累计	4 880.00	5 100.00		0.00

核算单位：东方机械有限公司　　　　　　　　　　　　　　　　制表：张三1

图 4－51　库存现金总账

（2）银行存款总账如图 4－52 所示。

银行存款总账

科目：银行存款　　　　　　　　　　　　　　　　　　　　本币名称：人民币

2013 年		凭证号数	摘要	借方	贷方	借贷方向	余额
月	日						
12	21		期初余额	0.00	0.00	借	1 393 280.00
12	31		本月合计	5 233 840.00	4 606 550.00	借	2 020 570.00
12	31		本年累计	5 233 840.00	4 606 550.00		0.00

核算单位：东方机械有限公司　　　　　　　　　　　　　　　　制表：张三1

图 4－52　银行存款总账

（3）其他货币资金总账如图 4-53 所示。

其他货币资金总账

科目：其他货币资金　　　　　　　　　　　　　　　　　　　本币名称：人民币

2013 年		凭证号数	摘要	借方	贷方	借贷方向	余额
月	日						
12	21		期初余额	0.00	0.00	平	0.00
12	31		本月合计	2 200 000.00	1 842 300.00	借	357 700.00
12	31		本年累计	2 200 000.00	1 842 300.00		0.00

核算单位：东方机械有限公司　　　　　　　　　　　　　　　　制表：张三1

图 4-53　其他货币资金总账

（4）交易性金融资产总账如图 4-54 所示。

交易性金融资产总账

科目：交易性金融资产　　　　　　　　　　　　　　　　　　本币名称：人民币

2013 年		凭证号数	摘要	借方	贷方	借贷方向	余额
月	日						
12	21		期初余额	0.00	0.00	平	0.00
12	31		本月合计	1 840 000.00	1 840 000.00	平	0.00
12	31		本年累计	1 840 000.00	1 840 000.00		0.00

核算单位：东方机械有限公司　　　　　　　　　　　　　　　　制表：张三1

图 4-54　交易性金融资产总账

（5）应收账款总账如图 4-55 所示。

应收账款总账

科目：应收账款   本币名称：人民币

2013 年		凭证 号数	摘要	借方	贷方	借贷方向	余额
月	日						
			期初余额	0.00	0.00	借	570 600.00
12			本月合计	2 371 380.00	2 823 300.00	借	118 680.00
12			本年累计	2 371 380.00	2 823 300.00		0.00

核算单位：东方机械有限公司   制表：张三1

图 4-55　应收账款总账

（6）其他应收款总账如图 4-56 所示。

其他应收款总账

科目：其他应收款   本币名称：人民币

2013 年		凭证 号数	摘要	借方	贷方	借贷方向	余额
月	日						
			期初余额	0.00	0.00	借	8 360.00
12			本月合计	0.00	1 500.00	借	6 860.00
12			本年累计	0.00	1 500.00		0.00

核算单位：东方机械有限公司   制表：张三1

图 4-56　其他应收款总账

（7）在途物资总账如图 4 – 57 所示。

在途物资总账

科目：在途物资　　　　　　　　　　　　　　　　　　　本币名称：人民币

2013 年		凭证号数	摘要	借方	贷方	借贷方向	余额
月	日						
			期初余额	0.00	0.00	借	42 000.00
12			本月合计	410 000.00	42 000.00	借	410 000.00
12			本年累计	410 000.00	42 000.00		0.00

核算单位：东方机械有限公司　　　　　　　　　　　　　　制表：张三1

图 4 – 57　在途物资总账

（8）原材料总账如图 4 – 58 所示。

原材料总账

科目：原材料　　　　　　　　　　　　　　　　　　　　本币名称：人民币

2013 年		凭证号数	摘要	借方	贷方	借贷方向	余额
月	日						
			期初余额	0.00	0.00	借	1 420 000.00
12			本月合计	627 600.00	1 003 080.28	借	1 044 519.72
12			本年累计	627 600.00	1 003 080.28		0.00

核算单位：东方机械有限公司　　　　　　　　　　　　　　制表：张三1

图 4 – 58　原材料总账

（9）库存商品总账如图 4 – 59 所示。

库存商品总账

科目：库存商品　　　　　　　　　　　　　　　　　　　　　本币名称：人民币

2013 年		凭证号数	摘要	借方	贷方	借贷方向	余额
月	日						
			期初余额	0.00	0.00	借	4 720 000.00
12			本月合计	3 347 848.52	1 600 000.00	借	6 467 848.52
12			本年累计	3 347 848.52	1 600 000.00		0.00

核算单位：东方机械有限公司　　　　　　　　　　　　　　　　　制表：张三 1

图 4 – 59　库存商品总账

（10）长期股权投资总账如图 4 – 60 所示。

长期股权投资总账

科目：长期股权投资　　　　　　　　　　　　　　　　　　　　本币名称：人民币

2013 年		凭证号数	摘要	借方	贷方	借贷方向	余额
月	日						
			期初余额	0.00	0.00	借	1 200 000.00

核算单位：东方机械有限公司　　　　　　　　　　　　　　　　　制表：张三 1

图 4 – 60　长期股权投资总账

（11）固定资产总账如图4-61所示。

固定资产总账

科目：固定资产　　　　　　　　　　　　　　　　　　　本币名称：人民币

2013 年		凭证号数	摘要	借方	贷方	借贷方向	余额
月	日						
			期初余额	0.00	0.00	借	19 072 400.00
12			本月合计	1 800 000.00	0.00	借	20 872 400.00
12			本年累计	1 800 000.00	0.00		0.00

核算单位：东方机械有限公司　　　　　　　　　　　　　　　　制表：张三1

图4-61　固定资产总账

（12）累计折旧总账如图4-62所示。

累计折旧总账

科目：累计折旧　　　　　　　　　　　　　　　　　　　本币名称：人民币

2013 年		凭证号数	摘要	借方	贷方	借贷方向	余额
月	日						
			期初余额	0.00	0.00	贷	5 158 000.00
12			本月合计	0.00	103 000.00	贷	5 261 000.00
12			本年累计	0.00	103 000.00		0.00

核算单位：东方机械有限公司　　　　　　　　　　　　　　　　制表：张三1

图4-62　累计折旧总账

现代会计综合实验教程

（13）无形资产总账如图 4 - 63 所示。

无形资产总账

科目：无形资产 本币名称：人民币

2013 年		凭证号数	摘要	借方	贷方	借贷方向	余额
月	日						
			期初余额	0.00	0.00	借	272 200.00
12			本月合计	500 000.00	0.00	借	772 200.00
12			本年累计	500 000.00	0.00		0.00

核算单位：东方机械有限公司 制表：张三1

图 4 - 63　无形资产总账

（14）累计摊销总账如图 4 - 64 所示。

累计摊销总账

科目：累计摊销 本币名称：人民币

2013 年		凭证号数	摘要	借方	贷方	借贷方向	余额
月	日						
			期初余额	0.00	0.00	贷	100 000.00
12			本月合计	0.00	15 300.00	贷	115 300.00
12			本年累计	0.00	15 300.00		0.00

核算单位：东方机械有限公司 制表：张三1

图 4 - 64　累计摊销总账

（15）短期借款总账如图 4 - 65 所示。

短期借款总账

科目：短期借款   本币名称：人民币

2013 年		凭证号数	摘要	借方	贷方	借贷方向	余额
月	日						
			期初余额	0.00	0.00	贷	900 000.00
12			本月合计	0.00	300 000.00	贷	1 200 000.00
12			本年累计	0.00	300 000.00		0.00

核算单位：东方机械有限公司   制表：张三 1

图 4 - 65　短期借款总账

（16）应付账款总账如图 4 - 66 所示。

应付账款总账

科目：应付账款   本币名称：人民币

2013 年		凭证号数	摘要	借方	贷方	借贷方向	余额
月	日						
			期初余额	0.00	0.00	贷	924 360.00
12			本月合计	290 000.00	70 200.00	贷	704 560.00
12			本年累计	290 000.00	70 200.00		0.00

核算单位：东方机械有限公司   制表：张三 1

图 4 - 66　应付账款总账

（17）应付职工薪酬总账如图4-67所示。

应付职工薪酬总账

科目：应付职工薪酬　　　　　　　　　　　　　　　　　　　　　　本币名称：人民币

2013 年		凭证号数	摘要	借方	贷方	借贷方向	余额
月	日						
			期初余额	0.00	0.00	贷	154 200.00
12			本月合计	158 700.00	231 200.00	贷	226 700.00
12			本年累计	158 700.00	231 200.00		0.00

核算单位：东方机械有限公司　　　　　　　　　　　　　　　　　　制表：张三1

图4-67　应付职工薪酬总账

（18）应交税费总账如图4-68所示。

应交税费总账

科目：应交税费　　　　　　　　　　　　　　　　　　　　　　本币名称：人民币

2013 年		凭证号数	摘要	借方	贷方	借贷方向	余额
月	日						
			期初余额	0.00	0.00	贷	388 000.00
12			本月合计	536 580.00	1 463 969.56	贷	1 315 389.56
12			本年累计	536 580.00	1 463 969.56		0.00

核算单位：东方机械有限公司　　　　　　　　　　　　　　　　　　制表：张三1

图4-68　应交税费总账

（19）应付利息总账如图 4 - 69 所示。

应付利息总账

科目：应付利息　　　　　　　　　　　　　　　　　　　　　　　　本币名称：人民币

2013 年		凭证号数	摘要	借方	贷方	借贷方向	余额
月	日						
			期初余额	0.00	0.00	贷	60 000.00
12			本月合计	16 000.00	10 000.00	贷	54 000.00
12			本年累计	16 000.00	10 000.00		0.00

核算单位：东方机械有限公司　　　　　　　　　　　　　　　　制表：张三1

图 4 - 69　应付利息总账

（20）应付股利总账如图 4 - 70 所示。

应付股利总账

科目：应付股利　　　　　　　　　　　　　　　　　　　　　　　　本币名称：人民币

2013 年		凭证号数	摘要	借方	贷方	借贷方向	余额
月	日						
			期初余额	0.00	0.00	平	0.00
12			本月合计	0.00	1 003 004.60	贷	1 003 004.60
12			本年累计	0.00	1 003 004.60		0.00

核算单位：东方机械有限公司　　　　　　　　　　　　　　　　制表：张三1

图 4 - 70　应付股利总账

（21）长期借款总账如图 4 – 71 所示。

长期借款总账

科目：长期借款 　　　　　　　　　　　　　　　　　　　　　　　本币名称：人民币

2013 年		凭证号数	摘要	借方	贷方	借贷方向	余额
月	日						
			期初余额	0.00	0.00	贷	4 900 000.00
12			本月合计	100 000.00	0.00	贷	4 800 000.00
12			本年累计	100 000.00	0.00		0.00

核算单位：东方机械有限公司 　　　　　　　　　　　　　　　　制表：张三1

图 4 – 71　长期借款总账

（22）实收资本总账如图 4 – 72 所示。

实收资本总账

科目：实收资本 　　　　　　　　　　　　　　　　　　　　　　　本币名称：人民币

2013 年		凭证号数	摘要	借方	贷方	借贷方向	余额
月	日						
			期初余额	0.00	0.00	贷	12 625 260.00
12			本月合计	0.00	2 000 000.00	贷	14 625 260.00
12			本年累计	0.00	2 000 000.00		0.00

核算单位：东方机械有限公司 　　　　　　　　　　　　　　　　制表：张三1

图 4 – 72　实收资本总账

（23）盈余公积总账如图 4 – 73 所示。

盈余公积总账

科目：盈余公积   本币名称：人民币

2013 年		凭证号数	摘要	借方	贷方	借贷方向	余额
月	日						
			期初余额	0.00	0.00	贷	1 150 800.00
12			本月合计	0.00	334 334.87	贷	1 485 134.87
12			本年累计	0.00	334 334.87		0.00

核算单位：东方机械有限公司   制表：张三1

图 4 – 73 盈余公积总账

（24）本年利润总账如图 4 – 74 所示。

本年利润总账

科目：本年利润   本币名称：人民币

2013 年		凭证号数	摘要	借方	贷方	借贷方向	余额
月	日						
			期初余额	0.00	0.00	贷	1 520 000.00
12			本月合计	13 251 340.00	11 731 340.00	平	0.00
12			本年累计	13 251 340.00	11 731 340.00		0.00

核算单位：东方机械有限公司   制表：张三1

图 4 – 74 本年利润总账

（25）利润分配总账如图 4-75 所示。

利润分配总账

科目：利润分配   本币名称：人民币

2013 年		凭证	摘要	借方	贷方	借贷方向	余额
月	日	号数					
			期初余额	0.00	0.00	贷	480 000.00
12			本月合计	2 674 678.94	4 680 688.15	贷	2 486 009.21
12			本年累计	2 674 678.94	4 680 688.15		0.00

核算单位：东方机械有限公司   制表：张三 1

图 4-75 利润分配总账

（26）生产成本总账如图 4-76 所示。

生产成本总账

科目：生产成本   本币名称：人民币

2013 年		凭证	摘要	借方	贷方	借贷方向	余额
月	日	号数					
			期初余额	0.00	0.00	借	1 894 780.00
12			本月合计	1 453 068.52	3 347 848.52	平	0.00
12			本年累计	1 453 068.52	3 347 848.52		0.00

核算单位：东方机械有限公司   制表：张三 1

图 4-76 生产成本总账

（27）制造费用总账如图 4 - 77 所示。

制造费用总账

科目：制造费用   本币名称：人民币

2013 年		凭证号数	摘要	借方	贷方	借贷方向	余额
月	日						
			期初余额	0.00	0.00	借	121 360.00
12			本月合计	172 851.02	294 211.02	平	0.00
12			本年累计	172 851.02	294 211.02		0.00

核算单位：东方机械有限公司   制表：张三 1

图 4 - 77　制造费用总账

（28）主营业务收入总账如图 4 - 78 所示。

主营业务收入总账

科目：主营业务收入   本币名称：人民币

2013 年		凭证号数	摘要	借方	贷方	借贷方向	余额
月	日						
			期初余额	0.00	0.00	贷	8 388 200.00
12			本月合计	10 444 200.00	2 056 000.00	平	0.00
12			本年累计	10 444 200.00	2 056 000.00		0.00

核算单位：东方机械有限公司   制表：张三 1

图 4 - 78　主营业务收入总账

（29）投资收益总账如图 4 - 79 所示。

投资收益总账

科目：投资收益　　　　　　　　　　　　　　　　　　　　　　本币名称：人民币

2013 年		凭证号数	摘要	借方	贷方	借贷方向	余额
月	日						
			期初余额	0.00	0.00	平	0.00
12			本月合计	233 100.00	233 100.00	平	0.00
12			本年累计	233 100.00	233 100.00		0.00

核算单位：东方机械有限公司　　　　　　　　　　　　　　　　　　　制表：张三1

图 4 - 79　投资收益总账

（30）营业外收入总账如图 4 - 80 所示。

营业外收入总账

科目：营业外收入　　　　　　　　　　　　　　　　　　　　　　本币名称：人民币

2013 年		凭证号数	摘要	借方	贷方	借贷方向	余额
月	日						
			期初余额	0.00	0.00	贷	1 054 000.00
12			本月合计	1 056 340.00	2 340.00	平	0.00
12			本年累计	1 056 340.00	2 340.00		0.00

核算单位：东方机械有限公司　　　　　　　　　　　　　　　　　　　制表：张三1

图 4 - 80　营业外收入总账

（31）主营业务成本总账如图 4 – 81 所示。

主营业务成本总账

科目：主营业务成本   本币名称：人民币

2013 年		凭证号数	摘要	借方	贷方	借贷方向	余额
月	日						
			期初余额	0.00	0.00	借	5 234 800.00
12			本月合计	1 600 000.00	6 834 800.00	平	0.00
12			本年累计	1 600 000.00	6 834 800.00		0.00

核算单位：东方机械有限公司   制表：张三 1

图 4 – 81 主营业务成本总账

（32）营业税金及附加总账如图 4 – 82 所示。

营业税金及附加总账

科目：营业税金及附加   本币名称：人民币

2013 年		凭证号数	摘要	借方	贷方	借贷方向	余额
月	日						
			期初余额	0.00	0.00	借	170 000.00
12			本月合计	0.00	170 000.00	平	0.00
12			本年累计	0.00	170 000.00		0.00

核算单位：东方机械有限公司   制表：张三 1

图 4 – 82 营业税金及附加总账

（33）销售费用总账如图4－83所示。

销售费用总账

科目：销售费用   本币名称：人民币

2013 年		凭证号数	摘要	借方	贷方	借贷方向	余额
月	日						
			期初余额	0.00	0.00	借	153 200.00
12			本月合计	7 000.00	160 200.00	平	0.00
12			本年累计	7 000.00	160 200.00		0.00

核算单位：东方机械有限公司   制表：张三1

图4－83　销售费用总账

（34）管理费用总账如图4－84所示。

管理费用总账

科目：管理费用   本币名称：人民币

2013 年		凭证号数	摘要	借方	贷方	借贷方向	余额
月	日						
			期初余额	0.00	0.00	借	664 040.00
12			本月合计	84 301.76	748 341.76	平	0.00
12			本年累计	84 301.76	748 341.76		0.00

核算单位：东方机械有限公司   制表：张三1

图4－84　管理费用总账

（35）财务费用总账如图 4 – 85 所示。

财务费用总账

科目：财务费用 本币名称：人民币

2013 年		凭证号数	摘要	借方	贷方	借贷方向	余额
月	日						
			期初余额	0.00	0.00	平	0.00
12			本月合计	17 000.00	17 000.00	平	0.00
12			本年累计	17 000.00	17 000.00		0.00

核算单位：东方机械有限公司 制表：张三1

图 4 – 85 财务费用总账

（36）营业外支出总账如图 4 – 86 所示。

营业外支出总账

科目：营业外支出 本币名称：人民币

2013 年		凭证号数	摘要	借方	贷方	借贷方向	余额
月	日						
			期初余额	0.00	0.00	借	860 000.00
12			本月合计	3 200.00	863 200.00	平	0.00
12			本年累计	3 200.00	863 200.00		0.00

核算单位：东方机械有限公司 制表：张三1

图 4 – 86 营业外支出总账

（37）所得税费用总账如图 4 - 87 所示。

所得税费用总账

科目：所得税费用　　　　　　　　　　　　　　　　　　　本币名称：人民币

2013 年		凭证号数	摘要	借方	贷方	借贷方向	余额
月	日						
			期初余额	0.00	0.00	平	0.00
12			本月合计	1 114 449.56	1 114 449.56	平	0.00
12			本年累计	1 114 449.56	1 114 449.56		0.00

核算单位：东方机械有限公司　　　　　　　　　　　　　　　　制表：张三 1

图 4 - 87　所得税费用总账

四、库存现金、银行存款日记账

（1）库存现金日记账如图 4 - 88 所示。

库存现金日记账

科目：库存现金　　　　　　　　　　　　　　　　　　　本币名称：人民币

2013 年		凭证号数	摘要	借方	贷方	借贷方向	余额
月	日						
			月初余额	0.00	0.00	借	5 800.00
12	21	记 - 0005	提现	2 000.00	0.00	借	7 800.00
12	21		本日合计	2 000.00	0.00	借	7 800.00
12	23	记 - 0011	购买办公用品发放	0.00	600.00	借	7 200.00
12	23	记 - 0014	支付医药费	0.00	4 500.00	借	2 700.00
12	23	记 - 0017	出售报废材料，收到现金	2 340.00	0.00	借	5 040.00
12	23		本日合计	2 340.00	5 100.00	借	5 040.00
12	25	记 - 0022	收到张兵归还借支款	300.00	0.00	借	5 340.00
12	25		本日合计	300.00	0.00	借	5 340.00
12	27	记 - 0030	张强报差旅费	240.00	0.00	借	5 580.00
12	27		本日合计	240.00	0.00	借	5 580.00
12			本月合计	4 880.00	5 100.00	借	5 580.00
12			本年累计	4 880.00	5 100.00	借	5 580.00

核算单位：东方机械有限公司　　　　　　　　　　　　　　　　制表：张三

图 4 - 88　库存现金日记账

（2）银行存款日记账如图 4-89 所示。

银行存款日记账

科目：银行存款　　　　　　　　　　　　　　　　　　　　　　本币名称：人民币

2013 年 月	日	凭证号数	摘要	借方	贷方	借贷方向	余额
			月初余额	0.00	0.00	借	1 393 280.00
12	21	记-0001	发放工资	0.00	154 200.00	借	1 239 080.00
12	21	记-0002	缴税	0.00	388 000.00	借	851 080.00
12	21	记-0003	向银行借款转存银行	300 000.00	0.00	借	1 151 080.00
12	21	记-0004	购入汽车	0.00	300 000.00	借	851 080.00
12	21	记-0005	提现	0.00	2 000.00	借	849 080.00
12	21	记-0006	支付电话费	0.00	6 170.00	借	842 910.00
12	21		本日合计	300 000.00	850 370.00	借	842 910.00
12	22	记-0007	收到东风商场欠款	180 000.00	0.00	借	1 022 910.00
12	22	记-0008	支付设备维修费	0.00	4 200.00	借	1 018 710.00
12	22	记-0009	购买材料验收入库	0.00	151 360.00	借	867 350.00
12	22	记-0010	支付电费	0.00	56 000.00	借	811 350.00
12	22		本日合计	180 000.00	211 560.00	借	811 350.00
12	23	记-0012	购买钢材验收入库	0.00	93 600.00	借	717 750.00
12	23	记-0013	银行扣除利息费用	0.00	23 000.00	借	694 750.00
12	23	记-0015	销售商品,货款未收	0.00	3 300.00	借	691 450.00
12	23	记-0016	购入材料,验收入库	0.00	322 920.00	借	368 530.00
12	23	记-0018	银行存款支付报刊费	0.00	1 500.00	借	367 030.00
12	23		本日合计		444 320.00	借	367 030.00
12	24	记-0020	银行存款支付广告费	0.00	1 000.00	借	366 030.00
12	24	记-0021	购入材料,验收入库	0.00	26 400.00	借	339 630.00
12	24		本日合计	0.00	27 400.00	借	339 630.00
12	26	记-0025	收到蓉北货款	2 343 300.00	0.00	借	2 682 930.00
12	26	记-0026	重庆钢铁公司货款	0.00	290 000.00	借	2 392 930.00
12	26	记-0028	银行存款转出,预购股票	0.00	2 200 000.00	借	192 930.00
12	26		本日合计	2 343 300.00	2 490 000.00	借	192 930.00
12	27	记-0029	银行存款支付罚款	0.00	3 200.00	借	189 730.00
12	27		本日合计	0.00	3 200.00	借	189 730.00
12	28	记-0032	收到货款,存入银行	300 000.00	0.00	借	489 730.00
12	28	记-0033	出售交易性金融资产	2 073 100.00	0.00	借	2 562 830.00
12	28		本日合计	2 373 100.00	0.00	借	2 562 830.00
12	29	记-0034	银行存款归还借款	0.00	100 000.00	借	2 462 830.00
12	29	记-0035	购入在途材料,存款支付	0.00	479 700.00	借	1 983 130.00
12	29		本日合计	0.00	579 700.00	借	1 983 130.00
12	30	记-0036	销售商品,货款收存银行	37 440.00	0.00	借	2 020 570.00
12	30		本日合计	37 440.00	0.00	借	2 020 570.00
12			本月合计	5 233 840.00	4 606 550.00	借	2 020 570.00
12			本年累计	5 233 840.00	4 606 550.00	借	2 020 570.00

核算单位：东方机械有限公司　　　　　　　　　　　　　　　　　　　制表：张三

图 4-89 银行存款日记账

五、明细分类账

(1) 其他货币资金明细账如图 4 - 90 所示。

其他货币资金明细账

明细科目:存出投资款(华西证券)   本币名称:人民币

2013 年		凭证号数	摘要	借方	贷方	借贷方向	余额
月	日						
12	26	记 - 0028	银行存款转出,预购股票	2 200 000.00	0.00	借	2 200 000.00
12	27	记 - 0031	购入长虹股票	0.00	1 842 300.00	借	357 700.00
12			本月合计	2 200 000.00	1 842 300.00	借	357 700.00
12			本年累计	2 200 000.00	1 842 300.00	借	357 700.00

核算单位:东方机械有限公司   制表:张三1

图 4 - 90　其他货币资金明细账

(2) 交易性金融资产明细账如图 4 - 91 所示。

交易性金融资产明细账

明细科目:成本   本币名称:人民币

2013 年		凭证号数	摘要	借方	贷方	借贷方向	余额
月	日						
12	27	记 - 0031	购入长虹股票	1 840 000.00	0.00	借	1 840 000.00
12	28	记 - 0033	出售交易性金融资产	0.00	1 840 000.00	平	0.00
12			本月合计	1 840 000.00	1 840 000.00	平	0.00
12			本年累计	1 840 000.00	1 840 000.00	平	0.00

核算单位:东方机械有限公司   制表:张三1

图 4 - 91　交易性金融资产明细账

（3）应收账款明细账如图 4-92 所示。

应收账款明细账

明细科目：蓉北动力公司　　　　　　　　　　　　　　　　本币名称：人民币

2013 年		凭证号数	摘要	借方	贷方	借贷方向	余额
月	日						
			期初余额	0.00	0.00	借	370 600.00
12	23	记-0015	销售商品，货款未收	2 343 300.00	0.00	借	2 713 900.00
12	26	记-0025	收到蓉北货款	0.00	2 343 300.00	借	370 600.00
12	28	记-0032	收到货款，存入银行	0.00	280 000.00	借	90 600.00
12			本月合计	2 343 300.00	2 623 300.00	借	90 600.00
12			本年累计	2 343 300.00	2 623 300.00	借	90 600.00

核算单位：东方机械有限公司　　　　　　　　　　　　　　　　制表：张三1

图 4-92　应收账款明细账

（4）应收账款明细账如图 4-93 所示。

应收账款明细账

明细科目：东风商场　　　　　　　　　　　　　　　　本币名称：人民币

2013 年		凭证号数	摘要	借方	贷方	借贷方向	余额
月	日						
			期初余额	0.00	0.00	借	180 000.00
12	22	记-0007	收到东风商场欠款	0.00	180 000.00	平	0.00
12	26	记-0027	销售商品，货款未收	28 080.00	0.00	借	28 080.00
12			本月合计	28 080.00	180 000.00	借	28 080.00
12			本年累计	28 080.00	180 000.00	借	28 080.00

核算单位：东方机械有限公司　　　　　　　　　　　　　　　　制表：张三1

图 4-93　应收账款明细账

（5）应收账款明细账如图4 – 94所示。

应收账款明细账

明细科目：蓝天商场　　　　　　　　　　　　　　　　　　　　　本币名称：人民币

2013年		凭证号数	摘要	借方	贷方	借贷方向	余额
月	日						
			期初余额	0.00	0.00	借	20 000.00
12	28	记 – 0032	收到货款，存入银行	0.00	20 000.00	平	0.00
12			本月合计	0.00	20 000.00	平	0.00
12			本年累计	0.00	20 000.00	平	0.00

核算单位：东方机械有限公司　　　　　　　　　　　　　　　　　　　　制表：张三1

图4 – 94　应收账款明细账

（6）其他应收款明细账如图4 – 95所示。

其他应收款明细账

明细科目：张兵　　　　　　　　　　　　　　　　　　　　　　本币名称：人民币

2013年		凭证号数	摘要	借方	贷方	借贷方向	余额
月	日						
			期初余额	0.00	0.00	借	300.00
12	25	记 – 0022	收到张兵归还借支款	0.00	300.00	平	0.00
12			本月合计	0.00	300.00	平	0.00
12			本年累计	0.00	300.00	平	0.00

核算单位：东方机械有限公司　　　　　　　　　　　　　　　　　　　　制表：张三1

图4 – 95　其他应收款明细账

（7）其他应收款明细账如图 4 - 96 所示。

其他应收款明细账

明细科目：张强　　　　　　　　　　　　　　　　　　　　　本币名称：人民币

2013 年		凭证号数	摘要	借方	贷方	借贷方向	余额
月	日						
			期初余额	0.00	0.00	借	1 200.00
12	27	记 - 0030	张强报差旅费	0.00	1 200.00	平	0.00
12			本月合计	0.00	1 200.00	平	0.00
12			本年累计	0.00	1 200.00	平	0.00

核算单位：东方机械有限公司　　　　　　　　　　　　　　　　制表：张三 1

图 4 - 96　其他应收款明细账

（8）其他应收款明细账如图 4 - 97 所示。

其他应收款明细账

明细科目：市电机商城　　　　　　　　　　　　　　　　　　　本币名称：人民币

2013 年		凭证号数	摘要	借方	贷方	借贷方向	余额
月	日						
			期初余额	0.00	0.00	借	6 860.00

核算单位：东方机械有限公司　　　　　　　　　　　　　　　　制表：张三 1

图 4 - 97　其他应收款明细账

(9) 应付账款明细账如图4-98所示。

应付账款明细账

明细科目：重庆钢铁公司   本币名称：人民币

2013 年 月	日	凭证号数	摘要	借方	贷方	借贷方向	余额
			期初余额	0.00	0.00	贷	624 000.00
12	26	记-0026	银行存款支付重庆钢铁公司货款	290 000.00	0.00	贷	334 000.00
12			本月合计	290 000.00	0.00	贷	334 000.00
12			本年累计	290 000.00	0.00	贷	334 000.00

核算单位：东方机械有限公司   制表：张三1

图4-98 应付账款明细账

(10) 应付账款明细账如图4-99所示。

应付账款明细账

明细科目：新都线材公司   本币名称：人民币

2013 年 月	日	凭证号数	摘要	借方	贷方	借贷方向	余额
			期初余额	0.00	0.00	贷	300 360.00

核算单位：东方机械有限公司   制表：张三1

图4-99 应付账款明细账

（11）应付账款明细账如图 4 - 100 所示。

应付账款明细账

明细科目：松威线材公司 　　　　　　　　　　　　　　　　　　　　本币名称：人民币

2013 年		凭证号数	摘要	借方	贷方	借贷方向	余额
月	日						
12	25	记 - 0023	购买线材，验收入库，货款未付	0.00	70 200.00	贷	70 200.00
12			本月合计	0.00	70 200.00	贷	70 200.00
12			本年累计	0.00	70 200.00	贷	70 200.00

核算单位：东方机械有限公司 　　　　　　　　　　　　　　　　　　制表：张三1

图 4 - 100　应付账款明细账

（12）应交税费明细账如图 4 - 101 所示。

应交税费明细账

明细科目：未交增值税 　　　　　　　　　　　　　　　　　　　　　本币名称：人民币

2013 年		凭证号数	摘要	借方	贷方	借贷方向	余额
月	日						
			期初余额	0.00	0.00	贷	200 000.00
12	21	记 - 0002	缴税	200 000.00	0.00	平	0.00
12			本月合计	200 000.00	0.00	平	0.00
12			本年累计	200 000.00	0.00	平	0.00

核算单位：东方机械有限公司 　　　　　　　　　　　　　　　　　　制表：张三1

图 4 - 101　应交税费明细账

（13）应交税费明细账如图 4 – 102 所示。

应交税费明细账

明细科目：应交增值税　　　　　　　　　　　　　　　　　　　　　本币名称：人民币

2013 年		凭证号数	摘要	借方	贷方	借贷方向	余额
月	日						
12	22	记 – 0009	购买材料验收入库	21 760.00	0.00	借	21 760.00
12	23	记 – 0015	销售商品，货款未收	0.00	340 000.00	贷	318 240.00
12	23	记 – 0016	购入材料，验收入库	46 920.00	0.00	贷	271 320.00
12	25	记 – 0023	购买线材，验收入库，货款未付	10 200.00	0.00	贷	261 120.00
12	26	记 – 0027	销售商品，货款未收	0.00	4 080.00	贷	265 200.00
12	29	记 – 0035	购入在途材料，存款支付	69 700.00	0.00	贷	195 500.00
12	30	记 – 0036	销售商品，货款收存银行	0.00	5 440.00	贷	200 940.00
12			本月合计	148 580.00	349 520.00	贷	200 940.00
12			本年累计	148 580.00	349 520.00	贷	200 940.00

核算单位：东方机械有限公司　　　　　　　　　　　　　　　　　　　制表：张三1

图 4 – 102　应交税费明细账

（14）应交税费明细账如图 4 – 103 所示。

应交税费明细账

明细科目：应交所得税　　　　　　　　　　　　　　　　　　　　　　本币名称：人民币

2013 年		凭证号数	摘要	借方	贷方	借贷方向	余额
月	日						
12	31	记 – 0047	计提所得税	0.00	1 114 449.56	贷	1 114 449.56
12			本月合计	0.00	1 114 449.56	贷	1 114 449.56
12			本年累计	0.00	1 114 449.56	贷	1 114 449.56

核算单位：东方机械有限公司　　　　　　　　　　　　　　　　　　　制表：张三1

图 4 – 103　应交税费明细账

（15）应交税费明细账如图 4 - 104 所示。

应交税费明细账

明细科目：应交营业税   本币名称：人民币

2013 年		凭证号数	摘要	借方	贷方	借贷方向	余额
月	日						
			期初余额	0.00	0.00	贷	188 000.00
12	21	记 - 0002	交纳营业税	188 000.00	0.00	平	0.00
12			本月合计	188 000.00	0.00	平	0.00
12			本年累计	188 000.00	188 000.00	平	0.00

核算单位：东方机械有限公司   制表：张三 1

图 4 - 104 应交税费明细账

（16）实收资本明细账如图 4 - 105 所示。

实收资本明细账

明细科目：市国资委   本币名称：人民币

2013 年		凭证号数	摘要	借方	贷方	借贷方向	余额
月	日						
			期初余额	0.00	0.00	贷	8 600 000.00

核算单位：东方机械有限公司   制表：张三 1

图 4 - 105 实收资本明细账

（17）实收资本明细账如图 4 - 106 所示。

实收资本明细账

明细科目：东华有限责任公司　　　　　　　　　　　　　　　　　　本币名称：人民币

2013 年		凭证号数	摘要	借方	贷方	借贷方向	余额
月	日						
			期初余额	0.00	0.00	贷	4 025 260.00

核算单位：东方机械有限公司　　　　　　　　　　　　　　　　　　制表：张三 1

图 4 - 106　实收资本明细账

（18）实收资本明细账如图 4 - 107 所示。

实收资本明细账

明细科目：彩虹有限责任公司　　　　　　　　　　　　　　　　　　本币名称：人民币

2013 年		凭证号数	摘要	借方	贷方	借贷方向	余额
月	日						
12	26	记 - 0024	收到彩虹公司投资	0.00	2 000 000.00	贷	2 000 000.00
12			本月合计	0.00	2 000 000.00	贷	2 000 000.00
12			本年累计	0.00	2 000 000.00	贷	2 000 000.00

核算单位：东方机械有限公司　　　　　　　　　　　　　　　　　　制表：张三 1

图 4 - 107　实收资本明细账

（19）利润分配明细账如图 4 - 108 所示。

利润分配明细账

明细科目：提取盈余公积 本币名称：人民币

2013 年		凭证 号数	摘要	借方	贷方	借贷 方向	余额
月	日						
12	31	记 - 0049	计提盈余公积	334 334.87	0.00	借	334 334.87
12	31	记 - 0050	结转利润分配至未分配利润	0.00	334 334.87	平	0.00
12			本月合计	334 334.87	334 334.87	平	0.00
12			本年累计	334 334.87	334 334.87	平	0.00

核算单位：东方机械有限公司 制表：张三 1

图 4 - 108   利润分配明细账

（20）利润分配明细账如图 4 - 109 所示。

利润分配明细账

明细科目：应付股利 本币名称：人民币

2013 年		凭证 号数	摘要	借方	贷方	借贷 方向	余额
月	日						
12	31	记 - 0049	向投资者分配利润	1 003 004.60	0.00	借	1 003 004.60
12	31	记 - 0050	结转利润分配至未分配利润	0.00	1 003 004.60	平	0.00
12			本月合计	1 003 004.60	1 003 004.60	平	0.00
12			本年累计	1 003 004.60	1 003 004.60	平	0.00

核算单位：东方机械有限公司 制表：张三 1

图 4 - 109   利润分配明细账

（21）利润分配明细账如图 1－110 所示。

利润分配明细账

明细科目：未分配利润　　　　　　　　　　　　　　　　　　　　本币名称：人民币

2013 年		凭证号数	摘要	借方	贷方	借贷方向	余额
月	日						
			期初余额	0.00	0.00	贷	480 000.00
12	31	记－0048	结转本年利润至利润分配	0.00	3 343 348.68	贷	3 823 348.68
12	31	记－0050	结转利润分配至未分配利润	1 337 339.47	0.00	贷	2 486 009.21
12			本月合计	1 337 339.47	3 343 348.68	贷	2 486 009.21
12			本年累计	1 337 339.47	3 343 348.68	贷	2 486 009.21

核算单位：东方机械有限公司　　　　　　　　　　　　　　　　　制表：张三1

图 4－110　利润分配明细账

（22）制造费用明细账如图 4－111 所示。

制造费用明细账

明细科目：一车间　　　　　　　　　　　　　　　　　　　　　　本币名称：人民币

2013 年		凭证号数	摘要	借方	贷方	借贷方向	余额
月	日						
			期初余额	0.00	0.00	借	72 860.00
12	22	记－0008	支付设备维修费	4 200.00	0.00	借	77 060.00
12	22	记－0010	支付电费	21 000.00	0.00	借	98 060.00
12	23	记－0018	银行存款支付报刊费	500.00	0.00	借	98 560.00
12	31	记－0037	分配本月生产用料	13 125.51	0.00	借	111 685.51
12	31	记－0038	分配本月生产直接人工	8 200.00	0.00	借	119 885.51
12	31	记－0039	分配本月折旧费用	40 000.00	0.00	借	159 885.51
12	31	记－0041	摊销无形资产	4 000.00	0.00	借	163 885.51
12	31	记－0042	分配制造费用	0.00	163 885.51	平	0.00
12			本月合计	91 025.51	163 885.51	平	0.00
12			本年累计	91 025.51	163 885.51	平	0.00

核算单位：东方机械有限公司　　　　　　　　　　　　　　　　　制表：张三1

图 4－111　制造费用明细账

（23）制造费用明细账如图 4 – 112 所示。

制造费用明细账

明细科目：二车间   本币名称：人民币

2013 年 月	日	凭证号数	摘要	借方	贷方	借贷方向	余额
			期初余额	0.00	0.00	借	48 500.00
12	22	记 – 0010	支付电费	15 000.00	0.00	借	63 500.00
12	23	记 – 0018	银行存款支付报刊费	400.00	0.00	借	63 900.00
12	31	记 – 0037	分配本月生产用料	13 125.51	0.00	借	77 025.51
12	31	记 – 0038	分配本月生产直接人工	8 200.00	0.00	借	85 225.51
12	31	记 – 0039	分配本月折旧费用	38 000.00	0.00	借	123 225.51
12	31	记 – 0041	摊销无形资产	7 100.00	0.00	借	130 325.51
12	31	记 – 0042	分配制造费用	0.00	130 325.51	平	0.00
12			本月合计	81 825.51	130 325.51	平	0.00
12			本年累计	81 825.51	130 325.51	平	0.00

核算单位：东方机械有限公司   制表：张三1

图 4 – 112 制造费用明细账

（24）销售费用明细账如图 4 – 113 所示。

销售费用明细账

明细科目：广告费   本币名称：人民币

2013 年 月	日	凭证号数	摘要	借方	贷方	借贷方向	余额
			期初余额	0.00	0.00	借	113 200.00
12	24	记 – 0020	银行存款支付广告费	1 000.00	0.00	借	114 200.00
12	31	记 – 0046	结转成本	0.00	114 200.00	平	0.00
12			本月合计	1 000.00	114 200.00	平	0.00
12			本年累计	1 000.00	114 200.00	平	0.00

核算单位：东方机械有限公司   制表：张三1

图 4 – 113 销售费用明细账

（25）销售费用明细账如图 4 – 114 所示。

销售费用明细账

明细科目：其他　　　　　　　　　　　　　　　　　　　　　　　　　　　　本币名称：人民币

2013 年		凭证号数	摘要	借方	贷方	借贷方向	余额
月	日						
			期初余额	0.00	0.00	借	40 000.00
12	22	记 – 0010	支付电费	6 000.00	0.00	借	46 000.00
12	31	记 – 0046	结转成本	0.00	46 000.00	平	0.00
12			本月合计	6 000.00	46 000.00	平	0.00
12			本年累计	6 000.00	46 000.00	平	0.00

核算单位：东方机械有限公司　　　　　　　　　　　　　　　　　　　　　　制表：张三 1

图 4 – 114　销售费用明细账

（26）管理费用明细账如图 4 – 115 所示。

管理费用明细账

明细科目：职工薪酬　　　　　　　　　　　　　　　　　　　　　　　　　　本币名称：人民币

2013 年		凭证号数	摘要	借方	贷方	借贷方向	余额
月	日						
12	31	记 – 0038	分配本月生产直接人工	14 800.00	0.00	借	14 800.00
12	31	记 – 0046	结转成本	0.00	14 800.00	平	0.00
12			本月合计	14 800.00	14 800.00	平	0.00
12			本年累计	14 800.00	14 800.00	平	0.00

核算单位：东方机械有限公司　　　　　　　　　　　　　　　　　　　　　　制表：张三 1

图 4 – 115　管理费用明细账

（27）管理费用明细账如图 4 - 116 所示。

管理费用明细账

明细科目：折旧费 　　　　　　　　　　　　　　　　　　　本币名称：人民币

2013 年		凭证号数	摘要	借方	贷方	借贷方向	余额
月	日						
12	31	记 - 0039	分配本月折旧费用	25 000.00	0.00	借	25 000.00
12	31	记 - 0046	结转成本	0.00	25 000.00	平	0.00
12			本月合计	25 000.00	25 000.00	平	0.00
12			本年累计	25 000.00	25 000.00	平	0.00

核算单位：东方机械有限公司 　　　　　　　　　　　　　　　制表：张三 1

图 4 - 116　管理费用明细账

（28）管理费用明细账如图 4 - 117 所示。

管理费用明细账

明细科目：办公费 　　　　　　　　　　　　　　　　　　　本币名称：人民币

2013 年		凭证号数	摘要	借方	贷方	借贷方向	余额
月	日						
			期初余额	0.00	0.00	借	424 000.00
12	21	记 - 0006	支付电话费	6 170.00	0.00	借	430 170.00
12	22	记 - 0010	支付电费	14 000.00	0.00	借	444 170.00
12	23	记 - 0011	购买办公用品发放	600.00	0.00	借	444 770.00
12	23	记 - 0018	银行存款支付报刊费	600.00	0.00	借	445 370.00
12	27	记 - 0030	张强报差旅费	960.00	0.00	借	446 330.00
12	31	记 - 0046	结转成本	0.00	446 330.00	平	0.00
12			本月合计	22 330.00	446 330.00	平	0.00
12			本年累计	22 330.00	446 330.00	平	0.00

核算单位：东方机械有限公司 　　　　　　　　　　　　　　　制表：张三 1

图 4 - 117　管理费用明细账

（29）管理费用明细账如图 4－118 所示。

管理费用明细账

明细科目：其他   本币名称：人民币

2013 年		凭证号数	摘要	借方	贷方	借贷方向	余额
月	日						
			期初余额	0.00	0.00	借	240 040.00
12	31	记－0037	分配本月生产用料	17 971.76	0.00	借	258 011.76
12	31	记－0041	摊销无形资产	4 200.00	0.00	借	262 211.76
12	31	记－0046	结转成本	0.00	262 211.76	平	0.00
12			本月合计	22 171.76	262 211.76	平	0.00
12			本年累计	22 171.76	262 211.76	平	0.00

核算单位：东方机械有限公司   制表：张三 1

图 4－118 管理费用明细账

（30）生产成本明细账如图 4－119 所示。

生产成本明细账

明细科目：食品加工机

2013 年		凭证号数	摘　要	直接材料	直接人工	制造费用	合计	贷方	余额
月	日								
			期初余额	0	0	0			616 780
12	31	记－0037	分配本月生产用料	365 177.4	0	0	981 957.4		981 957.4
12	31	记－0038	分配本月生产直接人工	0	80 000	0	1 061 957.4		1 061 957.4
12	31	记－0042	分配制造费用	0	0	130 325.5	1 192 282.91		1 192 282.91
12	31	记－0043	结转本月生产成本	0	0	0		1 192 282.91	0
12			本月合计	365 177.4	80 000	130 325.5			0
12			本年累计	365 177.4	80 000	130 325.5			0

核算单位：东方机械有限公司   制表：张三 1

图 4－119 生产成本明细账

（31）生产成本明细账如图 4 - 120 所示。

生产成本明细账

明细科目：自动降温设备

2013 年		凭证号数	摘 要	直接材料	直接人工	制造费用	合 计	贷方	余额
月	日								
			期初余额	0	0	0			1 278 000
12	31	记 - 0037	分配本月生产用料	593 680.1	0	0	593 680.1		1871680
12	31	记 - 0038	分配本月生产直接人工	0	120 000	0	120 000		1991680
12	31	记 - 0042	分配制造费用	0	0	163 885.51	163 885.51		2155566
12	31	记 - 0043	结转本月生产成本	0	0	0	0	2 155 566	0
12			本月合计	593 680.1	120 000	163 885.51			0
12			本年累计	593 680.1	120 000	163 885.51			0

核算单位：东方机械有限公司　　　　　　　　　　　　　　　　制表：张三1

图 4 - 120　生产成本明细账

（32）原材料明细账如图 4 - 121 所示。

原材料明细账

明细科目：钢材

2013 年		凭证号数	摘要	单价	借方数量	借方金额	贷方数量	贷方金额	借贷方向	余额数量	余额单价	余额金额
月	日											
			期初余额	0	0	0.00	0	0.00	借	80	8200	656 000.00
12	22	记 - 0009	购买材料验收入库	8 100	16	129 600.00	0	0.00	借	96	0	785 600.00
12	23	记 - 0012	购买钢材验收入库	9 360	10	93 600.00	0	0.00	借	106	0	879 200.00
12	31	记 - 0037	分配本月生产用料	8 279.25	0	0.00	83	687 177.75	借	23	0	192 022.25
12			本月合计	0	26	223 200.00	83	687 177.75	借	23	8 348.79348	192 022.25
12			本年累计	0	26	223 200.00	83	687 177.75	借	23	8 348.79348	192 022.25

核算单位：东方机械有限公司　　　　　　　　　　　　　　　　制表：张三1

图 4 - 121　原材料明细账

（33）原材料明细账如图 4－122 所示。

原材料明细账

明细科目：线材

2013年 月	日	凭证 种类	凭证 号数	摘要	借方 数量	借方 单价	借方 金额（亿千百十万千百十元角分）	贷方 数量	贷方 单价	贷方 金额（亿千百十万千百十元角分）	借贷方向	余额 数量	余额 单价	余额 金额（亿千百十万千百十元角分）
				期初余额	0	0	000	0		000	借	150	4 700	70500000
12	23	记	0016	购入材料，验收入库	60	4 600	276000000	0		000	借	210	0	98100000
12	24	记	0019	收到前购材料，验收入库	10	4 200	42000000	0		000	借	220	0	102300000
12	25	记	0023	购买线材，验收入库，货款未付	15	4 000	60000000	0		000	借	235	0	108300000
12	31	记	0037	分配本月生产用料	0	4 608.51019	000	52		23964253	借	183	0	84335747
12				本月合计	85	0	37800000	52		23964253	借	183	4 608.51077	84335747
12				本年累计	85	0	37800000	52		23964253	借	183	4 608.51077	84335747

核算单位：东方机械有限公司　　　　制表：张三 1

图 4－122　原材料明细账

（34）原材料明细账如图4-123所示。

明细科目：电器开关

原材料明细账

2013年 月	日	凭证 种类	号数	摘要	借方 数量	单价	金额	借贷方向	数量	单价	贷方 金额	数量	单价	余额 金额
				期初余额	0	0		借				2 360	25	59 000.00
12	24	记	0021	购入材料，验收入库	1 000	26.4	26 400.00	借				3 360	0	85 400.00
12	31	记	0037	分配本月生产用料	0	25.42		借	3 000		76 260.00	360	0	9 140.00
12		记		本月合计	1 000	0	26 400.00	借	3 000	0	76 260.00	360	25.3889	9 140.00
12		记		本年累计	1 000	0	26 400.00	借	3 000	0	76 260.00	360	25.3889	9 140.00

核算单位：东方机械有限公司　　　　　制表：张三 1

图4-123　原材料明细账

（35）库存商品明细账如图 4 – 124 所示。

库存商品明细账

明细科目：食品加工机

2013年		凭证号数	摘要	单价	借方数量	借方金额	贷方数量	贷方金额	借贷方向	余额数量	余额单价	余额金额
月	日											
			期初余额	0	0	0.00	0	0.00	借	360	3 000	1 080 000.00
12	31	记 – 0043	结转本月生产成本	3 974.27637	300	1 192 282.91	0	0.00	借	660	0	2 272 282.91
12	31	记 – 0044	结转本期销售成本	2 857.14286	0	0.00	14	40 000.00	借	646	0	2 232 282.91
12			本月合计	0	300	1 192 282.91	14	40 000.00	借	646	3 455.5463	2 232 282.91
12			本年累计	0	300	1 192 282.91	14	40 000.00	借	646	3 455.5463	2 232 282.91

核算单位：东方机械有限公司　　　　　　　　　　　　　制表：张三1

图 4 – 124　库存商品明细账

（36）库存商品明细账如图 4 – 125 所示。

库存商品明细账

明细科目：自动降温设备

2013年		凭证号数	摘要	单价	借方数量	借方金额	贷方数量	贷方金额	借贷方向	余额数量	余额单价	余额金额
月	日											
			期初余额	0	0	0.00	0	0.00	借	260	14 000	3 640 000.00
12	31	记 – 0043	结转本月生产成本	17 963.04675	120	2 155 565.61	0	0.00	借	380	0	5 795 565.61
12	31	记 – 0044	结转本期销售成本	15 600	0	0.00	100	1 560 000.00	借	280	0	4 235 565.61
12			本月合计	0	120	2 155 565.61	100	1 560 000.00	借	280	15 127.02004	4 235 565.61
12			本年累计	0	120	2 155 565.61	100	1 560 000.00	借	280	15 127.02004	4 235 565.61

核算单位：东方机械有限公司　　　　　　　　　　　　　制表：张三1

图 4 – 125　库存商品明细账

六、资产负债表

资产负债表如表4-3所示。

表4-3　资产负债表

编制单位：东方机械有限公司　　　　2013年12月31日　　　　　　　　单位：元

资产	年初数	期末数	负债和所有者权益（或股东权益）	年初数	期末数
流动资产：			流动负债：		
货币资金	1 399 080.00	2 383 850.00	短期借款	900 000.00	1 200 000.00
交易性金融资产			交易性金融负债		
应收票据			应付票据		
应收股利			应付账款	924 360.00	704 560.00
应收利息			预收账款		
应收账款	570 600.00	118 680.00	应付职工薪酬	154 200.00	226 700.00
其他应收款	8 360.00	6 860.00	应交税费	388 000.00	1 315 389.56
预付账款			应付利息	60 000.00	54 000.00
存货	8 198 140.00	7 922 368.24	应付股利		1 003 004.60
一年内到期的非流动资产			其他应付款		
其他流动资产			一年内到期的非流动负债		
			其他流动负债		
流动资产合计	10 176 180.00	10 431 758.24	流动负债合计	2 426 560.00	4 503 654.16
非流动资产：			非流动负债：		
可供出售金融资产			长期借款	4 900 000.00	4 800 000.00
持有至到期投资			应付债券		

资产	年初数	期末数	负债和所有者权益（或股东权益）	年初数	期末数
投资性房地产			长期应付款		
长期股权投资	1 200 000.00	1 200 000.00	专项应付款		
长期应收款			预计负债		
固定资产	19 072 400.00	20 872 400.00	递延所得税负债		
减：累计折旧	5 158 000.00	5 261 000.00	其他非流动负债		
固定资产净值	13 914 400.00	15 611 400.00	非流动负债合计	4 900 000.00	4 800 000.00
减：固定资产减值准备			负债合计	7 326 560.00	9 303 654.16
固定资产净额	13 914 400.00	15 611 400.00			
生产性生物资产			所有者权益（或股东权益）：		
工程物资			实收资本（或股本）	12 625 260.00	14 625 260.00
在建工程			资本公积		
固定资产清理			减：库存股		
无形资产	172 200.00	656 900.00	盈余公积	1 150 800.00	1 485 134.87
商誉			未分配利润	4 360 160.00	2 486 009.21
长期待摊费用			所有者权益（或股东权益）合计	18 136 220.00	18 596 404.08
递延所得税资产					
其他非流动资产					
非流动资产合计	15 286 600.00	17 468 300.00			
资产总计	25 462 780.00	27 900 058.24	负债及所有者权益（或股东权益）总计	25 462 780.00	27 900 058.24

七、利润表

利润表如表4-4所示。

表4-4 利润表

编制单位：东方机械有限公司 　　　　2013年12月 　　　　单位：元

项　　目	本月数	本年累计数
一、营业收入	10 444 200.00	88 775 700.00
减：营业成本	6 834 800.00	75 095 800.00
营业税金及附加	170 000.00	1 445 000.00
销售费用	160 200.00	1 561 700.00
管理费用	748 341.76	6 360 904.96
财务费用（收益以"-"号填列）	17 000.00	184 500.00
资产减值损失	0.00	
加：公允价值变动净收益（净损失以"-"号填列）	0.00	
投资收益（净损失以"-"号填列）	230 800.00	566 000.00
其中对联营企业与合营企业的投资收益	0.00	
二、营业利润（亏损以"-"号填列）	2 744 658.24	4 693 795.04
营业外收入	1 056 340.00	1 056 340.00
减：营业外支出	863 200.00	1 292 336.80
其中：非流动资产处置净损失（净收益以"-"号填列）	0.00	
三、利润总额（亏损总额以"-"号填列）	2 937 798.24	4 457 798.24
减：所得税费用	734 449.56	1 114 449.56
四、净利润（净亏损以"-"号填列）	2 203 348.68	3 343 348.68
五、每股收益		
基本每股收益		
稀释每股收益		
补充资料：		
项　　目	本年累计数	上年实际数
1. 出售、处置部门或被投资单位所得收益		
2. 自然灾害发生的损失		
3. 会计政策变更增加（或减少）利润总额		
4. 会计估计变更增加（或减少）利润总额		
5. 债务重组损失		
6. 其他		

第五章 系统配合型实验
模式参考答案

系统配合型实验模式的参考答案包括该实验模式中的会计分录、会计账户、会计报表，具体表现为：记账凭证（用会计分录代替）、科目汇总表、总账、日记账、明细分类账、资产负债表、利润表七个方面，现分别列示于下。

一、记账凭证（用会计分录代替）

第一轮业务（1～10日）

(1) 借：管理费用——办公费　　　　　　　　　　　　　300
　　　贷：库存现金　　　　　　　　　　　　　　　　　　　300

(2) 借：管理费用——其他　　　　　　　　　　　　　100
　　　贷：库存现金　　　　　　　　　　　　　　　　　　　100

(3) 借：库存商品——篮球类　　　　　　　　　　　9 200
　　　贷：物资采购——广州文化公司　　　　　　　　　9 200

(4) 借：生产成本——方型烟道（直接材料）　　271 000
　　　　　　　　——排污管道（直接材料）　　282 100
　　　管理费用——其他　　　　　　　　　　　　　500
　　　贷：原材料——钢材　　　　　　　　　　　　　420 000

——水泥	127 600
——铁丝	6 000

（5）借：管理费用——其他　　　　　　　　　　　1 200
　　　贷：银行存款　　　　　　　　　　　　　　　　　　1 200

（6）借：应收账款——乐山文化公司　　　　　　123 786
　　　贷：主营业务收入——排球类　　　　　　　　　39 800
　　　　　　　　　　　——足球类　　　　　　　　　66 000
　　　　应交税费——应交增值税（销项税额）　　　17 986

（7）借：管理费用——差旅费　　　　　　　　　　1 960
　　　库存现金　　　　　　　　　　　　　　　　40
　　　贷：其他应收款——刘强　　　　　　　　　　　2 000

（8）借：银行存款　　　　　　　　　　　　　　80 960
　　　财务费用　　　　　　　　　　　　　　　1 408
　　　贷：主营业务收入——排球类　　　　　　　　10 400
　　　　　　　　　　　——足球类　　　　　　　　60 000
　　　　应交税费——应交增值税（销项税额）　　　11 968

（9）借：其他货币资金——外埠存款　　　　　　80 000
　　　贷：银行存款　　　　　　　　　　　　　　　80 000

（10）借：物资采购——湖北钢铁公司　　　　　870 800
　　　　应交税费——应交增值税（进项税额）　147 696
　　　　贷：银行存款　　　　　　　　　　　　　1 018 496
　　　借：原材料——钢材　　　　　　　　　　　840 000
　　　　　　　　——铁丝　　　　　　　　　　　8 000
　　　　贷：物资采购——湖北钢铁公司　　　　　　848 000

（11）借：银行存款　　　　　　　　　　　　　213 000
　　　　贷：应收账款——兰州新丰文化公司　　　　213 000

（12）借：应收账款——蓝天商场 47 736

　　　贷：主营业务收入——篮球 6 400

　　　　　　　　　　——排球 10 400

　　　　　　　　　　——足球 24 000

　　　　应交税费——应交增值税（销项税额） 6 936

（13）借：物资采购——上海文化公司 343 000

　　　应交税费——应交增值税（进项税额） 58 310

　　　销售费用——运杂费 1 800

　　　贷：银行存款 403 110

（14）借：应付账款——江油水泥公司 135 322

　　　贷：银行存款 135 322

（15）借：在建工程——变电房 74 600

　　　贷：工程物资——钢材 41 000

　　　　　　　　　——水泥 33 600

（16）借：银行存款 100 050

　　　财务费用 1 740

　　　贷：主营业务收入——排球类 23 000

　　　　　　　　　　——足球类 64 000

　　　　应交税费——应交增值税（销项税额） 14 790

（17）借：制造费用——方型烟道车间 20 000

　　　　　　　　——排污管道车间 12 000

　　　管理费用——其他 10 000

　　　在建工程——变电房 6 000

　　　贷：银行存款 48 000

（18）借：库存现金 200

　　　贷：其他业务收入——材料出售收入 200

（19）借：销售费用——运杂费 1 500

贷：银行存款　　　　　　　　　　　　　　　　　　　1 500

（20）借：银行存款　　　　　　　　　　　　　　　　　　183 300
　　　　　贷：应收账款——昆明启明文化公司　　　　　　　183 300

（21）借：管理费用——其他　　　　　　　　　　　　　　　　550
　　　　　贷：库存现金　　　　　　　　　　　　　　　　　　　　550

（22）借：银行存款　　　　　　　　　　　　　　　　103 923.60
　　　　　贷：应收账款——凉山现代文体公司　　　　　103 923.60

（23）借：银行存款　　　　　　　　　　　　　　　　　　　4 025
　　　　　财务费用　　　　　　　　　　　　　　　　　　　　　70
　　　　　贷：主营业务收入——篮球类　　　　　　　　　　1 200
　　　　　　　　　　　　——排球类　　　　　　　　　　　2 300
　　　　　　　应交税费——应交增值税（销项税额）　　　　　595

（24）借：银行存款　　　　　　　　　　　　　　　　　　123 786
　　　　　贷：应收账款——乐山文化公司　　　　　　　　　123 786

（25）借：交易性金融资产——成本　　　　　　　　　　　100 000
　　　　　投资收益　　　　　　　　　　　　　　　　　　　　500
　　　　　贷：其他货币资金——存出投资款（华西证券）　　100 500

（26）借：固定资产——机器设备（冷冻机）　　　　　　　　71 000
　　　　　贷：银行存款　　　　　　　　　　　　　　　　　　71 000

（27）借：预收账款——威达公司　　　　　　　　　　　　　57 662
　　　　　贷：主营业务收入——排球类　　　　　　　　　　23 000
　　　　　　　　　　　　——足球类　　　　　　　　　　　25 600
　　　　　　　应交税费——应交增值税（销项税额）　　　　8 262
　　　　　　　银行存款　　　　　　　　　　　　　　　　　　800

（28）借：银行存款　　　　　　　　　　　　　　　　　　931 350

贷：主营业务收入——方型烟道	135 000
——排污管道	660 000
应交税费——应交增值税（销项税额）	135 150
银行存款	1 200

（29）借：生产成本——方型烟道（直接材料）　　　271 000

　　　　　　——排污管道（直接材料）　　　282 100

　　　管理费用——其他　　　　　　　　　　　　　500

　　　　贷：原材料——钢材　　　　　　　　　　　420 000

　　　　　　　——水泥　　　　　　　　　　　　127 600

　　　　　　　——铁丝　　　　　　　　　　　　　6 000

（30）借：在建工程——变电房　　　　　　　　　　45 000

　　　　贷：银行存款　　　　　　　　　　　　　　45 000

　　　借：固定资产——房屋及建筑物（变电房）　345 600

　　　　贷：在建工程——变电房　　　　　　　　　345 600

（31）借：生产成本——方型烟道（直接材料）　　　2 400

　　　　　　——排污管道（直接材料）　　　　　5 000

　　　　贷：周转材料——包装物（塑料箱）　　　　2 400

　　　　　　　——包装物（木箱）　　　　　　　5 000

（32）借：银行存款　　　　　　　　　　　　　　　5 160

　　　　贷：其他应收款——市食品商城　　　　　　5 160

（33）借：银行存款　　　　　　　　　　　　　　166 140

　　　　贷：主营业务收入——篮球类　　　　　　63 200

　　　　　　　　　　　　——排球类　　　　　　4 800

　　　　　　　　　　　　——足球类　　　　　　74 000

　　　　应交税费——应交增值税（销项税额）　　24 140

（34）借：库存商品——篮球类（火车头真皮）　　50 000

　　　　　　——篮球类（斯伯丁真皮）　　　152 000

　　　　　　——排球类（米奥牌）　　　　　　45 000

——足球类（耐克牌）   96 000

      贷：物资采购——上海文化公司   343 000

（35）借：应付账款——重庆钢铁公司   124 000

        贷：银行存款   124 000

（36）借：制造费用——烟道生产车间   5 600

        ——排污管道车间   13 320

        贷：银行存款   18 920

（37）借：短期借款   200 000

      财务费用   16 000

        贷：银行存款   216 000

（38）借：发出商品——区文化站   37 500

        贷：库存商品——篮球类（火车头真皮）   37 500

（39）借：应收账款——兰州新丰文化公司   1 170

        贷：主营业务收入——篮球类   1 000

        应交税费——应交增值税（销项税额）   170

（40）借：应收账款——市政建设公司   329 600

        贷：主营业务收入——排污管道   280 000

        应交税费——应交增值税（销项税额）   47 600

        银行存款   2 000

（41）借：库存商品——排球类（红双喜）   7 350

        ——排球类（世达牌）   8 200

        贷：应付账款——北京文化公司   15 550

（42）借：库存商品——篮球类（斯伯丁真皮）   3 000

        应交税费——应交增值税（进项税额）   510

        贷：银行存款   3 510

（**备注**：此笔业务属于购进补价业务，库存商品明细账数量记零，即只记单价和金额。）

(43) 借：物资采购——上海文化公司   62 600

    应交税费——应交增值税（进项税额） 10 642

    销售费用——运杂费   2 100

    贷：银行存款   75 342

(44) 借：银行存款   47 736

    贷：应收账款——蓝天商场   47 736

(45) 借：库存商品——排球类（世达牌）   17 600

      ——排球类（米奥牌）   44 100

    待处理财产损溢   900

    贷：物资采购——上海文化公司   62 600

第二轮业务（11~20 日）

(46) 借：应交税费——未交增值税   200 000

      ——应交营业税   288 000

    贷：银行存款   488 000

(47) 借：银行存款   32 760

    贷：主营业务收入——排球类   28 000

      应交税费——应交增值税（销项税额） 4 760

    借：主营业务成本——排球类   25 000

    贷：发出商品——区文化站   25 000

(48) 借：发出商品——市文化站   24 000

    贷：库存商品——足球类（南华利生）   24 000

(49) 借：应收账款——上海文化公司   1 053

    贷：待处理财产损溢   900

      应交税费——应交增值税（进项税额转出） 153

(50) 借：应收账款——东风商场   31 356

    贷：主营业务收入——篮球类   22 000

——排球类		4 800
应交税费——应交增值税（销项税额）		4 556

（51）借：无形资产——专利权   210 000
       贷：银行存款   210 000

（52）借：固定资产清理——办公楼   130 000
         累计折旧   620 000
       贷：固定资产——办公楼   750 000

（53）借：代理业务资产——武汉文化公司   32 000
       贷：代理业务负债——武汉文化公司   32 000

（54）借：银行存款   16 380
       贷：主营业务收入——排球类   14 000
         应交税费——应交增值税（销项税额）   2 380
    借：主营业务成本——排球类   12 500
       贷：发出商品——区文化站   12 500

（55）借：固定资产清理——办公楼   5 600
       贷：银行存款   5 600

（56）借：应付职工薪酬   2 000
       贷：银行存款   2 000

（57）借：银行存款   220 000
       贷：固定资产清理——办公楼   220 000

（58）借：银行存款   23 400
       贷：主营业务收入——排球类   20 000
         应交税费——应交增值税（销项税额）   3 400
    借：主营业务成本——排球类   16 000
       贷：代理业务资产——武汉文化公司   16 000
    借：代理业务负债——武汉文化公司   16 000

	应交税费——应交增值税（进项税额）		2 720
	贷：应付账款——武汉文化公司		18 720

(59) 借：银行存款   34 444
        销售费用——其他   2 528
           贷：主营业务收入——足球类   31 600
               应交税费——应交增值税（销项税额）   5 372
        借：主营业务成本——足球类   24 000
           贷：发出商品—— 市文化站   24 000

(60) 借：固定资产清理——办公楼   4 642
           贷：应交税费——应交营业税   4 220
               ——应交城市维护建设税   295.4
               ——应交教育费附加   126.6

(61) 借：固定资产清理——办公楼   79 758
           贷：营业外收入——处置固定资产净收益   79 758

(62) 借：物资采购——攀枝花钢铁公司   441 600
        应交税费——应交增值税（进项税额）   74 460
           贷：银行存款   516 060

(63) 借：制造费用——方型烟道生产车间   200
               ——排污管道生产车间   400
        管理费用——办公费   900
           贷：银行存款   1 500

(64) 借：银行存款   460 000
           贷：长期借款   460 000

(65) 借：代理业务资产——重庆文化公司   33 000
           贷：代理业务负债——重庆文化公司   33 000

(66) 借：原材料——钢材   420 000

——铁丝		12 500
贷：物资采购——攀枝花钢铁公司		432 500

（67）借：应付账款——武汉文化公司   18 720
          贷：银行存款   18 720

（68）借：营业外支出——捐赠支出   5 800
          贷：银行存款   5 800

（69）借：库存商品——篮球类（斯力达）   9 200
                    ——排球类（红双喜）   7 500
           应交税费——应交增值税（进项税额）   2 839
          贷：银行存款   18 486
                应收账款——上海文化公司   1 053

（70）借：银行存款   402 480
          贷：其他业务收入   344 000
                应交税费——应交增值税（销项税额）   58 480
      借：其他业务成本   336 000
          贷：原材料——钢材   336 000

（71）借：银行存款   44 460
          贷：应付账款——重庆文化公司   38 000
                应交税费——应交增值税（销项税额）   6 460
收到对方开给的增值税发票时：
      借：应交税费——应交增值税（进项税额）   6 460
          贷：应付账款——重庆文化公司   6 460
结转受托代销商品时：
      借：代理业务负债——重庆文化公司   33 000
          贷：代理业务资产——重庆文化公司   33 000
扣除手续费后结算付款时：
      借：应付账款——重庆文化公司   44 460
          贷：主营业务收入——手续费收入   2 280
                银行存款   42 180

（72）借：营业外支出——罚款及滞纳金支出   7 200

    贷：银行存款   7 200

（73）借：物资采购——沙石站   92 000

     应交税费——应交增值税（进项税额） 15 640

    贷：银行存款   107 640

   借：原材料——河沙   24 000

        ——豆石   60 000

    贷：物资采购——沙石站   84 000

（74）借：生产成本——方型烟道（直接材料）   32 000

        ——排污管道（直接材料）   52 000

    贷：原材料——河沙   24 000

        ——豆石   60 000

（75）借：管理费用—— 其他   600

    贷：库存现金   600

（76）借：销售费用——广告费   23 000

    贷：银行存款   23 000

（77）借：管理费用——业务招待费   820

    贷：库存现金   820

（78）借：库存商品——篮球类（斯力达）   17 600

        ——排球类（红双喜）   14 800

     应交税费——应交增值税（进项税额）   5 508

    贷：其他货币资金——外埠存款   37 908

（79）借：应收账款——东顺商场   324 000

    贷：应收票据——商业承兑汇票（东顺商场） 324 000

（80）借：其他货币资金——存出投资款（华西证券） 800 000

    贷：银行存款   800 000

（81）借：交易性金融资产——成本　　　　　　　660 000

　　　　投资收益　　　　　　　　　　　　　　2 000

　　　　贷：其他货币资金——存出投资款（华西证券）　　　662 000

（82）借：其他应收款——现代公司　　　　　　　30 000

　　　　管理费用——办公费　　　　　　　　　6 000

　　　　贷：银行存款　　　　　　　　　　　　　　36 000

（83）借：应收账款——蓝天商场　　　　　　　　19 656

　　　　贷：主营业务收入——篮球类　　　　　　　　6 400

　　　　　　　　　　　　——排球类　　　　　　　　10 400

　　　　　　应交税费——应交增值税（销项税额）　　2 856

（84）借：应付职工薪酬——福利费　　　　　　　28 500

　　　　贷：银行存款　　　　　　　　　　　　　　28 500

（85）借：银行存款　　　　　　　　　　　　　　40 000

　　　　贷：预收账款——阿坝文化公司　　　　　　　40 000

（86）借：银行存款　　　　　　　　　　　　　　26 556

　　　　贷：应收账款——东风商场　　　　　　　　26 556

（87）借：管理费用——办公费　　　　　　　　　150

　　　　贷：库存现金　　　　　　　　　　　　　　150

（88）借：财务费用　　　　　　　　　　　　　　12 000

　　　　贷：银行存款　　　　　　　　　　　　　　12 000

（89）借：主营业务收入——排球类　　　　　　　12 000

　　　　贷：应交税费——应交增值税（销项税额）　　2 040（红字）

　　　　　　银行存款　　　　　　　　　　　　　14 040

（90）借：应收账款——凉山现代文体公司　　　　4 200

　　　　贷：坏账准备　　　　　　　　　　　　　　4 200

借：银行存款   4 200
    贷：应收账款——凉山现代文体公司   4 200

第三轮业务（21～31 日）

（91）借：工程物资——钢材   631 800
      ——水泥   140 400
    贷：银行存款   772 200

（92）借：预收账款——阿坝文化公司   40 000
    贷：主营业务收入——篮球类   12 800
         ——排球类   20 800
      应交税费——应交增值税（销项税额）   5 712
      银行存款   688

（93）借：银行存款   4 238.4
    主营业务收入——排球类   480
    贷：应交税费——应交增值税（销项税额）   81.6(红字)
      应收账款——东风商场   4 800

（94）借：在建工程——办公楼   772 200
    贷：工程物资——钢材   631 800
        ——水泥   140 400

（95）借：银行存款   266 760
    贷：主营业务收入——排污管道   228 000
      应交税费——应交增值税（销项税额）   38 760
    借：销售费用——运杂费   1 250
    贷：银行存款   1 250

（96）借：银行存款   150 000
    贷：其他货币资金——外埠存款   150 000

（97）借：在建工程——办公楼 248 157
　　　贷：原材料——钢材 210 000
　　　　　材料成本差异 2 100
　　　　　应交税费——应交增值税（进项税额转出） 36 057

（98）借：其他货币资金——存出投资款（华西证券） 129 140
　　　贷：交易性金融资产——成本 100 000
　　　　　投资收益 29 140

（99）借：应收股利 20 000
　　　贷：投资收益 20 000

（100）借：物资采购——江油水泥公司 118 300
　　　　应交税费——应交增值税（进项税额） 19 890
　　　　贷：银行存款 138 190

（101）借：原材料——水泥 116 000
　　　　贷：物资采购——江油水泥公司 116 000

（102）借：应收利息 62 000
　　　　贷：持有至到期投资——利息调整 14 000
　　　　　　投资收益 48 000

（103）借：应收账款——昆明启明文化公司 38 868
　　　　贷：主营业务收入——篮球类 17 600
　　　　　　　　　　　　——排球类 14 800
　　　　　　应交税费——应交增值税（销项税额） 5 508
　　　　　　银行存款 960

（104）借：银行存款 324 000
　　　　贷：应收账款——东顺商场 324 000

（105）借：银行存款 279 640
　　　　贷：长期股权投资 255 000

　　　　　　投资收益　　　　　　　　　　　　　　　　24 640

（106）借：应付账款——宏民铁丝公司　　　　　　42 000
　　　　　贷：银行存款　　　　　　　　　　　　　　　42 000

（107）借：在建工程——办公楼　　　　　　　　　　6 000
　　　　　财务费用　　　　　　　　　　　　　　　74 000
　　　　　贷：银行存款　　　　　　　　　　　　　　　80 000

（108）借：其他应收款——韦真东　　　　　　　　　4 200
　　　　　贷：银行存款　　　　　　　　　　　　　　　4 200

（109）借：应付票据——商业承兑汇票（东兴公司）　58 500
　　　　　财务费用　　　　　　　　　　　　　　　1 053
　　　　　贷：银行存款　　　　　　　　　　　　　　　59 553

（110）借：预付账款——市建二公司　　　　　　223 000
　　　　　贷：银行存款　　　　　　　　　　　　　　223 000

（111）借：应付账款——北京文化公司　　　　　　15 550
　　　　　应交税费——应交增值税（进项税额）　2 643.5
　　　　　贷：银行存款　　　　　　　　　　　　　18 193.5

（112）借：银行存款　　　　　　　　　　　　　　20 000
　　　　　贷：应收股利　　　　　　　　　　　　　　20 000

（113）借：制造费用——方型烟道生产车间　　　　　200
　　　　　　　　——排污生产车间　　　　　　　200
　　　　　应交税费——应交增值税（进项税额）　　68
　　　　　贷：银行存款　　　　　　　　　　　　　　　468

（114）借：管理费用——业务招待费　　　　　　　　800
　　　　　贷：库存现金　　　　　　　　　　　　　　　800

（115）借：库存商品——排球类（红双喜）　　　　　　　90

　　　　　应交税费——应交增值税（进项税额）　　　　15.3

　　　　贷：应付账款——北京文化公司　　　　　　　　　105.3

（116）借：销售费用——其他　　　　　　　　　　　　　980

　　　　　库存现金　　　　　　　　　　　　　　　　220

　　　　贷：其他应收款——刘兵　　　　　　　　　　　1 200

（117）借：材料成本差异　　　　　　　　　　　　　　42 200

　　　　　贷：物资采购——湖北钢铁公司　　　　　　　22 800

　　　　　　　　　　　　——江油水泥公司　　　　　　2 300

　　　　　　　　　　　　——攀枝花钢铁公司　　　　　9 100

　　　　　　　　　　　　——沙石站　　　　　　　　　8 000

（118）材料成本差异率 $= \dfrac{(10\ 080 + 42\ 200 - 2\ 100)}{(1\ 008\ 000 + 1\ 480\ 500)} \times 100\% = 2.02\%$

　　　　借：生产成本——方型烟道（直接材料）　　　　11 594.8

　　　　　　　　　　——排污管道（直接材料）　　　　12 447.24

　　　　　管理费用——其他　　　　　　　　　　　　20.2

　　　　　其他业务成本　　　　　　　　　　　　　6 787.2

　　　　　贷：材料成本差异　　　　　　　　　　　　　30 849.44

（119）借：生产成本——方型烟道（直接人工）　　　　201 000

　　　　　　　　　　——排污管道（直接人工）　　　　348 400

　　　　　制造费用——方型烟道生产车间　　　　　　26 800

　　　　　　　　　　——排污管道生产车间　　　　　　40 200

　　　　　管理费用——职工薪酬　　　　　　　　　　53 600

　　　　　贷：应付职工薪酬——工资　　　　　　　　　500 000

　　　　　　　　　　　　——福利费　　　　　　　　　50 000

　　　　　　　　　　　　——社保基金　　　　　　　　100 000

　　　　　　　　　　　　——社会保险　　　　　　　　20 000

（120）借：制造费用——方型烟道生产车间　　　　　　41 520

　　　　　　　　　　——排污管道生产车间　　　　　　65 136

　　　　　管理费用——折旧费　　　　　　　　　　　40 240

     贷：累计折旧   146 896

（121）借：制造费用——方型烟道生产车间   458.33
     ——排污管道生产车间   1 750
   贷：累计摊销   2 208.33

（122）借：坏账准备   4 403.3
   贷：资产减值损失   4 403.3
  借：资产减值损失   2 100
   贷：存货跌价准备   2 100

（123）借：管理费用——房产税   620
     ——车船使用税   580
   贷：应交税费——应交房产税   620
     ——应交车船使用税   580

（124）借：待处理财产损溢   210.6
   贷：库存商品——篮球类（斯力达） 180
    应交税费——应交增值税（进项税额转出） 30.6

（125）借：应交增值税——应交增值税（转出未交增值税） 92 558.2
   贷：应交税费——未交增值税   92 558.2

（126）借：生产成本——方型烟道（制造费用） 94 778.33
     ——排污管道（制造费用） 133 006.00
   贷：制造费用——方型烟道   94 778.33
     ——排污管道   133 006.00

（127）借：库存商品——方型烟道   772 950
     ——排污管道   1 002 350
   贷：生产成本——方型烟道（直接材料） 511 710
     ——方型烟道（直接人工） 177 600
     ——方型烟道（制造费用） 83 640
     ——排污管道（直接材料） 577 850

	——排污管道（直接人工）	302 000
	——排污管道（制造费用）	122 500

（128）借：主营业务成本——篮球类　　　　　　　104 739.00
　　　　　　　　　　　——排球类　　　　　　　128 144.4
　　　　　　　　　　　——足球类　　　　　　　230 533.70
　　　　　　　　　　　——方型烟道　　　　　　 80 239.60
　　　　　　　　　　　——排污管道　　　　　　582 664.00
　　　　贷：库存商品——篮球类（斯力达）　　　 38 700.00
　　　　　　　　　　——篮球类（火车头真皮）　 19 409.60
　　　　　　　　　　——篮球类（斯伯丁真皮）　 46 629.40
　　　　　　　　　　——排球类（红双喜）　　　 36 685.98
　　　　　　　　　　——排球类（世达）　　　　 21 188.90
　　　　　　　　　　——排球类（米奥）　　　　 70 269.52
　　　　　　　　　　——足球类（南华利生）　　 　9 600.00
　　　　　　　　　　——足球类（阿迪达斯）　　 36 000.00
　　　　　　　　　　——足球类（耐克）　　　　184 933.70
　　　　　　　　　　——方型烟道　　　　　　　 80 239.60
　　　　　　　　　　——排污管道　　　　　　　582 664.00

（129）借：主营业务收入——篮球类　　　　　　　130 600
　　　　　　　　　　　——排球类　　　　　　　214 020
　　　　　　　　　　　——足球类　　　　　　　345 200
　　　　　　　　　　　——方型烟道　　　　　　135 000
　　　　　　　　　　　——排污管道　　　　　1 168 000
　　　　　　　　　　　——手续费收入　　　　　 　2 280
　　　　其他业务收入——材料出售收入　　　　　 344 200
　　　　投资收益　　　　　　　　　　　　　　　 119 280
　　　　营业外收入——处置固定资产净收益　　　 　79 758
　　　　　　贷：本年利润　　　　　　　　　　　2 538 338

（130）借：本年利润　　　　　　　　　　　　　1 816 173.8
　　　　　贷：主营业务成本——篮球类　　　　　 104 739.00
　　　　　　　　　　　　　——排球类　　　　　 181 644.40

	——足球类	254 533.7
	——本方型烟道	80 239.6
	——排污管道	582 664
其他业务成本		342 787.2
销售费用——广告费		23 000
——其他		3 508
——运杂费		6 650
管理费用——职工薪酬		53 600
——折旧费		40 240
——差旅费		1 960
——办公费		7 350
——其他		13 470.2
——业务招待费		1 620
——房产税		620
——车船使用税		580
财务费用		106 271
资产减值损失		− 2 303.3
营业外支出——罚款及滞纳金支出		7 200
——捐赠支出		5 800

(131) 本年利润贷方科目余额 = 1 805 600 + 2 538 338 − 1 816 173.8 = 2 527 764.2

本年应纳税所得额 = 2 527 764.2 + 13 000 = 2 540 764.2

本年所得税费用 = 2 540 764.2 × 25% = 635 191.05

借：所得税费用　　　　　　　　　　　　635 191.05

　　贷：应交税费——应交所得税　　　　　　　　635 191.05

借：本年利润　　　　　　　　　　　　　635 191.05

　　贷：所得税费用　　　　　　　　　　　　　635 191.05

(132) 扣除所得税之后的净利润 = 2 527 764.2 − 635 191.05 = 1 892 573.15

借：本年利润　　　　　　　　　　　　1 892 573.15

　　贷：利润分配——未分配利润　　　　　　1 892 573.15

(133) 应计提法定盈余公积 = 1 892 573.15 × 10% = 189 257.32

应计提一般盈余公积 = 1 892 573.15 × 20% = 378 514.63

借：利润分配——提取盈余公积　　　　　　　　567 771.95

　　　　　　贷：盈余公积——法定盈余公积　　　　　　　189 257.32

　　　　　　　　盈余公积——一般盈余公积　　　　　　　378 514.63

（134）向股东分配股利金额 = 1 892 573.15×30% = 567 771.95

　　　　借：利润分配——应付股利　　　　　　　　　　567 771.95

　　　　　　贷：应付股利　　　　　　　　　　　　　　　567 771.95

（135）借：利润分配——未分配利润　　　　　　　　1 135 543.90

　　　　　　贷：利润分配——提取盈余公积　　　　　　　567 771.95

　　　　　　　　　　　　——应付股利　　　　　　　　　567 771.95

二、科目汇总表

（1）记账凭证第 1 号至第 45 号的科目汇总表如表 5 -1 所示。

表 5 -1　科目汇总表　　　　　　　　　　　单位：元

记账凭证第 1 号至第 45 号共 45 张　　　　　　　　　　　　　科汇字第 34 号

会计科目	借方金额	记账	贷方金额	记账
库存现金	240		950	
银行存款	1 959 430.6		2 245 400	
其他货币资金	80 000		100 500	
交易性金融资产	100 000		0	
应收账款	502 292		671 745.6	
其他应收款	0		7 160	
物资采购	1 276 400		1 262 800	
原材料	848 000		1 107 200	

· 229 ·

续表

会计科目	借方金额	记账	贷方金额	记账
库存商品	432 450		37 500	
发出商品	37 500		0	
周转材料	0		7 400	
固定资产	416 600		0	
在建工程	125 600		345 600	
工程物资	0		74 600	
待处理财产损溢	900		0	
资产小计	5 779 412.6		5 860 855.6	
短期借款	200 000		0	
应付账款	259 322		15 550	
预收账款	57 662		0	
应交税费	217 158		267 597	
负债小计	734 142		283 147	
生产成本	1 113 600		0	
制造费用	50 920		0	
成本小计	1 164 520		0	
主营业务收入	0		1 574 100	
其他业务收入	0		200	
投资收益	500		0	
销售费用	5 400		0	
管理费用	15 110		0	
财务费用	19 218		0	
损益小计	40 228		1 574 300	
合计	7 718 302.6		7 718 302.6	

核算单位：南方实业有限公司 制表：

（2）记账凭证第 46 号至第 90 号的科目汇总表如表 5 - 2 所示。

表 5 - 2 科目汇总表 单位：元

记账凭证第 46 号至第 90 号共 45 张 科汇字第 35 号

会计科目	借方金额	记账	贷方金额	记账
库存现金	0		1 570	
银行存款	1 304 680		2 336 726	
其他货币资金	800 000		699 908	
交易性金融资产	660 000		0	
应收票据	0		324 000	
应收账款	379 212		30 756	
其他应收款	30 000		0	
坏账准备	0		4 200	
代理业务资产	65 000		49 000	
物资采购	533 600		516 500	
原材料	516 500		420 000	
库存商品	49 100		24 000	
发出商品	24 000		61 500	
固定资产	0		750 000	
累计折旧	620 000		0	
固定资产清理	220 000		220 000	
无形资产	210 000		0	
待处理财产损溢	0		900	
资产小计	5 412 092		5 439 060	
应付账款	64 233		64 233	
预收账款	0		40 000	
应付职工薪酬	30 500		0	
应交税费	595 627		91 019	
代理业务负债	49 000		65 000	
长期借款	0		460 000	
负债小计	739 360		720 252	
生产成本	84 000		0	

续表

会计科目	借方金额	记账	贷方金额	记账
制造费用	600		0	
成本小计	84 600		0	
主营业务收入	12 000		139 480	
其他业务收入	0		344 000	
投资收益	2 000		0	
营业外收入	0		79 758	
主营业务成本	77 500		0	
其他业务成本	336 000		0	
销售费用	25 528		0	
管理费用	8 470		0	
财务费用	12 000		0	
营业外支出	13 000		0	
损益小计	486 498		563 238	
合计	6 722 550		6 722 550	

核算单位：南方实业有限公司　　　　　　　　　　　　　　　　制表：

（3）记账凭证第 91 号至第 128 号的科目汇总表如表 5 – 3 所示。

表 5 – 3　科目汇总表　　　　　　　　　　　　　　单位：元

记账凭证第 91 号至第 128 号共 38 张　　　　　　　　　科汇字第 36 号

会计科目	借方金额	记账	贷方金额	记账
库存现金	220		800	
银行存款	1 044 638.4		1 340 702.50	
其他货币资金	129 140		150 000	
交易性金融资产	0		100 000	
应收账款	38 868		328 800	
预付账款	223 000		0	
应收股利	20 000		20 000	
应收利息	62 000		0	
其他应收款	4 200		1 200	
坏账准备	4 403.3		0	
物资采购	118 300		158 200	

续表

会计科目	借方金额	记账	贷方金额	记账
原材料	116 000		210 000	
材料成本差异	42 200		32 949.44	
库存商品	1 775 390		1 126 500.70	
存货跌价准备	0		2 100	
持有至到期投资	0		14 000	
长期股权投资	0		255 000	
累计折旧	0		146 896	
在建工程	1 026 357		0	
工程物资	772 200		772 200	
累计摊销	0		2 208.33	
待处理财产损溢	210.6		0	
资产小计	5 377 127.3		4 661 556.97	
应付票据	58 500		0	
应付账款	57 550		105.3	
预收账款	40 000		0	
应付职工薪酬	0		670 000	
应交税费	115 175		179 744.2	
负债小计	271 225		849 849.5	
生产成本	801 226.37		1 775 300	
制造费用	176 264.33		227 784.33	
成本小计	977 490.7		2 003 084.33	
主营业务收入	480		294 000	
投资收益	0		121 780	
主营业务成本	1 126 320.7		0	
其他业务成本	6 787.2		0	
销售费用	2 230		0	
管理费用	95 860.2		0	
财务费用	75 053		0	
资产减值损失	2 100		4 403.3	
损益小计	1 308 831.10		420 183.3	
合计	7 934 674.10		7 934 674.10	

核算单位：南方实业有限公司　　　　　　　　　　　　　制表：

三、总分类账

（1）库存现金总账如图 5 - 1 所示。

库存现金总账

科目：库存现金　　　　　　　　　　　　　　　　　　　　　　　　本币名称：人民币

2013 年		凭证号数	摘要	借方	贷方	借贷方向	余额
月	日						
12	1		期初余额	0.00	0.00	借	4 800.00
12	31		本月合计	460.00	3 320.00	借	1 940.00
12			本年累计	460.00	3 320.00		0.00

核算单位：南方实业有限公司　　　　　　　　　　　　　　　　　　　　制表：张三1

图 5 - 1　库存现金总账

（2）银行存款总账如图 5 - 2 所示。

银行存款总账

科目：银行存款　　　　　　　　　　　　　　　　　　　　　　　　本币名称：人民币

2013 年		凭证号数	摘要	借方	贷方	借贷方向	余额
月	日						
12	1		期初余额	0.00	0.00	借	2 325 000.00
12	31		本月合计	4 308 749.00	5 922 828.50	借	710 920.50
12			本年累计	4 308 749.00	5 922 828.50		0.00

核算单位：南方实业有限公司　　　　　　　　　　　　　　　　　　　　制表：张三1

图 5 - 2　银行存款总账

（3）其他货币资金总账如图5-3所示。

其他货币资金总账

科目：其他货币资金　　　　　　　　　　　　　　　　　　　　　　本币名称：人民币

2013 年		凭证号数	摘要	借方	贷方	借贷方向	余额
月	日						
12	1		期初余额	0.00	0.00	借	435 000.00
12	31		本月合计	1 009 140.00	950 408.00	借	493 732.00
12			本年累计	1 009 140.00	950 408.00		0.00

核算单位：南方实业有限公司　　　　　　　　　　　　　　　　　　制表：张三1

图5-3 其他货币资金总账

（4）交易性金融资产总账如图5-4所示。

交易性金融资产总账

科目：交易性金融资产　　　　　　　　　　　　　　　　　　　　　本币名称：人民币

2013 年		凭证号数	摘要	借方	贷方	借贷方向	余额
月	日						
12	1		期初余额	0.00	0.00	平	0.00
12	31		本月合计	760 000.00	100 000.00	借	660 000.00
12			本年累计	760 000.00	100 000.00		0.00

核算单位：南方实业有限公司　　　　　　　　　　　　　　　　　　制表：张三1

图5-4 交易性金融资产总账

（5）应收票据总账如图 5 - 5 所示。

应收票据总账

科目：应收票据　　　　　　　　　　　　　　　　　　　本币名称：人民币

2013 年		凭证号数	摘要	借方	贷方	借贷方向	余额
月	日						
12	1		期初余额	0.00	0.00	借	324 000.00
12	31		本月合计	0.00	324 000.00	平	0.00
12			本年累计	0.00	324 000.00		0.00

核算单位：南方实业有限公司　　　　　　　　　　　　　　　　　　制表：张三 1

图 5 - 5　应收票据总账

（6）应收账款总账如图 5 - 6 所示。

应收账款总账

科目：应收账款　　　　　　　　　　　　　　　　　　　本币名称：人民币

2013 年		凭证号数	摘要	借方	贷方	借贷方向	余额
月	日						
12	1		期初余额	0.00	0.00	借	570 600.00
12	31		本月合计	920 372.00	1 031 301.60	借	459 670.40
12			本年累计	920 372.00	1 031 301.60		0.00

核算单位：南方实业有限公司　　　　　　　　　　　　　　　　　　制表：张三 1

图 5 - 6　应收账款总账

（7）预付账款总账如图 5 - 7 所示。

预付账款总账

科目：预付账款　　　　　　　　　　　　　　　　　　　　　　　　本币名称：人民币

2013 年		凭证号数	摘要	借方	贷方	借贷方向	余额
月	日						
12	1		期初余额	0.00	0.00	平	0.00
12	31		本月合计	223 000.00	0.00	借	223 000.00
12			本年累计	223 000.00			0.00

核算单位：南方实业有限公司　　　　　　　　　　　　　　　　　　制表：张三1

图 5 - 7　预付账款总账

（8）应收股利总账如图 5 - 8 所示。

应收股利总账

科目：应收股利　　　　　　　　　　　　　　　　　　　　　　　　本币名称：人民币

2013 年		凭证号数	摘要	借方	贷方	借贷方向	余额
月	日						
12	1		期初余额	0.00	0.00	平	0.00
12	31		本月合计	20 000.00	20 000.00	平	0.00
12			本年累计	20 000.00	20 000.00		0.00

核算单位：南方实业有限公司　　　　　　　　　　　　　　　　　　制表：张三1

图 5 - 8　应收股利总账

(9) 应收利息总账如图 5 - 9 所示。

应收利息总账

科目：应收利息   本币名称：人民币

| 2013 年 | | 凭证号数 | 摘要 | 借方 | 贷方 | 借贷方向 | 余额 |
月	日						
12	1		期初余额	0.00	0.00	平	0.00
12	31		本月合计	62 000.00	0.00	借	62 000.00
12			本年累计	62 000.00	0.00		0.00

核算单位：南方实业有限公司   制表：张三1

图 5 - 9 应收利息总账

(10) 其他应收款总账如图 5 - 10 所示。

其他应收款总账

科目：其他应收款   本币名称：人民币

| 2013 年 | | 凭证号数 | 摘要 | 借方 | 贷方 | 借贷方向 | 余额 |
月	日						
12	1		期初余额	0.00	0.00	借	8 360.00
12	31		本月合计	34 200.00	8 360.00	借	34 200.00
12			本年累计	34 200.00	8 360.00		0.00

核算单位：南方实业有限公司   制表：张三1

图 5 - 10 其他应收款总账

（11）坏账准备总账如图 5-11 所示。

坏账准备总账

科目：坏账准备   本币名称：人民币

2013 年		凭证号数	摘要	借方	贷方	借贷方向	余额
月	日						
12	1		期初余额	0.00	0.00	贷	4 800.00
12	31		本月合计	4 403.30	4 200.00	贷	4 596.70
12			本年累计	4 403.30	4 200.00		0.00

核算单位：南方实业有限公司   制表：张三1

图 5-11 坏账准备总账

（12）代理业务资产总账如图 5-12 所示。

代理业务资产总账

科目：代理业务资产   本币名称：人民币

2013 年		凭证号数	摘要	借方	贷方	借贷方向	余额
月	日						
12	1		期初余额	0.00	0.00	平	0.00
12	31		本月合计	65 000.00	49 000.00	借	16 000.00
12			本年累计	65 000.00	49 000.00		0.00

核算单位：南方实业有限公司   制表：张三1

图 5-12 代理业务资产总账

（13）物资采购总账如图 5 – 13 所示。

物资采购总账

科目：物资采购 　　　　　　　　　　　　　　　　　　　本币名称：人民币

2013 年		凭证号数	摘要	借方	贷方	借贷方向	余额
月	日						
12	1		期初余额	0.00	0.00	借	42 000.00
12	31		本月合计	1 928 300.00	1 937 500.00	借	32 800.00
12			本年累计	1 928 300.00	1 937 500.00		0.00

核算单位：南方实业有限公司　　　　　　　　　　　　　　　制表：张三1

图 5 – 13　物资采购总账

（14）原材料总账如图 5 – 14 所示。

原材料总账

科目：原材料 　　　　　　　　　　　　　　　　　　　本币名称：人民币

2013 年		凭证号数	摘要	借方	贷方	借贷方向	余额
月	日						
12	1		期初余额	0.00	0.00	借	1 008 000.00
12	31		本月合计	1 480 500.00	1 737 200.00	借	751 300.00
12			本年累计	1 480 500.00	1 737 200.00		0.00

核算单位：南方实业有限公司　　　　　　　　　　　　　　　制表：张三1

图 5 – 14　原材料总账

（15）材料成本差异总账如图 5 - 15 所示。

材料成本差异总账

科目：材料成本差异 　　　　　　　　　　　　　　　　　　本币名称：人民币

2013 年		凭证号数	摘要	借方	贷方	借贷方向	余额
月	日						
12	1		期初余额	0.00	0.00	借	10 080.00
12	31		本月合计	42 200.00	32 949.44	借	19 330.56
12			本年累计	42 200.00	32 949.44		0.00

核算单位：南方实业有限公司 　　　　　　　　　　　　　　　制表：张三 1

图 5 - 15　材料成本差异总账

（16）库存商品总账如图 5 - 16 所示。

库存商品总账

科目：库存商品 　　　　　　　　　　　　　　　　　　　　本币名称：人民币

2013 年		凭证号数	摘要	借方	贷方	借贷方向	余额
月	日						
12	1		期初余额	0.00	0.00	借	1 510 200.00
12	31		本月合计	2 256 940.00	1 188 000.70	借	2 579 139.30
12			本年累计	2 256 940.00	1 188 000.70		0.00

核算单位：南方实业有限公司 　　　　　　　　　　　　　　　制表：张三 1

图 5 - 16　库存商品总账

（17）发出商品总账如图 5 – 17 所示。

发出商品总账

科目：发出商品　　　　　　　　　　　　　　　　　　　　　本币名称：人民币

2013 年		凭证号数	摘要	借方	贷方	借贷方向	余额
月	日						
12	1		期初余额	0.00	0.00	平	0.00
12	31		本月合计	61 500.00	61 500.00	平	0.00
12			本年累计	61 500.00	61 500.00		0.00

核算单位：南方实业有限公司　　　　　　　　　　　　　　　　制表：张三 1

图 5 – 17　发出商品总账

（18）周转材料总账如图 5 –18 所示。

周转材料总账

科目：周转材料　　　　　　　　　　　　　　　　　　　　　本币名称：人民币

2013 年		凭证号数	摘要	借方	贷方	借贷方向	余额
月	日						
12	1		期初余额	0.00	0.00	借	23 500.00
12	31		本月合计	0.00	7 400.00	借	16 100.00
12			本年累计	0.00	7 400.00		0.00

核算单位：南方实业有限公司　　　　　　　　　　　　　　　　制表：张三 1

图 5 –18　周转材料总账

（19）存货跌价准备总账如图 5 - 19 所示。

存货跌价准备总账

科目：存货跌价准备　　　　　　　　　　　　　　　　　　　　本币名称：人民币

2013 年		凭证号数	摘要	借方	贷方	借贷方向	余额
月	日						
12	1		期初余额	0.00	0.00	贷	6 400.00
12	31		本月合计	0.00	2 100.00	贷	8 500.00
12			本年累计	0.00	2 100.00		0.00

核算单位：南方实业有限公司　　　　　　　　　　　　　　　　　制表：张三 1

图 5 - 19　存货跌价准备总账

（20）持有至到期投资总账如图 5 - 20 所示。

持有至到期投资总账

科目：持有至到期投资　　　　　　　　　　　　　　　　　　　　本币名称：人民币

2013 年		凭证号数	摘要	借方	贷方	借贷方向	余额
月	日						
12	1		期初余额	0.00	0.00	借	820 000.00
12	31		本月合计	0.00	14 000.00	借	806 000.00
12			本年累计	0.00	14 000.00		0.00

核算单位：南方实业有限公司　　　　　　　　　　　　　　　　　制表：张三 1

图 5 - 20　持有至到期投资总账

（21）长期股权投资总账如图 5 – 21 所示。

长期股权投资总账

科目：长期股权投资　　　　　　　　　　　　　　　　　　　　本币名称：人民币

2013 年		凭证号数	摘要	借方	贷方	借贷方向	余额
月	日						
12	1		期初余额	0.00	0.00	借	1 200 000.00
12	31		本月合计	0.00	255 000.00	借	945 000.00
12			本年累计	0.00	255 000.00		0.00

核算单位：南方实业有限公司　　　　　　　　　　　　　　　　　制表：张三1

图 5 – 21　长期股权投资总账

（22）固定资产总账如图 5 – 22 所示。

固定资产总账

科目：固定资产　　　　　　　　　　　　　　　　　　　　　　本币名称：人民币

2013 年		凭证号数	摘要	借方	贷方	借贷方向	余额
月	日						
12	1		期初余额	0.00	0.00	借	3 228 000.00
12	31		本月合计	416 600.00	750 000.00	借	2 894 600.00
12			本年累计	416 600.00	750 000.00		0.00

核算单位：南方实业有限公司　　　　　　　　　　　　　　　　　制表：张三1

图 5 – 22　固定资产总账

（23）累计折旧总账如图5-23所示。

累计折旧总账

科目：累计折旧　　　　　　　　　　　　　　　　　　　　　本币名称：人民币

2013 年		凭证号数	摘要	借方	贷方	借贷方向	余额
月	日						
12	1		期初余额	0.00	0.00	贷	1 153 200.00
12	31		本月合计	620 000.00	146 896.00	贷	680 096.00
12			本年累计	620 000.00	146 896.00		0.00

核算单位：南方实业有限公司　　　　　　　　　　　　　　　　　　　制表：张三1

图 5-23　累计折旧总账

（24）在建工程总账如图5-24所示。

在建工程总账

科目：在建工程　　　　　　　　　　　　　　　　　　　　　本币名称：人民币

2013 年		凭证号数	摘要	借方	贷方	借贷方向	余额
月	日						
12	1		期初余额	0.00	0.00	借	220 000.00
12	31		本月合计	1 151 957.00	345 600.00	借	1 026 357.00
12			本年累计	1 151 957.00	345 600.00		0.00

核算单位：南方实业有限公司　　　　　　　　　　　　　　　　　　　制表：张三1

图 5-24　在建工程总账

（25）工程物资总账如图 5 – 25 所示。

工程物资总账

科目：工程物资   本币名称：人民币

2013 年		凭证号数	摘要	借方	贷方	借贷方向	余额
月	日						
12	1		期初余额	0.00	0.00	借	109 000.00
12	31		本月合计	772 200.00	846 800.00	借	34 400.00
12			本年累计	772 200.00	846 800.00		0.00

核算单位：南方实业有限公司   制表：张三1

图 5 – 25   工程物资总账

（26）固定资产清理总账如图 5 – 26 所示。

固定资产清理总账

科目：固定资产清理   本币名称：人民币

2013 年		凭证号数	摘要	借方	贷方	借贷方向	余额
月	日						
12	1		期初余额	0.00	0.00	平	0.00
12	31		本月合计	220 000.00	220 000.00	平	0.00
12			本年累计	220 000.00	220 000.00		0.00

核算单位：南方实业有限公司   制表：张三1

图 5 – 26   固定资产清理总账

（27）无形资产总账如图 5 - 27 所示。

无形资产总账

科目：无形资产　　　　　　　　　　　　　　　　　　本币名称：人民币

2013 年		凭证号数	摘要	借方	贷方	借贷方向	余额
月	日						
12	1		期初余额	0.00	0.00	借	295 000.00
12	31		本月合计	210 000.00	0.00	借	505 000.00
12			本年累计	210 000.00	0.00		0.00

核算单位：南方实业有限公司　　　　　　　　　　　　　　　　制表：张三1

图 5 - 27　无形资产总账

（28）累计摊销总账如图 5 - 28 所示。

累计摊销总账

科目：累计摊销　　　　　　　　　　　　　　　　　　本币名称：人民币

2013 年		凭证号数	摘要	借方	贷方	借贷方向	余额
月	日						
12	1		期初余额	0.00	0.00	贷	54 500.00
12	31		本月合计	0.00	2 208.33	贷	56 708.33
12			本年累计	0.00	2 208.33		0.00

核算单位：南方实业有限公司　　　　　　　　　　　　　　　　制表：张三1

图 5 - 28　累计摊销总账

（29）待处理财产损溢总账如图 5 - 29 所示。

待处理财产损溢总账

科目：待处理财产损溢   本币名称：人民币

2013 年		凭证号数	摘要	借方	贷方	借贷方向	余额
月	日						
12	1		期初余额	0.00	0.00	平	0.00
12	31		本月合计	1 110.60	900.00	借	210.60
12			本年累计	1 110.60	900.00		0.00

核算单位：南方实业有限公司   制表：张三1

图 5 - 29 待处理财产损溢总账

（30）短期借款总账如图 5 - 30 所示。

短期借款总账

科目：短期借款   本币名称：人民币

2013 年		凭证号数	摘要	借方	贷方	借贷方向	余额
月	日						
12	1		期初余额	0.00	0.00	贷	558 340.00
12	31		本月合计	200 000.00	0.00	贷	358 340.00
12			本年累计	200 000.00	0.00		0.00

核算单位：南方实业有限公司   制表：张三1

图 5 - 30 短期借款总账

（31）应付票据总账如图 5-31 所示。

应付票据总账

科目：应付票据　　　　　　　　　　　　　　　　　　　　　　本币名称：人民币

2013 年		凭证号数	摘要	借方	贷方	借贷方向	余额
月	日						
12	1		期初余额	0.00	0.00	贷	81 900.00
12	31		本月合计	58 500.00	0.00	贷	23 400.00
12			本年累计	58 500.00	0.00		0.00

核算单位：南方实业有限公司　　　　　　　　　　　　　　　　　　制表：张三 1

图 5-31　应付票据总账

（32）应付账款总账如图 5-32 所示。

应付账款总账

科目：应付账款　　　　　　　　　　　　　　　　　　　　　　本币名称：人民币

2013 年		凭证号数	摘要	借方	贷方	借贷方向	余额
月	日						
12	1		期初余额	0.00	0.00	贷	324 000.00
12	31		本月合计	381 105.00	79 888.30	贷	22 783.30
12			本年累计	381 105.00	79 888.30		0.00

核算单位：南方实业有限公司　　　　　　　　　　　　　　　　　　制表：张三 1

图 5-32　应付账款总账

（33）预收账款总账如图 5 – 33 所示。

预收账款总账

科目：预收账款   本币名称：人民币

2013 年		凭证号数	摘要	借方	贷方	借贷方向	余额
月	日						
12	1		期初余额	0.00	0.00	贷	168 000.00
12	31		本月合计	97 662.00	40 000.00	贷	110 338.00
12			本年累计	97 662.00	40 000.00		0.00

核算单位：南方实业有限公司   制表：张三1

图 5 – 33　预收账款总账

（34）应付职工薪酬总账如图 5 – 34 所示。

应付职工薪酬总账

科目：应付职工薪酬   本币名称：人民币

2013 年		凭证号数	摘要	借方	贷方	借贷方向	余额
月	日						
12	1		期初余额	0.00	0.00	贷	154 200.00
12	31		本月合计	30 500.00	670 000.00	贷	793 700.00
12			本年累计	30 500.00	670 000.00		0.00

核算单位：南方实业有限公司   制表：张三1

图 5 – 34　应付职工薪酬总账

（35）应交税费总账如图 5 - 35 所示。

应交税费总账

科目：应交税费　　　　　　　　　　　　　　　　　　　本币名称：人民币

2013 年		凭证号数	摘要	借方	贷方	借贷方向	余额
月	日						
12	1		期初余额	0.00	0.00	贷	488 000.00
12	31		本月合计	927 960.00	1 173 551.25	贷	733 591.25
12			本年累计	927 960.00	1 173 551.25		0.00

核算单位：南方实业有限公司　　　　　　　　　　　　　　　　制表：张三1

图 5 - 35　应交税费总账

（36）应付利息总账如图 5 - 36 所示。

应付利息总账

科目：应付利息　　　　　　　　　　　　　　　　　　　本币名称：人民币

2013 年		凭证号数	摘要	借方	贷方	借贷方向	余额
月	日						
12	1		期初余额	0.00	0.00	贷	60 000.00

核算单位：南方实业有限公司　　　　　　　　　　　　　　　　制表：张三1

图 5 - 36　应付利息总账

（37）应付股利总账如图 5 - 37 所示。

应付股利总账

科目：应付股利   本币名称：人民币

2013 年		凭证号数	摘要	借方	贷方	借贷方向	余额
月	日						
12	1		期初余额	0.00	0.00	平	0.00
12	31		本月合计	0.00	567 771.95	贷	567 771.95
12			本年累计	0.00	567 771.95		0.00

核算单位：南方实业有限公司   制表：张三 1

图 5 - 37 应付股利总账

（38）其他应付款总账如图 5 - 38 所示。

其他应付款总账

科目：其他应付款   本币名称：人民币

2013 年		凭证号数	摘要	借方	贷方	借贷方向	余额
月	日						
12	1		期初余额	0.00	0.00	贷	26 200.00

核算单位：南方实业有限公司   制表：张三 1

图 5 - 38 其他应付款总账

（39）代理业务负债总账如图 5－39 所示。

代理业务负债总账

科目：代理业务负债 　　　　　　　　　　　　　　　　　　　本币名称：人民币

2013 年		凭证号数	摘要	借方	贷方	借贷方向	余额
月	日						
12	1		期初余额	0.00	0.00	平	0.00
12	31		本月合计	49 000.00	65 000.00	贷	16 000.00
12			本年累计	49 000.00	65 000.00		0.00

核算单位：南方实业有限公司　　　　　　　　　　　　　　　　制表：张三1

图 5－39　代理业务负债总账

（40）长期借款总账如图 5－40 所示。

长期借款总账

科目：长期借款 　　　　　　　　　　　　　　　　　　　本币名称：人民币

2013 年		凭证号数	摘要	借方	贷方	借贷方向	余额
月	日						
12	1		期初余额	0.00	0.00	贷	1 900 000.00
12	31		本月合计	0.00	460 000.00	贷	2 360 000.00
12			本年累计	0.00	460 000.00		0.00

核算单位：南方实业有限公司　　　　　　　　　　　　　　　　制表：张三1

图 5－40　长期借款总账

（41）实收资本总账如图5-41所示。

实收资本总账

科目：实收资本   本币名称：人民币

2013 年		凭证号数	摘要	借方	贷方	借贷方向	余额
月	日						
12	1		期初余额	0.00	0.00	贷	4 000 000.00

核算单位：南方实业有限公司   制表：张三1

图5-41 实收资本总账

（42）资本公积总账如图5-42所示。

资本公积总账

科目：资本公积   本币名称：人民币

2013 年		凭证号数	摘要	借方	贷方	借贷方向	余额
月	日						
12	1		期初余额	0.00	0.00	借	123 600.00

核算单位：南方实业有限公司   制表：张三1

图5-42 资本公积总账

（43）盈余公积总账如图 5 - 43 所示。

盈余公积总账

科目：盈余公积   本币名称：人民币

2013 年		凭证号数	摘要	借方	贷方	借贷方向	余额
月	日						
12	1		期初余额	0.00	0.00	贷	850 800.00
12	31		本月合计	0.00	567 771.95	贷	1 418 571.95
12			本年累计	0.00	567 771.95		0.00

核算单位：南方实业有限公司   制表：张三1

图 5 - 43 盈余公积总账

（44）本年利润总账如图 5 - 44 所示。

本年利润总账

科目：本年利润   本币名称：人民币

2013 年		凭证号数	摘要	借方	贷方	借贷方向	余额
月	日						
12	1		期初余额	0.00	0.00	贷	1 805 600.00
12	31		本月合计	4 343 938.00	2 538 338.00	平	0.00
12			本年累计	4 343 938.00	2 538 338.00		0.00

核算单位：南方实业有限公司   制表：张三1

图 5 - 44 本年利润总账

（45）利润分配总账如图 5－45 所示。

利润分配总账

科目：利润分配   本币名称：人民币

2013 年		凭证号数	摘要	借方	贷方	借贷方向	余额
月	日						
12	1		期初余额	0.00	0.00	贷	480 000.00
12	31		本月合计	2 271 087.80	3 028 117.05	贷	1 237 029.25
12			本年累计	2 271 087.80	3 028 117.05		0.00

核算单位：南方实业有限公司   制表：张三 1

图 5 - 45　利润分配总账

（46）生产成本总账如图 5－46 所示。

生产成本总账

科目：生产成本   本币名称：人民币

2013 年		凭证号数	摘要	借方	贷方	借贷方向	余额
月	日						
12	1		期初余额	0.00	0.00	借	106 000.00
12	31		本月合计	1 998 826.37	1 775 300.00	借	329 526.37
12			本年累计	1 998 826.37	1 775 300.00		0.00

核算单位：南方实业有限公司   制表：张三 1

图 5 - 46　生产成本总账

（47）制造费用总账如图 5 – 47 所示。

制造费用总账

科目：制造费用   本币名称：人民币

2013 年		凭证号数	摘要	借方	贷方	借贷方向	余额
月	日						
12	1		期初余额	0.00	0.00	平	0.00
12	31		本月合计	227 784.33	227 784.33	平	0.00
12			本年累计	227 784.33	227 784.33		0.00

核算单位：南方实业有限公司   制表：张三 1

图 5 – 47 制造费用总账

（48）主营业务收入总账如图 5 – 48 所示。

主营业务收入总账

科目：主营业务收入   本币名称：人民币

2013 年		凭证号数	摘要	借方	贷方	借贷方向	余额
月	日						
12	1		期初余额	0.00	0.00	平	0.00
12	31		本月合计	2 007 580.00	2 007 580.00	平	0.00
12			本年累计	20 695 780.00	20 695 780.00		0.00

核算单位：南方实业有限公司   制表：张三 1

图 5 – 48 主营业务收入总账

（49）其他业务收入总账如图 5 - 49 所示。

其他业务收入总账

科目：其他业务收入 本币名称：人民币

2013 年		凭证 号数	摘要	借方	贷方	借贷方向	余额
月	日						
12	1		期初余额	0.00	0.00	平	0.00
12	31		本月合计	344 200.00	344 200.00	平	0.00
12			本年累计	399 200.00	399 200.00		0.00

核算单位：南方实业有限公司 制表：张三 1

图 5 - 49 其他业务收入总账

（50）投资收益总账如图 5 - 50 所示。

投资收益总账

科目：投资收益 本币名称：人民币

2013 年		凭证 号数	摘要	借方	贷方	借贷方向	余额
月	日						
12	1		期初余额	0.00	0.00	平	0.00
12	31		本月合计	121 780.00	121 780.00	平	0.00
12			本年累计	204 220.00	204 220.00		0.00

核算单位：南方实业有限公司 制表：张三 1

图 5 - 50 投资收益总账

（51）营业外收入总账如图 5－51 所示。

营业外收入总账

科目：营业外收入　　　　　　　　　　　　　　　　本币名称：人民币

2013 年		凭证号数	摘要	借方	贷方	借贷方向	余额
月	日						
12	1		期初余额	0.00	0.00	平	0.00
12	31		本月合计	79 758.00	79 758.00	平	0.00
12			本年累计	189 758.00	189 758.00		0.00

核算单位：南方实业有限公司　　　　　　　　　　　　　　　制表：张三1

图 5－51　营业外收入总账

（52）主营业务成本总账如图 5－52 所示。

主营业务成本总账

科目：主营业务成本　　　　　　　　　　　　　　　　本币名称：人民币

2013 年		凭证号数	摘要	借方	贷方	借贷方向	余额
月	日						
12	1		期初余额	0.00	0.00	平	0.00
12	31		本月合计	1 203 820.70	1 203 820.70	平	0.00
12			本年累计	16 438 620.70	16 438 620.70		0.00

核算单位：南方实业有限公司　　　　　　　　　　　　　　　制表：张三1

图 5－52　主营业务成本总账

（53）其他业务成本总账如图 5 – 53 所示。

其他业务成本总账

科目：其他业务成本   本币名称：人民币

2013 年		凭证号数	摘要	借方	贷方	借贷方向	余额
月	日						
12	1		期初余额	0.00	0.00	平	0.00
12	31		本月合计	342 787.20	342 787.20	平	0.00
12			本年累计	342 787.20	342 787.20		0.00

核算单位：南方实业有限公司   制表：张三1

图 5 – 53　其他业务成本总账

（54）销售费用总账如图 5 – 54 所示。

销售费用总账

科目：销售费用   本币名称：人民币

2013 年		凭证号数	摘要	借方	贷方	借贷方向	余额
月	日						
12	1		期初余额	0.00	0.00	平	0.00
12	31		本月合计	33 158.00	33 158.00	平	0.00
12			本年累计	186 358.00	186 358.00		0.00

核算单位：南方实业有限公司   制表：张三1

图 5 – 54　销售费用总账

（55）管理费用总账如图 5 - 55 所示。

管理费用总账

科目：管理费用　　　　　　　　　　　　　　　　　　　　本币名称：人民币

2013 年		凭证号数	摘要	借方	贷方	借贷方向	余额
月	日						
12	1		期初余额	0.00	0.00	平	0.00
12	31		本月合计	119 440.20	119 440.20	平	0.00
12			本年累计	783 480.20	783 480.20		0.00

核算单位：南方实业有限公司　　　　　　　　　　　　　　制表：张三1

图 5 - 55　管理费用总账

（56）财务费用总账如图 5 - 56 所示。

财务费用总账

科目：财务费用　　　　　　　　　　　　　　　　　　　　本币名称：人民币

2013 年		凭证号数	摘要	借方	贷方	借贷方向	余额
月	日						
12	1		期初余额	0.00	0.00	平	0.00
12	31		本月合计	106 271.00	106 271.00	平	0.00
12			本年累计	106 271.00	106 271.00		0.00

核算单位：南方实业有限公司　　　　　　　　　　　　　　制表：张三1

图 5 - 56　财务费用总账

（57）资产减值损失总账如图 5 – 57 所示。

资产减值损失总账

科目：资产减值损失　　　　　　　　　　　　　　　　　　　　　本币名称：人民币

2013 年		凭证号数	摘要	借方	贷方	借贷方向	余额
月	日						
12	1		期初余额	0.00	0.00	平	0.00
12	31		本月合计	2 100.00	2 100.00	平	0.00
12			本年累计	2 100.00	2 100.00		0.00

核算单位：南方实业有限公司　　　　　　　　　　　　　　　　　　　　制表：张三1

图 5 – 57　资产减值损失总账

（58）营业外支出总账如图 5 – 58 所示。

营业外支出总账

科目：营业外支出　　　　　　　　　　　　　　　　　　　　　　　本币名称：人民币

2013 年		凭证号数	摘要	借方	贷方	借贷方向	余额
月	日						
12	1		期初余额	0.00	0.00	平	0.00
12	31		本月合计	13 000.00	13 000.00	平	0.00
12			本年累计	873 000.00	873 000.00		0.00

核算单位：南方实业有限公司　　　　　　　　　　　　　　　　　　　　制表：张三1

图 5 – 58　营业外支出总账

（59）所得税费用总账如图 5 – 59 所示。

所得税费用总账

科目：所得税费用　　　　　　　　　　　　　　　　　　　　　　　本币名称：人民币

2013 年		凭证号数	摘要	借方	贷方	借贷方向	余额
月	日						
12	1		期初余额	0.00	0.00	平	0.00
12	31		本月合计	635 191.05	635 191.05	平	0.00
12			本年累计	635 191.05	635 191.05		0.00

核算单位：南方实业有限公司　　　　　　　　　　　　　　　　　　　　制表：张三1

图 5 – 59　所得税费用总账

四、库存现金、银行存款日记账

（1）库存现金日记账如图 5 - 60 所示。

库存现金日记账

科目：库存现金　　　　　　　　　　　　　　　　　　本币名称：人民币

2013 年		凭证号数	摘要	借方	贷方	借贷方向	余额
月	日						
12	1		月初余额	0.00	0.00	借	4 800.00
12	1	记 - 0001	现金购买结算凭证	0.00	300.00	借	4 500.00
12	1	记 - 0002	现金购买印花税票	0.00	100.00	借	4 400.00
12	1		本日合计	0.00	400.00	借	4 400.00
12	2	记 - 0007	刘强报差旅费	40.00	0.00	借	4 440.00
12	2	记 - 0018	本日合计	40.00	0.00	借	4 440.00
12	4	记 - 0021	出售废弃物料，收到现金	200.00	0.00	借	4 640.00
12	4		现金支付修理费	0.00	550.00	借	4 090.00
12	4	记 - 0075	本日合计	200.00	550.00	借	4 090.00
12	17	记 - 0077	现金支付办公室整理费	0.00	600.00	借	3 490.00
12	17		现金支付业务招待费	0.00	820.00	借	2 670.00
12	17	记 - 0087	本日合计	0.00	1 420.00	借	2 670.00
12	19		购买彩色纸张庆祝国庆	0.00	150.00	借	2 520.00
12	19	记 - 0114	本日合计	0.00	150.00	借	2 520.00
12	26		现金支付业务招待费	0.00	800.00	借	1 720.00
12	26		本日合计	0.00	800.00	借	1 720.00
12	29	记 - 0116	刘兵报差旅费	220.00	0.00	借	1 940.00
12	29		本日合计	220.00	0.00	借	1 940.00
12	31		本月合计	460.00	3 320.00	借	1 940.00
12			本年累计	460.00	3 320.00	借	1 940.00

核算单位：南方实业有限公司　　　　　　　　　　　　　　制表：张三

图 5 - 60　库存现金日记账

（2）银行存款日记账如图 5 - 61 所示。

银行存款日记账

科目：银行存款 　　　　　　　　　　　　　　　　　　　　本币名称：人民币

2013 年		凭证号数	摘要	借方	贷方	借贷方向	余额
月	日						
12	1		月初余额	0.00	0.00	借	2 325 000.00
12	1	记-0005	存款购买管理药品	0.00	1 200.00	借	2 323 800.00
12	1		本日合计	0.00	1 200.00	借	2 323 800.00
12	2	记-0008	销售商品，货款已收	80 960.00	0.00	借	2 404 760.00
12	2	记-0009	增拨上海外埠存款		80 000.00	借	2 324 760.00
12	2	记-0010	采购材料未到，货款已付	0.00	1 018 496.00	借	1 306 264.00
12	2	记-0011	收到新丰文化货款	213 000.00	0.00	借	1 519 264.00
12	2		本日合计	293 960.00	1 098 496.00	借	1 519 264.00
12	3	记-0013	采购商品未到，货款已付	0.00	403 110.00	借	1 116 154.00
12	3	记-0014	支付江油公司货款	0.00	135 322.00	借	980 832.00
12	3	记-0016	销售商品，货款已收	100 050.00	0.00	借	1 080 882.00
12	3		本日合计	100 050.00	538 432.00	借	1 080 882.00
12	4	记-0017	支付、结转本月电费	0.00	48 000.00	借	1 032 882.00
12	4	记-0019	存款支付运输费	0.00	1 500.00	借	1 031 382.00
12	4	记-0020	收到货款，存入银行	183 300.00	0.00	借	1 214 682.00
12	4		本日合计	183 300.00	49 500.00	借	1 214 682.00
12	5	记-0022	收到货款，存入银行	103 923.60	0.00	借	1 318 605.60
12	5	记-0023	销售商品，货款已收	4 025.00	0.00	借	1 322 630.60
12	5	记-0024	收到货款，存入银行	123 786.00	0.00	借	1 446 416.60
12	5		本日合计	231 734.60	0.00	借	1 446 416.60
12	6	记-0026	购入冷冻机，存款支付	0.00	71 000.00	借	1 375 416.60
12	6	记-0027	销售商品，货款预收		800.00	借	1 374 616.60
12	6	记-0028	销售商品，货款已收	931 350.00	0.00	借	2 305 966.60
12	6	记-0028	销售商品，货款已收	0.00	1 200.00	借	2 304 766.60
12	6		本日合计	931 350.00	73 000.00	借	2 304 766.60
12	7	记-0030	存款支付变电房承包费	0.00	45 000.00	借	2 259 766.60
12	7	记-0032	收到上月租金，转存银行	5 160.00	0.00	借	2 264 926.60
12	7		本日合计	5 160.00	45 000.00	借	2 264 926.60
12	8	记-0033	销售商品，货款已收	166 140.00	0.00	借	2 431 066.60
12	8	记-0035	存款支付前欠货款	0.00	124 000.00	借	2 307 066.60
12	8		本日合计	166 140.00	124 000.00	借	2 307 066.60

图 5-61　银行存款日记账

2013 年		凭证号数	摘要	借方	贷方	借贷方向	余额
月	日						
12	9	记 - 0036	生产车间购买机油	0.00	18 920.00	借	2 288 146.60
12	9	记 - 0037	存款偿还短期借款	0.00	216 000.00	借	2 072 146.60
12	9		本日合计	0.00	234 920.00	借	2 072 146.60
12	10	记 - 0040	销售商品，货款未收	0.00	2 000.00	借	2 070 146.60
12	10	记 - 0042	结清前期采购商品错价	0.00	3 510.00	借	2 066 636.60
12	10	记 - 0043	采购商品未到，货款已付	0.00	75 342.00	借	1 991 294.60
12	10	记 - 0044	收到货款，存入银行	47 736.00	0.00	借	2 039 030.60
12	10		本日合计	47 736.00	80 852.00	借	2 039 030.60
12	11	记 - 0046	存款缴纳 11 月税费	0.00	488 000.00	借	1 551 030.60
12	11	记 - 0047	收到代销商品清单和款项	32 760.00	0.00	借	1 583 790.60
12	11		本日合计	32 760.00	488 000.00	借	1 583 790.60
12	12	记 - 0051	存款购入专利权	0.00	210 000.00	借	1 373 790.60
12	12		本日合计	0.00	210 000.00	借	1 373 790.60
12	13	记 - 0054	收到区文化馆代销清单	16 380.00	0.00	借	1 390 170.60
12	13		本日合计	16 380.00	0.00	借	1 390 170.60
12	14	记 - 0055	存款支付办公楼清理费	0.00	5 600.00	借	1 384 570.60
12	14	记 - 0056	存款支付生活困难补助	0.00	2 000.00	借	1 382 570.60
12	14		本日合计	0.00	7 600.00	借	1 382 570.60
12	15	记 - 0057	出售办公楼	220 000.00		借	1 602 570.60
12	15	记 - 0058	销售代销商品，收到发票	23 400.00	0.00	借	1 625 970.60
12	15	记 - 0059	收到市文化馆代销清单	34 444.00	0.00	借	1 660 414.60
12	15	记 - 0062	采购商品未到，货款已付	0.00	516 060.00	借	1 144 354.60
12	15		本日合计	277 844.00	516 060.00	借	1 144 354.60
12	16	记 - 0063	各部门领用办公用品	0.00	1 500.00	借	1 142 854.60
12	16	记 - 0064	向银行借款转存银行	460 000.00	0.00	借	1 602 854.60
12	16	记 - 0067	存款支付货款	0.00	18 720.00	借	1 584 134.60
12	16	记 - 0068	向希望小学捐赠	0.00	5 800.00	借	1 578 334.60
12	16	记 - 0069	存款采购商品，验收入库	0.00	18 486.00	借	1 559 848.60
12	16	记 - 0070	出售钢材，款项收存银行	402 480.00	0.00	借	1 962 328.60
12	16	记 - 0071	销售代销商品	44 460.00	0.00	借	2 006 788.60
12	16	记 - 0071	结算付款	0.00	42 180.00	借	1 964 608.60
12	16	记 - 0072	存款支付滞纳金	0.00	7 200.00	借	1 957 408.60
12	16		本日合计	906 940.00	93 886.00	借	1 957 408.60
12	17	记 - 0073	存款采购商品，验收入库	0.00	107 640.00	借	1 849 768.60
12	17	记 - 0076	存款支付广告费	0.00	23 000.00	借	1 826 768.60
12	17		本日合计	0.00	130 640.00	借	1 826 768.60
12	18	记 - 0080	增拨款项到投资账户	0.00	800 000.00	借	1 026 768.60

图 5 - 61 银行存款日记账（续）

2013 年		凭证	摘要	借方	贷方	借贷	余额
月	日	号数				方向	
12	18	记－0082	存款租入半年办公场所	0.00	36 000.00	借	990 768.60
12	18		本日合计	0.00	836 000.00	借	990 768.60
12	19	记－0084	存款支付职工体检费	0.00	28 500.00	借	962 268.60
12	19	记－0085	预收阿坝文化款项	40 000.00	0.00	借	1 002 268.60
12	19	记－0086	收到承付款项	26 556.00	0.00	借	1 028 824.60
12	19		本日合计	66 556.00	28 500.00	借	1 028 824.60
12	20	记－0088	存款支付长期借款利息	0.00	12 000.00	借	1 016 824.60
12	20	记－0089	发生本月销售退回	0.00	14 040.00	借	1 002 784.60
12	20	记－0090	收回已冲销坏账	4 200.00	0.00	借	1 006 984.60
12	20		本日合计	4 200.00	26 040.00	借	1 006 984.60
12	21	记－0091	购入工程物资	0.00	772 200.00	借	234 784.60
12	21	记－0092	销售商品，货款已预收	0.00	688.00	借	234 096.60
12	21	记－0093	收到东风商场货款	4 238.40	0.00	借	238 335.00
12	21	记－0095	销售商品，货款已收	266 760.00	0.00	借	505 095.00
12	21	记－0095	运杂费计入销售费用	0.00	1 250.00	借	503 845.00
12	21	记－0096	转回部分外埠存款	150 000.00	0.00	借	653 845.00
12	21		本日合计	420 998.40	774 138.00	借	653 845.00
12	22	记－0100	采购商品未到，货款已付	0.00	138 190.00	借	515 655.00
12	22		本日合计	0.00	138 190.00	借	515 655.00
12	23	记－0103	销售商品，货款未收	0.00	960.00	借	514 695.00
12	23	记－0104	收到到期票据款项	324 000.00	0.00	借	838 695.00
12	23	记－0105	出售长期股权投资，款项收存银行	279 640.00	0.00	借	1 118 335.00
12	23	记－0106	支付前欠货款	0.00	42 000.00	借	1 076 335.00
12	23		本日合计	603 640.00	42 960.00	借	1 076 335.00
12	24	记－0107	存款支付借款利息	0.00	80 000.00	借	996 335.00
12	24	记－0108	韦真东借支差旅费	0.00	4 200.00	借	992 135.00
12	24	记－0109	前签票据到期，存款支付	0.00	59 553.00	借	932 582.00
12	24		本日合计	0.00	143 753.00	借	932 582.00
12	25	记－0110	存款支付工程款	0.00	223 000.00	借	709 582.00
12	25	记－0111	存款支付货款	0.00	18 193.50	借	691 388.50
12	25		本日合计	0.00	241 193.50	借	691 388.50
12	26	记－0112	收到应收股利	20 000.00	0.00	借	711 388.50
12	26	记－0113	制造车间领用橡皮带	0.00	468.00	借	710 920.50
12	31		年末余额			借	710 920.50

图 5－61 银行存款日记账（续）

五、明细分类账

（1）其他货币资金明细账如图 5 – 62 所示。

其他货币资金明细账

明细科目：存出投资款　　　　　　　　　　　　　　　　　本币名称：人民币

2013 年		凭证 号数	摘要	借方	贷方	借贷方向	余额
月	日						
12	1		期初余额	0.00	0.00	借	170 000.00
12	06	记 – 0025	购入上市公司股票	0.00	100 500.00	借	69 500.00
12	18	记 – 0080	增拨款项到投资账户	800 000.00	0.00	借	869 500.00
12	18	记 – 0081	投资账户购买股票	0.00	662 000.00	借	207 500.00
12	21	记 – 0098	出售本月购入股票	129 140.00	0.00	借	336 640.00
12	31		本月合计	929 140.00	762 500.00	借	336 640.00
12			本年累计	929 140.00	762 500.00	借	336 640.00

核算单位：南方实业有限公司　　　　　　　　　　　　　　制表：张三1

图 5 – 62　其他货币资金明细账

（2）其他货币资金明细账如图 5 – 63 所示。

其他货币资金明细账

明细科目：外埠存款　　　　　　　　　　　　　　　　　本币名称：人民币

2013 年		凭证 号数	摘要	借方	贷方	借贷方向	余额
月	日						
12	1		期初余额	0.00	0.00	借	265 000.00
12	2	记 – 0009	增拨上海外埠存款	80 000.00	0.00	借	345 000.00
12	18	记 – 0078	采购商品，验收入库	0.00	37 908.00	借	307 092.00
12	21	记 – 0096	转回部分外埠存款	0.00	150 000.00	借	157 092.00
12	31		本月合计	80 000.00	187 908.00	借	157 092.00
12			本年累计	80 000.00	187 908.00	借	157 092.00

核算单位：南方实业有限公司　　　　　　　　　　　　　　制表：张三1

图 5 – 63　其他货币资金明细账

（3）交易性金融资产明细账如图5-64所示。

交易性金融资产明细账

明细科目：成本   本币名称：人民币

2013 年		凭证号数	摘要	借方	贷方	借贷方向	余额
月	日						
12	6	记-0025	购入股票	100 000.00	0.00	借	100 000.00
12	18	记-0081	购买股票	660 000.00	0.00	借	760 000.00
12	21	记-0098	本月购入	0.00	100 000.00	借	660 000.00
12	31		本月合计	760 000.00	100 000.00	借	660 000.00
12			本年累计	760 000.00	100 000.00	借	660 000.00

核算单位：南方实业有限公司   制表：张三1

图5-64　交易性金融资产明细账

（4）应收票据明细账如图5-65所示。

应收票据明细账

明细科目：商业承兑汇票   本币名称：人民币

2013 年		凭证号数	摘要	借方	贷方	借贷方向	余额
月	日						
12	1		期初余额	0.00	0.00	借	324 000.00
12	18	记-0079	收取汇票到期款项	0.00	324 000.00	平	0.00
12	31		本月合计	0.00	324 000.00	平	0.00
12			本年累计	0.00	324 000.00	平	0.00

核算单位：南方实业有限公司   制表：张三1

图5-65　应收票据明细账

（5）应收账款明细账如图5－66所示。

应收账款明细账

明细科目：市政建设公司　　　　　　　　　　　　　　　　　　本币名称：人民币

2013年		凭证号数	摘要	借方	贷方	借贷方向	余额
月	日						
12	10	记－0040	货款未收	329 600.00	0.00	借	329 600.00
12	31		本月合计	329 600.00	0.00	借	329 600.00
12			本年累计	329 600.00	0.00	借	329 600.00

核算单位：南方实业有限公司　　　　　　　　　　　　　　　　　制表：张三

图5－66　应收账款明细账

（6）应收账款明细账如图5－67所示。

应收账款明细账

明细科目：东风商场　　　　　　　　　　　　　　　　　　　　　本币名称：人民币

2013年		凭证号数	摘要	借方	贷方	借贷方向	余额
月	日						
12	12	记－0050	销售商品，货款未收	31 356.00	0.00	借	31 356.00
12	19	记－0086	收到承付款项	0.00	26 556.00	借	4 800.00
12	21	记－0093	收到东风商场货款	0.00	4 800.00	平	0.00
12	31		本月合计	31 356.00	31 356.00	平	0.00
12			本年累计	31 356.00	31 356.00	平	0.00

核算单位：南方实业有限公司　　　　　　　　　　　　　　　　　制表：张三1

图5－67　应收账款明细账

（7）应收账款明细账如图5－68所示。

应收账款明细账

明细科目：东顺商场　　　　　　　　　　　　　　　　　　　　　本币名称：人民币

2013年		凭证号数	摘要	借方	贷方	借贷方向	余额
月	日						
12	18	记－0079	商业承兑汇票到期，收取款项	324 000.00	0.00	借	324 000.00
12	23	记－0104	收到到期票据款项	0.00	324 000.00	平	0.00
12	31		本月合计	324 000.00	324 000.00	平	0.00
12			本年累计	324 000.00	324 000.00	平	0.00

核算单位：南方实业有限公司　　　　　　　　　　　　　　　　　制表：张三1

图5－68　应收账款明细账

（8）应收账款明细账如图 5 - 69 所示。

应收账款明细账

明细科目：昆明启明文化公司 　　　　　　　　　　　　　　　本币名称：人民币

2013 年		凭证号数	摘要	借方	贷方	借贷方向	余额
月	日						
12	1		期初余额	0.00	0.00	借	183 300.00
12	4	记 - 0020	收到货款，存入银行	0.00	183 300.00	平	0.00
12	23	记 - 0103	销售商品，货款未收	38 868.00	0.00	借	38 868.00
12	31		本月合计	38 868.00	183 300.00	借	38 868.00
12			本年累计	38 868.00	183 300.00	借	38 868.00

核算单位：南方实业有限公司 　　　　　　　　　　　　　　　　制表：张三1

图 5 - 69　应收账款明细账

（9）应收账款明细账如图 5 - 70 所示。

应收账款明细账

明细科目：兰州新丰文化公司 　　　　　　　　　　　　　　　本币名称：人民币

2013 年		凭证号数	摘要	借方	贷方	借贷方向	余额
月	日						
12	1		期初余额	0.00	0.00	借	213 000.00
12	2	记 - 0011	收到新丰文化货款	0.00	213 000.00	平	0.00
12	9	记 - 0039	补计新丰文化货款	1 170.00	0.00	借	1 170.00
12	31		本月合计	1 170.00	213 000.00	借	1 170.00
12			本年累计	1 170.00	213 000.00	借	1 170.00

核算单位：南方实业有限公司 　　　　　　　　　　　　　　　　制表：张三1

图 5 - 70　应收账款明细账

（10）应收账款明细账如图 5 – 71 所示。

应收账款明细账

明细科目：蓝天商场　　　　　　　　　　　　　　　　　　本币名称：人民币

2013 年		凭证 号数	摘要	借方	贷方	借贷方向	余额
月	日						
12	1		期初余额	0.00	0.00	借	69 300.00
12	3	记 – 0012	销售商品，货款未收	47 736.00	0.00	借	117 036.00
12	10	记 – 0044	收到货款，存入银行	0.00	47 736.00	借	69 300.00
12	18	记 – 0083	销售商品，货款未收	19 656.00	0.00	借	88 956.00
12	31		本月合计	67 392.00	47 736.00	借	88 956.00
12			本年累计	67 392.00	47 736.00	借	88 956.00

核算单位：南方实业有限公司　　　　　　　　　　　　　　制表：张三1

图 5 – 71　应收账款明细账

（11）应收账款明细账如图 5 – 72 所示。

应收账款明细账

明细科目：乐山文化公司　　　　　　　　　　　　　　　　本币名称：人民币

2013 年		凭证 号数	摘要	借方	贷方	借贷方向	余额
月	日						
12	2	记 – 0006	销售商品，货款未收	123 786.00	0.00	借	123 786.00
12	5	记 – 0024	收到货款，存入银行	0.00	123 786.00	平	0.00
12	31		本月合计	123 786.00	123 786.00	平	0.00
12			本年累计	123 786.00	123 786.00	平	0.00

核算单位：南方实业有限公司　　　　　　　　　　　　　　制表：张三1

图 5 – 72　应收账款明细账

（12）应收账款明细账如图 5－73 所示。

应收账款明细账

明细科目：凉山现代文体公司　　　　　　　　　　　　　　　　　本币名称：人民币

2013 年		凭证号数	摘要	借方	贷方	借贷方向	余额
月	日						
12	1		期初余额	0.00	0.00	借	105 000.00
12	5	记－0022	收到货款，存入银行	0.00	103 923.60	借	1 076.40
12	20	记－0090	收回已冲销坏账	4 200.00	0.00	借	5 276.40
12	20	记－0090	收回已冲销坏账	0.00	4 200.00	借	1 076.40
12	31		本月合计	4 200.00	108 123.60	借	1 076.40
12			本年累计	4 200.00	108 123.60	借	1 076.40

核算单位：南方实业有限公司　　　　　　　　　　　　　　　　　制表：张三1

图 5－73　应收账款明细账

（13）应收账款明细账如图 5－74 所示。

应收账款明细账

明细科目：上海文化公司　　　　　　　　　　　　　　　　　　本币名称：人民币

2013 年		凭证号数	摘要	借方	贷方	借贷方向	余额
月	日						
12	11	记－0049	应退款	1 053.00	0.00	借	1 053.00
12	16	记－0069	进货扣款	0.00	1 053.00	平	0.00
12	31		本月合计	1 053.00	1 053.00	平	0.00
12			本年累计	1 053.00	1 053.00	平	0.00

核算单位：南方实业有限公司　　　　　　　　　　　　　　　　　制表：张三1

图 5－74　应收账款明细账

（14）预付账款明细账如图 5－75 所示。

预付账款明细账

明细科目：市建二公司　　　　　　　　　　　　　　　　　　　本币名称：人民币

2013 年		凭证号数	摘要	借方	贷方	借贷方向	余额
月	日						
12	25	记－0110	存款支付工程款	223 000.00	0.00	借	223 000.00
12	31		本月合计	223 000.00	0.00	借	223 000.00
12			本年累计	223 000.00	0.00	借	223 000.00

核算单位：南方实业有限公司　　　　　　　　　　　　　　　　　制表：张三1

图 5－75　预付账款明细账

（15）其他应收款明细账如图5-76所示。

其他应收款明细账

明细科目：刘兵　　　　　　　　　　　　　　　　　　　　　　　　　本币名称：人民币

2013年		凭证号数	摘要	借方	贷方	借贷方向	余额
月	日						
12	1		期初余额	0.00	0.00	借	1 200.00
12	29	记-0116	刘兵报差旅费	0.00	1 200.00	平	0.00
12	31		本月合计	0.00	1 200.00	平	0.00
12			本年累计	0.00	1 200.00	平	0.00

核算单位：南方实业有限公司　　　　　　　　　　　　　　　　　　　　制表：张三1

图5-76　其他应收款明细账

（16）其他应收款明细账如图5-77所示。

其他应收款明细账

明细科目：刘强　　　　　　　　　　　　　　　　　　　　　　　　　本币名称：人民币

2013年		凭证号数	摘要	借方	贷方	借贷方向	余额
月	日						
12	1		期初余额	0.00	0.00	借	2 000.00
12	2	记-0007	刘强报差旅费	0.00	2 000.00	平	0.00
12	31		本月合计	0.00	2 000.00	平	0.00
12			本年累计	0.00	2 000.00	平	0.00

核算单位：南方实业有限公司　　　　　　　　　　　　　　　　　　　　制表：张三1

图5-77　其他应收款明细账

（17）其他应收款明细账如图5-78所示。

其他应收款明细账

明细科目：市食品商城　　　　　　　　　　　　　　　　　　　　　　　本币名称：人民币

2013年		凭证号数	摘要	借方	贷方	借贷方向	余额
月	日						
12	1		期初余额	0.00	0.00	借	5 160.00
12	7	记-0032	收到11月租金，转存银行	0.00	5 160.00	平	0.00
12	31		本月合计	0.00	5 160.00	平	0.00
12			本年累计	0.00	5 160.00	平	0.00

核算单位：南方实业有限公司　　　　　　　　　　　　　　　　　　　　制表：张三1

图5-78　其他应收款明细账

（18）其他应收款明细账如图 5 - 79 所示。

其他应收款明细账

明细科目：韦真东   本币名称：人民币

2013 年		凭证号数	摘要	借方	贷方	借贷方向	余额
月	日						
12	24	记 - 0108	韦真东借支差旅费	4 200.00	0.00	借	4 200.00
12	31		本月合计	4 200.00	0.00	借	4 200.00
12			本年累计	4 200.00	0.00	借	4 200.00

核算单位：南方实业有限公司   制表：张三1

图 5 - 79　其他应收款明细账

（19）其他应收款明细账如图 5 - 80 所示。

其他应收款明细账

明细科目：现代公司   本币名称：人民币

2013 年		凭证号数	摘要	借方	贷方	借贷方向	余额
月	日						
12	18	记 - 0082	存款租入半年办公场所	30 000.00	0.00	借	30 000.00
12	31		本月合计	30 000.00	0.00	借	30 000.00
12			本年累计	30 000.00	0.00	借	30 000.00

核算单位：南方实业有限公司   制表：张三1

图 5 - 80　其他应收款明细账

（20）代理业务资产明细账如图 5 - 81 所示。

代理业务资产明细账

明细科目：武汉文化公司   本币名称：人民币

2013 年		凭证号数	摘要	借方	贷方	借贷方向	余额
月	日						
12	12	记 - 0053	受托代销排球	32 000.00	0.00	借	32 000.00
12	15	记 - 0058	结转代销商品成本	0.00	16 000.00	借	16 000.00
12	31		本月合计	32 000.00	16 000.00	借	16 000.00
12			本年累计	32 000.00	16 000.00	借	16 000.00

核算单位：南方实业有限公司   制表：张三1

图 5 - 81　代理业务资产明细账

（21）代理业务资产明细账如图 5 - 82 所示。

代理业务资产明细账

明细科目：重庆文化公司　　　　　　　　　　　　　　　　　本币名称：人民币

2013 年		凭证号数	摘要	借方	贷方	借贷方向	余额
月	日						
12	16	记 - 0065	为重庆文化公司代销	33 000.00	0.00	借	33 000.00
12	16	记 - 0071	结转代理业务资产	0.00	33 000.00	平	0.00
12	31		本月合计	33 000.00	33 000.00	平	0.00
12			本年累计	33 000.00	33 000.00	平	0.00

核算单位：南方实业有限公司　　　　　　　　　　　　　　　　制表：张三1

图 5 - 82　代理业务资产明细账

（22）物资采购明细账如图 5 - 83 所示。

物资采购明细账

明细科目：广州文化公司　　　　　　　　　　　　　　　　　本币名称：人民币

2013 年		凭证号数	摘要	借方	贷方	借贷方向	余额
月	日						
12	1		期初余额	0.00	0.00	借	42 000.00
12	1	记 - 0003	货物到达，验收入库	0.00	9 200.00	借	32 800.00
12	31		本月合计	0.00	9 200.00	借	32 800.00
12			本年累计	0.00	9 200.00	借	32 800.00

核算单位：南方实业有限公司　　　　　　　　　　　　　　　　制表：张三1

图 5 - 83　物资采购明细账

（23）物资采购明细账如图 5－84 所示。

物资采购明细账

明细科目：湖北钢铁公司　　　　　　　　　　　　　　　　　　　　　　本币名称：人民币

2013 年		凭证号数	摘要	借方	贷方	借贷方向	余额
月	日						
12	2	记－0010	采购材料未到，货款已付	870 800.00	0.00	借	870 800.00
12	2	记－0010	材料验收入库	0.00	848 000.00	借	22 800.00
12	31	记－0117	结转本月材料成本差异	0.00	22 800.00	平	0.00
12	31		本月合计	870 800.00	870 800.00	平	0.00
12			本年累计	870 800.00	870 800.00	平	0.00

核算单位：南方实业有限公司　　　　　　　　　　　　　　　　　　　　　制表：张三1

图 5－84　物资采购明细账

（24）物资采购明细账如图 5－85 所示。

物资采购明细账

明细科目：江油水泥公司　　　　　　　　　　　　　　　　　　　　　　本币名称：人民币

2013 年		凭证号数	摘要	借方	贷方	借贷方向	余额
月	日						
12	22	记－0100	采购商品未到，货款已付	118 300.00	0.00	借	118 300.00
12	23	记－0101	前购商品运到，验收入库	0.00	116 000.00	借	2 300.00
12	31	记－0117	结转本月材料成本差异	0.00	2 300.00	平	0.00
12	31		本月合计	118 300.00	118 300.00	平	0.00
12			本年累计	118 300.00	118 300.00	平	0.00

核算单位：南方实业有限公司　　　　　　　　　　　　　　　　　　　　　制表：张三1

图 5－85　物资采购明细账

（25）物资采购明细账如图 5 – 86 所示。

物资采购明细账

明细科目：攀枝花钢铁公司　　　　　　　　　　　　　　　　本币名称：人民币

2013 年		凭证号数	摘要	借方	贷方	借贷方向	余额
月	日						
12	15	记 – 0062	采购商品未到，货款已付	441 600.00	0.00	借	441 600.00
12	16	记 – 0066	前购商品运到，验收入库	0.00	432 500.00	借	9 100.00
12	31	记 – 0117	结转本月材料成本差异	0.00	9 100.00	平	0.00
12	31		本月合计	441 600.00	441 600.00	平	0.00
12			本年累计	441 600.00	441 600.00	平	0.00

核算单位：南方实业有限公司　　　　　　　　　　　　　　　　制表：张三1

图 5 – 86　物资采购明细账

（26）物资采购明细账如图 5 – 87 所示。

物资采购明细账

明细科目：沙石站　　　　　　　　　　　　　　　　本币名称：人民币

2013 年		凭证号数	摘要	借方	贷方	借贷方向	余额
月	日						
12	17	记 – 0073	存款采购商品，验收入库	92 000.00	0.00	借	92 000.00
12	17	记 – 0073	存款采购商品，验收入库	0.00	84 000.00	借	8 000.00
12	31	记 – 0117	结转本月材料成本差异	0.00	8 000.00	平	0.00
12	31		本月合计	92 000.00	92 000.00	平	0.00
12			本年累计	92 000.00	92 000.00	平	0.00

核算单位：南方实业有限公司　　　　　　　　　　　　　　　　制表：张三1

图 5 – 87　物资采购明细账

（27）物资采购明细账如图 5-88 所示。

物资采购明细账

明细科目：上海文化公司 　　　　　　　　　　　　　　　　本币名称：人民币

2013 年		凭证号数	摘要	借方	贷方	借贷方向	余额
月	日						
12	3	记-0013	采购商品未到，货款已付	343 000.00	0.00	借	343 000.00
12	8	记-0034	前购商品运到，验收入库	0.00	343 000.00	平	0.00
12	10	记-0043	采购商品未到，货款已付	62 600.00	0.00	借	62 600.00
12	10	记-0045	前购商品运到，验收入库	0.00	62 600.00	平	0.00
12	31		本月合计	405 600.00	405 600.00	平	0.00
12			本年累计	405 600.00	405 600.00	平	0.00

核算单位：南方实业有限公司 　　　　　　　　　　　　　　制表：张三1

图 5-88　物资采购明细账

（28）库存商品类目账如图 5-89 所示。

库存商品类目账

明细科目：篮球类 　　　　　　　　　　　　　　　　本币名称：人民币

2013 年		凭证号数	摘要	借方	贷方	借贷方向	余额
月	日						
			期初余额	0.00	0.00	借	186 600.00
12	1	记-0003	货物到达，验收入库	9 200.00	0.00	借	195 800.00
12	8	记-0034	商品运到，验收入库	50 000.00	0.00	借	245 800.00
12	8	记-0034	商品运到，验收入库	152 000.00	0.00	借	397 800.00
12	9	记-0038	委托区文化站代销	0.00	37 500.00	借	360 300.00
12	10	记-0042	结清采购商品错价	3 000.00	0.00	借	363 300.00
12	16	记-0069	采购商品，验收入库	9 200.00	0.00	借	372 500.00
12	18	记-0078	采购商品，验收入库	17 600.00	0.00	借	390 100.00
12	31	记-0124	篮球盘亏	0.00	180.00	借	389 920.00
12	31	记-0128	结转本期销售成本	0.00	38 700.00	借	351 220.00
12	31	记-0128	结转本期销售成本	0.00	19 409.60	借	331 810.40
12	31	记-0128	结转本期销售成本	0.00	46 629.40	借	285 181.00
12	31		本月合计	241 000.00	142 419.00	借	285 181.00
12			本年累计	241 000.00	142 419.00	借	285 181.00

核算单位：南方实业有限公司 　　　　　　　　　　　　　　制表：张三1

图 5-89　库存商品类目账

（29）库存商品类目账如图 5 - 90 所示。

库存商品类目账

明细科目：排球类   本币名称：人民币

2013 年		凭证 号数	摘要	借方	贷方	借贷方向	余额
月	日						
12	1		期初余额	0.00	0.00	借	117 000.00
12	8	记 - 0034	商品运到，验收入库	45 000.00	0.00	借	162 000.00
12	10	记 - 0041	商品验收入库	7 350.00	0.00	借	169 350.00
12	10	记 - 0041	商品入库，单据未到	8 200.00	0.00	借	177 550.00
12	10	记 - 0045	商品运到，验收入库	17 600.00	0.00	借	195 150.00
12	10	记 - 0045	商品运到，验收入库	44 100.00	0.00	借	239 250.00
12	16	记 - 0069	采购商品，验收入库	7 500.00	0.00	借	246 750.00
12	18	记 - 0078	采购商品，验收入库	14 800.00	0.00	借	261 550.00
12	29	记 - 0115	收到不合格排球	90.00	0.00	借	261 640.00
12	31	记 - 0128	结转本期销售成本	0.00	36 685.98	借	224 954.02
12	31	记 - 0128	结转本期销售成本	0.00	21 188.90	借	203 765.12
12	31	记 - 0128	结转本期销售成本	0.00	70 269.52	借	133 495.60
12	31		本月合计	144 640.00	129 843.12	借	133 495.60
12			本年累计	144 640.00	129 843.12	借	133 495.60

核算单位：南方实业有限公司   制表：张三1

图 5 - 90 库存商品类目账

（30）库存商品类目账如图 5 - 91 所示。

库存商品类目账

明细科目：足球类   本币名称：人民币

2013 年		凭证 号数	摘要	借方	贷方	借贷方向	余额
月	日						
12	1		期初余额	0.00	0.00	借	387 400.00
12	8	记 - 0034	商品运到，验收入库	96 000.00	0.00	借	483 400.00
12	11	记 - 0048	委托市文化站代销	0.00	24 000.00	借	459 400.00
12	31	记 - 0128	结转本期销售成本	0.00	9 600.00	借	449 800.00
12	31	记 - 0128	结转本期销售成本	0.00	36 000.00	借	413 800.00
12	31	记 - 0128	结转本期销售成本	0.00	184 933.70	借	228 866.30
12	31		本月合计	96 000.00	254 533.70	借	228 866.30
12			本年累计	96 000.00	254 533.70	借	228 866.30

核算单位：南方实业有限公司   制表：张三1

图 5 - 91 库存商品类目账

（31）发出商品明细账如图 5 – 92 所示。

发出商品明细账

明细科目：区文化站　　　　　　　　　　　　　　　　　　　　　　本币名称：人民币

2013 年		凭证 号数	摘要	借方	贷方	借贷方向	余额
月	日						
12	9	记 – 0038	委托区文化站代销	37 500.00	0.00	借	37 500.00
12	11	记 – 0047	结转代销商品成本	0.00	25 000.00	借	12 500.00
12	13	记 – 0054	结转代销商品成本	0.00	12 500.00	平	0.00
12	31		本月合计	37 500.00	37 500.00	平	0.00
12			本年累计	37 500.00	37 500.00	平	0.00

核算单位：南方实业有限公司　　　　　　　　　　　　　　　　　　制表：张三1

图 5 – 92　发出商品明细账

（32）发出商品明细账如图 5 – 93 所示。

发出商品明细账

明细科目：市文化站　　　　　　　　　　　　　　　　　　　　　　本币名称：人民币

2013 年		凭证 号数	摘要	借方	贷方	借贷方向	余额
月	日						
12	11	记 – 0048	委托市文化站代销	24 000.00	0.00	借	24 000.00
12	15	记 – 0059	收到市文化馆代销清单	0.00	24 000.00	平	0.00
12	31		本月合计	24 000.00	24 000.00	平	0.00
12			本年累计	24 000.00	24 000.00	平	0.00

核算单位：南方实业有限公司　　　　　　　　　　　　　　　　　　制表：张三1

图 5 – 93　发出商品明细账

（33）周转材料明细账如图 5 – 94 所示。

周转材料明细账

明细科目：包装物　　　　　　　　　　　　　　　　　　　　　　　本币名称：人民币

2013 年		凭证 号数	摘要	借方	贷方	借贷方向	余额
月	日						
12	1		期初余额	0.00	0.00	借	14 000.00
12	7	记 – 0031	生产领用原材料	0.00	2 400.00	借	11 600.00
12	7	记 – 0031	生产领用原材料	0.00	5 000.00	借	6 600.00
12	31		本月合计	0.00	7 400.00	借	6 600.00
12			本年累计	0.00	7 400.00	借	6 600.00

核算单位：南方实业有限公司　　　　　　　　　　　　　　　　　　制表：张三1

图 5 – 94　周转材料明细账

（34）周转材料明细账如图 5－95 所示。

周转材料明细账

明细科目：低值易耗品　　　　　　　　　　　　　　　　　　　　　　　本币名称：人民币

2013 年		凭证号数	摘要	借方	贷方	借贷方向	余额
月	日						
12	1		期初余额	0.00	0.00	借	9 500.00

核算单位：南方实业有限公司　　　　　　　　　　　　　　　　　　　　制表：张三 1

图 5 – 95　周转材料明细账

（35）持有至到期投资明细账如图 5－96 所示。

持有至到期投资明细账

明细科目：成本　　　　　　　　　　　　　　　　　　　　　　　　　　本币名称：人民币

2013 年		凭证号数	摘要	借方	贷方	借贷方向	余额
月	日						
12	1		期初余额	0.00	0.00	贷	620 000.00

核算单位：南方实业有限公司　　　　　　　　　　　　　　　　　　　　制表：张三 1

图 5 – 96　持有至到期投资明细账

（36）持有至到期投资明细账如图 5－97 所示。

持有至到期投资明细账

明细科目：利息调整　　　　　　　　　　　　　　　　　　　　　　　　本币名称：人民币

2013 年		凭证号数	摘要	借方	贷方	借贷方向	余额
月	日						
12	1		期初余额	0.00	0.00	借	200 000.00
12	23	记 – 0102	计算持有利息	0.00	14 000.00	借	186 000.00
12	31		本月合计	0.00	14 000.00	借	186 000.00
12			本年累计	0.00	14 000.00	借	186 000.00

核算单位：南方实业有限公司　　　　　　　　　　　　　　　　　　　　制表：张三 1

图 5 – 97　持有至到期投资明细账

（37）固定资产明细账如图 5 - 98 所示。

固定资产明细账

明细科目：房屋及建筑物　　　　　　　　　　　　　　　　　　本币名称：人民币

2013 年		凭证号数	摘要	借方	贷方	借贷方向	余额
月	日						
12	1		期初余额	0.00	0.00	借	2 670 000.00
12	7	记 - 0030	变电房完工转固	345 600.00	0.00	借	3 015 600.00
12	12	记 - 0052	清理陈旧办公楼	0.00	750 000.00	借	2 265 600.00
12	31		本月合计	345 600.00	750 000.00	借	2 265 600.00
12			本年累计	345 600.00	750 000.00	借	2 265 600.00

核算单位：南方实业有限公司　　　　　　　　　　　　　　　　制表：张三 1

图 5 - 98　固定资产明细账

（38）固定资产明细账如图 5 - 99 所示。

固定资产明细账

明细科目：机器设备　　　　　　　　　　　　　　　　　　　本币名称：人民币

2013 年		凭证号数	摘要	借方	贷方	借贷方向	余额
月	日						
12	1		期初余额	0.00	0.00	借	172 000.00
12	6	记 - 0026	购入冷冻机，存款支付	71 000.00	0.00	借	243 000.00
12	31		本月合计	71 000.00	0.00	借	243 000.00
12			本年累计	71 000.00	0.00	借	243 000.00

核算单位：南方实业有限公司　　　　　　　　　　　　　　　　制表：张三 1

图 5 - 99　固定资产明细账

（39）固定资产明细账如图 5 - 100 所示。

固定资产明细账

明细科目：运输设备　　　　　　　　　　　　　　　　　　　本币名称：人民币

2013 年		凭证号数	摘要	借方	贷方	借贷方向	余额
月	日						
12	1		期初余额	0.00	0.00	借	386 000.00

核算单位：南方实业有限公司　　　　　　　　　　　　　　　　制表：张三 1

图 5 - 100　固定资产明细账

（40）在建工程明细账如图 5 - 101 所示。

在建工程明细账

明细科目：办公楼　　　　　　　　　　　　　　　　　　　　　　本币名称：人民币

2013 年		凭证号数	摘要	借方	贷方	借贷方向	余额
月	日						
12	21	记 - 0094	工程物资投入建造	772 200.00	0.00	借	772 200.00
12	21	记 - 0097	在建工程领用原材料	248 157.00	0.00	借	1 020 357.00
12	24	记 - 0107	存款支付借款利息	6 000.00	0.00	借	1 026 357.00
12	31		本月合计	1 026 357.00	0.00	借	1 026 357.00
12			本年累计	1 026 357.00	0.00	借	1 026 357.00

核算单位：南方实业有限公司　　　　　　　　　　　　　　　　　　制表：张三1

图 5 - 101　在建工程明细账

（41）在建工程明细账如图 5 - 102 所示。

在建工程明细账

明细科目：变电房　　　　　　　　　　　　　　　　　　　　　　本币名称：人民币

2013 年		凭证号数	摘要	借方	贷方	借贷方向	余额
月	日						
12	1		期初余额	0.00	0.00	借	220 000.00
12	3	记 - 0015	在建工程领用材料	74 600.00	0.00	借	294 600.00
12	4	记 - 0017	支付、结转本月电费	6 000.00	0.00	借	300 600.00
12	7	记 - 0030	存款付变电房承包费	45 000.00	0.00	借	345 600.00
12	7	记 - 0030	变电房完工转固	0.00	345 600.00	平	0.00
12	31		本月合计	125 600.00	345 600.00	平	0.00
12			本年累计	125 600.00	345 600.00	平	0.00

核算单位：南方实业有限公司　　　　　　　　　　　　　　　　　　制表：张三1

图 5 - 102　在建工程明细账

（42）工程物资明细账如图 5 - 103 所示。

工程物资明细账

明细科目：钢材　　　　　　　　　　　　　　　　　　　　　　　　　　　本币名称：人民币

2013 年		凭证号数	摘要	借方	贷方	借贷方向	余额
月	日						
12	1		期初余额	0.00	0.00	借	66 000.00
12	3	记 - 0015	在建工程领用材料	0.00	41 000.00	借	25 000.00
12	21	记 - 0091	购工程物资	631 800.00	0.00	借	656 800.00
12	21	记 - 0094	工程物资投入建造	0.00	631 800.00	借	25 000.00
12	31		本月合计	631 800.00	672 800.00	借	25 000.00
12			本年累计	631 800.00	672 800.00	借	25 000.00

核算单位：南方实业有限公司　　　　　　　　　　　　　　　　　　　　　　制表：张三 1

图 5 - 103　工程物资明细账

（43）工程物资明细账如图 5 - 104 所示。

工程物资明细账

明细科目：水泥　　　　　　　　　　　　　　　　　　　　　　　　　　　本币名称：人民币

2013 年		凭证号数	摘要	借方	贷方	借贷方向	余额
月	日						
12	1		期初余额	0.00	0.00	借	43 000.00
12	3	记 - 0015	在建工程领用材料	0.00	33 600.00	借	9 400.00
12	21	记 - 0091	购入工程物资	140 400.00	0.00	借	149 800.00
12	21	记 - 0094	工程物资投入建造	0.00	140 400.00	借	9 400.00
12	31		本月合计	140 400.00	174 000.00	借	9 400.00
12			本年累计	140 400.00	174 000.00	借	9 400.00

核算单位：南方实业有限公司　　　　　　　　　　　　　　　　　　　　　　制表：张三 1

图 5 - 104　工程物资明细账

（44）固定资产清理明细账如图 5 – 105 所示。

固定资产清理明细账

明细科目：办公楼   本币名称：人民币

2013 年 月	日	凭证 号数	摘要	借方	贷方	借贷方向	余额
12	12	记 – 0052	清理陈旧办公楼	130 000.00	0.00	借	130 000.00
12	14	记 – 0055	存款支付办公楼清理费	5 600.00	0.00	借	135 600.00
12	15	记 – 0057	出售办公楼	0.00	220 000.00	贷	84 400.00
12	15	记 – 0060	缴纳清理办公楼税费	4 642.00	0.00	贷	79 758.00
12	15	记 – 0061	结转固定资产清理损益	79 758.00	0.00	平	0.00

核算单位：南方实业有限公司   制表：张三1

图 5 – 105 固定资产清理明细账

（45）无形资产明细账如图 5 – 106 所示。

无形资产明细账

明细科目：商标权   本币名称：人民币

2013 年 月	日	凭证 号数	摘要	借方	贷方	借贷方向	余额
12	1		期初余额	0.00	0.00	借	55 000.00

核算单位：南方实业有限公司   制表：张三1

图 5 – 106 无形资产明细账

（46）无形资产明细账如图 5 – 107 所示。

无形资产明细账

明细科目：土地使用权   本币名称：人民币

2013 年 月	日	凭证 号数	摘要	借方	贷方	借贷方向	余额
12	1		期初余额	0.00	0.00	借	240 000.00

核算单位：南方实业有限公司   制表：张三1

图 5 – 107 无形资产明细账

（47）无形资产明细账如图 5 - 108 所示。

无形资产明细账

明细科目：专利权   本币名称：人民币

2013 年		凭证号数	摘要	借方	贷方	借贷方向	余额
月	日						
12	12	记 - 0051	存款购入专利权	210 000.00	0.00	借	210 000.00
12	31		本月合计	210 000.00	0.00	借	210 000.00
12			本年累计	210 000.00	0.00	借	210 000.00

核算单位：南方实业有限公司   制表：张三1

图 5 - 108   无形资产明细账

（48）应付票据明细账如图 5 - 109 所示。

应付票据明细账

明细科目：（商业承兑汇票）东兴公司   本币名称：人民币

2013 年		凭证号数	摘要	借方	贷方	借贷方向	余额
月	日						
12	1		期初余额	0.00	0.00	贷	58 500.00
12	24	记 - 0109	前签票据到期，存款支付	58 500.00	0.00	平	0.00
12	31		本月合计	58 500.00	0.00	平	0.00
12			本年累计	58 500.00	0.00	平	0.00

核算单位：南方实业有限公司   制表：张三1

图 5 - 109   应付票据明细账

（49）应付票据明细账如图 5 - 110 所示。

应付票据明细账

明细科目：（商业承兑汇票）兴兴公司   本币名称：人民币

2013 年		凭证号数	摘要	借方	贷方	借贷方向	余额
月	日						
12	1		期初余额	0.00	0.00	贷	23 400.00

核算单位：南方实业有限公司   制表：张三1

图 5 - 110   应付票据明细账

（50）应付账款明细账如图 5 – 111 所示。

应付账款明细账

明细科目：北京文化公司　　　　　　　　　　　　　　　　　　本币名称：人民币

2013 年		凭证	摘要	借方	贷方	借贷方向	余额
月	日	号数					
12	10	记 – 0041	采购商品验收入库，单据未到	0.00	15 550.00	贷	15 550.00
12	25	记 – 0111	存款支付货款	15 550.00	0.00	平	0.00
12	29	记 – 0115	处理前收到不合格排球	0.00	105.30	贷	105.30
12	31		本月合计	15 550.00	15 655.30	贷	105.30
12			本年累计	15 550.00	15 655.30	贷	105.30

核算单位：南方实业有限公司　　　　　　　　　　　　　　　　　制表：张三1

图 5 – 111　应付账款明细账

（51）应付账款明细账如图 5 – 112 所示。

应付账款明细账

明细科目：宏民铁丝公司　　　　　　　　　　　　　　　　　　本币名称：人民币

2013 年		凭证	摘要	借方	贷方	借贷方向	余额
月	日	号数					
12	1		期初余额	0.00	0.00	贷	42 000.00
12	23	记 – 0106	支付前欠货款	42 000.00	0.00	平	0.00
12	31		本月合计	42 000.00	0.00	平	0.00
12			本年累计	42 000.00	0.00	平	0.00

核算单位：南方实业有限公司　　　　　　　　　　　　　　　　　制表：张三1

图 5 – 112　应付账款明细账

（52）应付账款明细账如图 5 – 113 所示。

应付账款明细账

明细科目：江油水泥公司　　　　　　　　　　　　　　　　　　本币名称：人民币

2013 年		凭证	摘要	借方	贷方	借贷方向	余额
月	日	号数					
12	1		期初余额	0.00	0.00	贷	158 000.00
12	3	记 – 0014	支付江油公司货款	135 322.00	0.00	贷	22 678.00
12	31		本月合计	135 322.00	0.00	贷	22 678.00
12			本年累计	135 322.00	0.00	贷	22 678.00

核算单位：南方实业有限公司　　　　　　　　　　　　　　　　　制表：张三1

图 5 – 113　应付账款明细账

（53）应付账款明细账如图 5 - 114 所示。

应付账款明细账

明细科目：上海文化公司　　　　　　　　　　　　　　　　　　　本币名称：人民币

2013 年		凭证 号数	摘要	借方	贷方	借贷方向	余额
月	日						
12	11	记 - 0049	上海寄来少发凭证	1 053.00	0.00	借	1 053.00
12	16	记 - 0069	采购商品，扣回欠款	0.00	1 053.00	平	0.00
12	31		本月合计	1 053.00	1 053.00	平	0.00
12			本年累计	1 053.00	1 053.00	平	0.00

核算单位：南方实业有限公司　　　　　　　　　　　　　　　　　　　制表：张三 1

图 5 - 114　应付账款明细账

（54）应付账款明细账如图 5 - 115 所示。

应付账款明细账

明细科目：武汉文化公司　　　　　　　　　　　　　　　　　　　本币名称：人民币

2013 年		凭证 号数	摘要	借方	贷方	借贷方向	余额
月	日						
12	15	记 - 0058	结转代销商品款	0.00	18 720.00	贷	18 720.00
12	16	记 - 0067	存款支付货款	18 720.00	0.00	平	0.00
12	31		本月合计	18 720.00	18 720.00	平	0.00
12			本年累计	18 720.00	18 720.00	平	0.00

核算单位：南方实业有限公司　　　　　　　　　　　　　　　　　　　制表：张三 1

图 5 - 115　应付账款明细账

（55）应付账款明细账如图 5 - 116 所示。

应付账款明细账

明细科目：重庆钢铁公司　　　　　　　　　　　　　　　　　　　本币名称：人民币

2013 年		凭证 号数	摘要	借方	贷方	借贷方向	余额
月	日						
12	1		期初余额	0.00	0.00	贷	124 000.00
12	8	记 - 0035	存款支付前欠货款	124 000.00	0.00	平	0.00
12	31		本月合计	124 000.00	0.00	平	0.00
12			本年累计	124 000.00	0.00	平	0.00

核算单位：南方实业有限公司　　　　　　　　　　　　　　　　　　　制表：张三 1

图 5 - 116　应付账款明细账

（56）应付账款明细账如图 5－117 所示。

应付账款明细账

明细科目：重庆文化公司　　　　　　　　　　　　　　　　　　　本币名称：人民币

2013 年		凭证号数	摘要	借方	贷方	借贷方向	余额
月	日						
12	16	记－0071	销售代销商品	0.00	38 000.00	贷	38 000.00
12	16	记－0071	收到对方开来增值税发票	0.00	6 460.00	贷	44 460.00
12	16	记－0071	结算付款	44 460.00	0.00	平	0.00
12	31		本月合计	44 460.00	44 460.00	平	0.00
12			本年累计	44 460.00	44 460.00	平	0.00

核算单位：南方实业有限公司　　　　　　　　　　　　　　　　　　制表：张三1

图 5－117　应付账款明细账

（57）预收账款明细账如图 5－118 所示。

预收账款明细账

明细科目：阿坝文化公司　　　　　　　　　　　　　　　　　　　本币名称：人民币

2013 年		凭证号数	摘要	借方	贷方	借贷方向	余额
月	日						
12	19	记－0085	预收阿坝文化款项	0.00	40 000.00	贷	40 000.00
12	21	记－0092	销售商品，货款已预收	40 000.00	0.00	平	0.00
12	31		本月合计	40 000.00	40 000.00	平	0.00
12			本年累计	40 000.00	40 000.00	平	0.00

核算单位：南方实业有限公司　　　　　　　　　　　　　　　　　　制表：张三1

图 5－118　预收账款明细账

（58）预收账款明细账如图 5－119 所示。

预收账款明细账

明细科目：长兴公司　　　　　　　　　　　　　　　　　　　　　本币名称：人民币

2013 年		凭证号数	摘要	借方	贷方	借贷方向	余额
月	日						
12	1		期初余额	0	0	贷	46 000.00

核算单位：南方实业有限公司　　　　　　　　　　　　　　　　　　制表：张三1

图 5－119　预收账款明细账

（59）预收账款明细账如图 5 - 120 所示。

预收账款明细账

明细科目：威达公司   本币名称：人民币

2013 年		凭证号数	摘要	借方	贷方	借贷方向	余额
月	日						
12	1		期初余额	0.00	0.00	贷	122 000.00
12	6	记 - 0027	销售商品，货款预收	57 662.00	0.00	贷	64 338.00
12	31		本月合计	57 662.00	0.00	贷	64 338.00
12			本年累计	57 662.00	0.00	贷	64 338.00

核算单位：南方实业有限公司   制表：张三 1

图 5 - 120　预收账款明细账

（60）应付职工薪酬明细账如图 5 - 121 所示。

应付职工薪酬明细账

明细科目：福利费   本币名称：人民币

2013 年		凭证号数	摘要	借方	贷方	借贷方向	余额
月	日						
12	1		期初余额	0.00	0.00	贷	84 000.00
12	14	记 - 0056	存款支付生活困难补助	2 000.00	0.00	贷	82 000.00
12	19	记 - 0084	存款支付职工体检费	28 500.00	0.00	贷	53 500.00
12	31	记 - 0119	分配本月职工薪酬	0.00	50 000.00	贷	103 500.00
12	31		本月合计	30 500.00	50 000.00	贷	103 500.00
12			本年累计	30 500.00	50 000.00	贷	103 500.00

核算单位：南方实业有限公司   制表：张三 1

图 5 - 121　应付职工薪酬明细账

（61）应付职工薪酬明细账如图 5 – 122 所示。

应付职工薪酬明细账

明细科目：工资　　　　　　　　　　　　　　　　　　　　　本币名称：人民币

2013 年		凭证号数	摘要	借方	贷方	借贷方向	余额
月	日						
12	1		期初余额	0.00	0.00	贷	12 000.00
12	31	记 – 0119	分配本月职工薪酬	0.00	500 000.00	贷	512 000.00
12	31		本月合计	0.00	500 000.00	贷	512 000.00
12			本年累计	0.00	500 000.00	贷	512 000.00

核算单位：南方实业有限公司　　　　　　　　　　　　　　　　制表：张三1

图 5 – 122　应付职工薪酬明细账

（62）应付职工薪酬明细账如图 5 – 123 所示。

应付职工薪酬明细账

明细科目：社保基金　　　　　　　　　　　　　　　　　　　本币名称：人民币

2013 年		凭证号数	摘要	借方	贷方	借贷方向	余额
月	日						
12	1		期初余额	0.00	0.00	贷	42 000.00
12	31	记 – 0119	分配本月职工薪酬	0.00	100 000.00	贷	142 000.00
12	31		本月合计	0.00	100 000.00	贷	142 000.00
12			本年累计	0.00	100 000.00	贷	142 000.00

核算单位：南方实业有限公司　　　　　　　　　　　　　　　　制表：张三1

图 5 – 123　应付职工薪酬明细账

（63）应付职工薪酬明细账如图 5 – 124 所示。

应付职工薪酬明细账

明细科目：社会保险　　　　　　　　　　　　　　　　　　　本币名称：人民币

2013 年		凭证号数	摘要	借方	贷方	借贷方向	余额
月	日						
12	1		期初余额	0.00	0.00	贷	16 200.00
12	31	记 – 0119	分配本月职工薪酬	0.00	20 000.00	贷	36 200.00
12	31		本月合计	0.00	20 000.00	贷	36 200.00
12			本年累计	0.00	20 000.00	贷	36 200.00

核算单位：南方实业有限公司　　　　　　　　　　　　　　　　制表：张三1

图 5 – 124　应付职工薪酬明细账

（64）应交税费明细账如图 5 - 125 所示。

应交税费明细账

明细科目：未交增值税　　　　　　　　　　　　　　　　　　　　本币名称：人民币

2013 年		凭证 号数	摘要	借方	贷方	借贷方向	余额
月	日						
12	1		期初余额	0.00	0.00	贷	200 000.00
12	11	记 -0046	存款缴纳 11 月税费	200 000.00	0.00	平	0.00
12	31	记 -0125	转出本月未交增值税	0.00	92 558.20	贷	92 558.20
12	31		本月合计	200 000.00	92 558.20	贷	92 558.20
12			本年累计	200 000.00	92 558.20	贷	92 558.20

核算单位：南方实业有限公司　　　　　　　　　　　　　　　　　　制表：张三1

图 5 - 125　应交税费明细账

（65）应交税费明细账如图 5 - 126 所示。

应交税费明细账

明细科目：应交车船使用税　　　　　　　　　　　　　　　　　　本币名称：人民币

2013 年		凭证 号数	摘要	借方	贷方	借贷方向	余额
月	日						
12	31	记 -0123	计提本月房产税	0.00	580.00	贷	580.00
12	31		本月合计	0.00	580.00	贷	580.00
12			本年累计	0.00	580.00	贷	580.00

核算单位：南方实业有限公司　　　　　　　　　　　　　　　　　　制表：张三1

图 5 - 126　应交税费明细账

（66）应交税费明细账如图 5 - 127 所示。

应交税费明细账

明细科目：应交城市维护建设税　　　　　　　　　　　　　　　　本币名称：人民币

2013 年		凭证 号数	摘要	借方	贷方	借贷方向	余额
月	日						
12	15	记 -0060	缴纳清理办公楼税费	0.00	295.40	贷	295.40
12	31		本月合计	0.00	295.40	贷	295.40
12			本年累计	0.00	295.40	贷	295.40

核算单位：南方实业有限公司　　　　　　　　　　　　　　　　　　制表：张三1

图 5 - 127　应交税费明细账

（67）应交税费明细账如图 5 - 128 所示。

应交税费明细账

明细科目：应交房产税　　　　　　　　　　　　　　　　　　本币名称：人民币

2013 年		凭证号数	摘要	借方	贷方	借贷方向	余额
月	日						
12	31	记 - 0123	计提本月房产税	0.00	620.00	贷	620.00
12	31		本月合计	0.00	620.00	贷	620.00
12			本年累计	0.00	620.00	贷	620.00

核算单位：南方实业有限公司　　　　　　　　　　　　　　　制表：张三 1

图 5 - 128　应交税费明细账

（68）应交税费明细账如图 5 - 129 所示。

应交税费明细账

明细科目：应交教育费附加　　　　　　　　　　　　　　　　本币名称：人民币

2013 年		凭证号数	摘要	借方	贷方	借贷方向	余额
月	日						
12	15	记 - 0060	缴纳清理办公楼税费	0.00	126.60	贷	126.60
12	31		本月合计	0.00	126.60	贷	126.60
12			本年累计	0.00	126.60	贷	126.60

核算单位：南方实业有限公司　　　　　　　　　　　　　　　制表：张三 1

图 5 - 129　应交税费明细账

（69）应交税费明细账如图 5 - 130 所示。

应交税费明细账

明细科目：应交所得税　　　　　　　　　　　　　　　　　　本币名称：人民币

2013 年		凭证号数	摘要	借方	贷方	借贷方向	余额
月	日						
12	31	记 - 0131	计提所得税费用	0.00	635 191.05	贷	635 191.05
12	31		本月合计	0.00	635 191.05	贷	635 191.05
12			本年累计	0.00	635 191.05	贷	635 191.05

核算单位：南方实业有限公司　　　　　　　　　　　　　　　制表：张三 1

图 5 - 130　应交税费明细账

（70）应交税费明细账如图 5 – 131 所示。

应交税费明细账

明细科目：应交营业税   本币名称：人民币

2013 年		凭证号数	摘要	借方	贷方	借贷方向	余额
月	日						
12	1		期初余额	0.00	0.00	贷	288 000.00
12	11	记 – 0046	缴纳营业税	288 000	0.00	平	0.00
12	15	记 – 0060	缴纳办公楼税费	0.00	4 220.00	贷	4 220.00
12	31		本月合计	288.000.00	4 220.00	贷	4 220.00
12			本年累计	288.000.000	4 220.00	贷	4 220.00

核算单位：南方实业有限公司   制表：张三1

图 5 – 131　应交税费明细账

（71）应交税费明细账如图 5 – 132 所示。

应交税费明细账

明细科目：应交增值税   本币名称：人民币

2013 年		凭证号数	摘要	借方	贷方	借贷方向	余额
月	日						
12	2	记 – 0006	销售商品，货款未收	0.00	17 986.00	贷	17 986.00
12	2	记 – 0008	销售商品，货款已收	0.00	11 968.00	贷	29 954.00
12	2	记 – 0010	购料未到，货款已付	147 696.00	0.00	借	117 742.00
12	3	记 – 0012	销售商品，货款未收	0.00	6 936.00	借	110 806.00
12	3	记 – 0013	购货未到，货款已付	58 310.00	0.00	借	169 116.00
12	3	记 – 0016	销售商品，货款已收	0.00	14 790.00	借	154 326.00
12	5	记 – 0023	销售商品，货款已收		595.00	借	153 731.00
12	6	记 – 0027	销售商品，货款预收	0.00	8 262.00	借	145 469.00
12	6	记 – 0028	销售商品	0.00	135 150.00	借	10 319.00
12	8	记 – 0033	销售商品	0.00	24 140.00	贷	13 821.00
12	9	记 – 0039	补收货款	0.00	170.00	贷	13 991.00
12	10	记 – 0040	销售商品	0.00	47 600.00	贷	61 591.00
12	10	记 – 0042	结清错价	510.00	0.00	贷	61 081.00

图 5 – 132　应交税费明细账

2013年		凭证	摘要	借方	贷方	借贷方向	余额
月	日	号数					
12	10	记-0043	货款已付	10 642.00	0.00	贷	50 439.00
12	11	记-0047	收到代销清单和款项	0.00	4 760.00	贷	55 199.00
12	11	记-0049	上海寄来发货相关凭证	0.00	153.00	贷	55 352.00
12	12	记-0050	销售商品	0.00	4 556.00	贷	59 908.00
12	13	记-0054	收到区文化馆代销清单	0.00	2 380.00	贷	62 288.00
12	15	记-0058	销售代销商品	0.00	3 400.00	贷	65 688.00
12	15	记-0058	结转代销商品款	2 720.00	0.00	贷	62 968.00
12	15	记-0059	收到市文化馆代销清单	0.00	5 372.00	贷	68 340.00
12	15	记-0062	采购商品款已付	74 460.00	0.00	借	6 120.00
12	16	记-0069	采购商品，验收入库	2 839.00	0.00	借	8 959.00
12	16	记-0070	出售钢材，款项收存银行	0.00	58 480.00	贷	49 521.00
12	16	记-0071	销售商品	0.00	6 460.00	贷	55 981.00
12	16	记-0071	收到对方开给的增值税发票	6 460.00	0.00	贷	49 521.00
12	17	记-0073	存款购货，验收入库	15 640.00	0.00	贷	33 881.00
12	18	记-0078	存款购货，验收入库	5 508.00	0.00	贷	28 373.00
12	18	记-0083	销售商品，货款未收	0.00	2 856.00	贷	31 229.00
12	20	记-0089	发生本月销售退回	0.00	-2 040.00	贷	29 189.00
12	21	记-0092	销售商品，货款已预收	0.00	5 712.00	贷	34 901.00
12	21	记-0093	收到东风商场货款	0.00	-81.60	贷	34 819.40
12	21	记-0095	销售商品，货款已收	0.00	38 760.00	贷	73 579.40
12	21	记-0097	在建工程领用原材料	0.00	36 057.00	贷	109 636.40
12	22	记-0100	购品未到，货款已付	19 890.00	0.00	贷	89 746.40
12	23	记-0103	销售商品	0.00	5 508.00	贷	95 254.40
12	25	记-0111	存款付货款	2 643.50	0.00	贷	92 610.90
12	26	记-0113	制造车间领用橡皮带	68.00	0.00	贷	92 542.90
12	29	记-0115	处理前收到不合格排球	15.30	0.00	贷	92 527.60
12	31	记-0124	篮球盘亏	0.00	30.60	贷	92 558.20
12	31	记-0125	转出本月未交增值税	92 558.20	0.00	平	0.00
12	31		本月合计	439 960.00	439 960.00	平	0.00
12			本年累计	439 960.00	439 960.00	平	0.00

核算单位：南方实业有限公司　　　　　　　　　　　　　　　　制表：张三1

图5-132　应交税费明细账（续）

（72）其他应付款明细账如图 5 - 133 所示。

其他应付款明细账

明细科目：公司集团 　　　　　　　　　　　　　　　　　　　本币名称：人民币

2013 年		凭证号数	摘要	借方	贷方	借贷方向	余额
月	日						
12	1		期初余额	0.00	0.00	贷	22 000.00

核算单位：南方实业有限公司 　　　　　　　　　　　　　　　　制表：张三1

图 5 - 133　其他应付款明细账

（73）其他应付款明细账如图 5 - 134 所示。

其他应付款明细账

明细科目：天天公司 　　　　　　　　　　　　　　　　　　　　本币名称：人民币

2013 年		凭证号数	摘要	借方	贷方	借贷方向	余额
月	日						
12	1		期初余额	0.00	0.00	贷	4 200

核算单位：南方实业有限公司 　　　　　　　　　　　　　　　　制表：张三1

图 5 - 134　其他应付款明细账

（74）代理业务负债明细账如图 5 - 135 所示。

代理业务负债明细账

明细科目：武汉文化公司 　　　　　　　　　　　　　　　　　　本币名称：人民币

2013 年		凭证号数	摘要	借方	贷方	借贷方向	余额
月	日						
12	12	记 - 0053	受托代销排球	0.00	32，000.00	贷	32，000.00
12	15	记 - 0058	结转代销商品款	16 000.00	0.00	贷	16 000.00
12	31		本月合计	16 000.00	32 000.00	贷	16 000.00
12			本年累计	16 000.00	32 000.00	贷	16 000.00

核算单位：南方实业有限公司 　　　　　　　　　　　　　　　　制表：张三1

图 5 - 135　代理业务负债明细账

（75）代理业务负债明细账如图 5 – 136 所示。

代理业务负债明细账

明细科目：重庆文化公司　　　　　　　　　　　　　　　　　　　本币名称：人民币

2013 年		凭证号数	摘要	借方	贷方	借贷方向	余额
月	日						
12	16	记 – 0065	为重庆文化公司代销	0.00	33 000.00	贷	33 000.00
12	16	记 – 0071	结转代理业务资产	33 000.00	0.00	平	0.00
12	31		本月合计	33 000.00	33 000.00	平	0.00
12			本年累计	33 000.00	33 000.00	平	0.00

核算单位：南方实业有限公司　　　　　　　　　　　　　　　　　　制表：张三 1

图 5 – 136　代理业务负债明细账

（76）实收资本明细账如图 5 – 137 所示。

实收资本明细账

明细科目：彩虹有限公司　　　　　　　　　　　　　　　　　　　本币名称：人民币

2013 年		凭证号数	摘要	借方	贷方	借贷方向	余额
月	日						
12	1		期初余额	0.00	0.00	贷	1 000 000.00

核算单位：南方实业有限公司　　　　　　　　　　　　　　　　　　制表：张三 1

图 5 – 137　实收资本明细账

（77）实收资本明细账如图 5 – 138 所示。

实收资本明细账

明细科目：东华有限公司　　　　　　　　　　　　　　　　　　　本币名称：人民币

2013 年		凭证号数	摘要	借方	贷方	借贷方向	余额
月	日						
12	1		期初余额	0.00	0.00	贷	1 000 000.00

核算单位：南方实业有限公司　　　　　　　　　　　　　　　　　　制表：张三 1

图 5 – 138　实收资本明细账

（78）实收资本明细账如图 5 - 139 所示。

实收资本明细账

明细科目：市国资委   本币名称：人民币

2013 年		凭证	摘要	借方	贷方	借贷方向	余额
月	日	号数					
12	1		期初余额	0.00	0.00	贷	2 000 000.00

核算单位：南方实业有限公司   制表：张三1

图 5 - 139　实收资本明细账

（79）盈余公积明细账如图 5 - 140 所示。

盈余公积明细账

明细科目：法定盈余公积   本币名称：人民币

2013 年		凭证	摘要	借方	贷方	借贷方向	余额
月	日	号数					
12	1		期初余额	0.00	0.00	贷	438 000.00
12	31	记 - 0133	提取盈余公积	0.00	189 257.32	贷	627 257.32
12	31		本月合计	0.00	189 257.32	贷	627 257.32
12			木年累计	0.00	189 257.32	贷	627 257.32

核算单位：南方实业有限公司   制表：张三1

图 5 - 140　盈余公积明细账

（80）盈余公积明细账如图 5 - 141 所示。

盈余公积明细账

明细科目：一般盈余公积   本币名称：人民币

2013 年		凭证	摘要	借方	贷方	借贷方向	余额
月	日	号数					
12	1		期初余额	0.00	0.00	贷	412 800.00
12	31	记 - 0133	提取盈余公积	0.00	378 514.63	贷	791 314.63
12	31		本月合计	0.00	378 514.63	贷	791 314.63
12			本年累计	0.00	378 514.63	贷	791 314.63

核算单位：南方实业有限公司   制表：张三1

图 5 - 141　盈余公积明细账

（81）利润分配明细账如图 5 – 142 所示。

利润分配明细账

明细科目：提取盈余公积　　　　　　　　　　　　　　　　本币名称：人民币

2013 年		凭证	摘要	借方	贷方	借贷方向	余额
月	日	号数					
12	31	记 – 0133	提取盈余公积	567 771.95	0.00	借	567 771.95
12	31	记 – 0135	结转利润分配至未分配利润	0.00	567 771.95	平	0.00
12	31		本月合计	567 771.95	567 771.95	平	0.00
12			本年累计	567 771.95	567 771.95	平	0.00

核算单位：南方实业有限公司　　　　　　　　　　　　　　制表：张三1

图 5 – 142　利润分配明细账

（82）利润分配明细账如图 5 – 143 所示。

利润分配明细账

明细科目：未分配利润　　　　　　　　　　　　　　　　　本币名称：人民币

2013 年		凭证	摘要	借方	贷方	借贷方向	余额
月	日	号数					
12	1		期初余额	0.00	0.00	贷	480 000.00
12	31	记 – 0132	结转本年利润至未分配利润	0.00	1 892 373.15	贷	2 372 373.15
12	31	记 – 0135	结转利润分配至未分配利润	1 135 343.9	0.00	贷	1 237 029.25
12	31		本月合计	1 135 343.9	2 458 688.84	贷	1 237 029.25
12			本年累计	1 135 343.9	2 458 688.84	贷	1 237 029.25

核算单位：南方实业有限公司　　　　　　　　　　　　　　制表：张三1

图 5 – 143　利润分配明细账

（83）利润分配明细账如图 5 – 144 所示。

利润分配明细账

明细科目：应付股利　　　　　　　　　　　　　　　　　　本币名称：人民币

2013 年		凭证	摘要	借方	贷方	借贷方向	余额
月	日	号数					
12	31	记 – 0134	分配股利	567 771.95	0.00	借	567 771.95
12	31	记 – 0135	结转利润分配	0.00	567 771.95	平	0.00
12	31		本月合计	567 771.95	0.00	平	0.00
12	31		本年累计	567 771.95	0.00	平	0.00

核算单位：南方实业有限公司　　　　　　　　　　　　　　制表：张三1

图 5 – 144　利润分配明细账

（84）生产成本明细账如图 5－145 所示。

生产成本明细账

明细科目：方型烟道   本币名称：人民币

2013 年 月	2013 年 日	凭证号数	摘要	借方	贷方	借贷方向	余额
12	1		期初余额	0.00	0.00	借	18 000.00
12	1	记－0004	生产领用原材料	271 000.00	0.00	借	289 000.00
12	6	记－0029	生产领用原材料	271 000.00	0.00	借	560 000.00
12	7	记－0031	生产领用原材料	2 400.00	0.00	借	562 400.00
12	17	记－0074	生产领用原材料	32 000.00	0.00	借	594 400.00
12	31	记－0118	结转发出材料差异	11 594.80	0.00	借	605 994.80
12	31	记－0119	分配本月职工薪酬	201 000.00	0.00	借	806 994.80
12	31	记－0126	结转本月制造费用	94 778.33	0.00	借	901 773.13
12	31	记－0127	生产完工，验收入库	0.00	511 710.00	借	390 063.13
12	31	记－0127	生产完工，验收入库	0.00	177 600.00	借	212 463.13
12	31	记－0127	生产完工，验收入库	0.00	83 640.00	借	128 823.13

核算单位：南方实业有限公司   制表：张三 1

图 5－145　生产成本明细账

（85）生产成本明细账如图 5－146 所示。

生产成本明细账

明细科目：排污管道   本币名称：人民币

2013 年 月	2013 年 日	凭证号数	摘要	借方	贷方	借贷方向	余额
12	1		期初余额	0.00	0.00	借	88 000.00
12	1	记－0004	生产领用原材料	282 100.00	0.00	借	370 100.00
12	6	记－0029	生产领用原材料	282 100.00	0.00	借	652 200.00
12	7	记－0031	生产领用原材料	5 000.00	0.00	借	657 200.00
12	17	记－0074	生产领用原材料	52 000.00	0.00	借	709 200.00
12	31	记－0118	结转发出材料差异	12 447.24	0.00	借	721 647.24
12	31	记－0119	分配本月职工薪酬	348 400.00	0.00	借	1 070 047.24
12	31	记－0126	结转本月制造费用	133 006.00	0.00	借	1 203 053.24
12	31	记－0127	生产完工，验收入库	0.00	577 850.00	借	625 203.24
12	31	记－0127	生产完工，验收入库	0.00	302 000.00	借	323 203.24
12	31	记－0127	生产完工，验收入库	0.00	122 500.00	借	200 703.24
12	31		本月合计	1 115 053.24	1 002 350.00	借	200 703.24
12			本年累计	1 115 053.24	1 002 350.00	借	200 703.24

核算单位：南方实业有限公司   制表：张三 1

图 5－146　生产成本明细账

（86）制造费用明细账如图 5 - 147 所示。

制造费用明细账

明细科目：排污管道生产车间　　　　　　　　　　　　　　　　本币名称：人民币

2013 年		凭证号数	摘要	借方	贷方	借贷方向	余额
月	日						
12	4	记 - 0017	支付、结转本月电费	12 000.00	0.00	借	12 000.00
12	9	记 - 0036	生产车间购买机油	13 320.00	0.00	借	25 320.00
12	16	记 - 0063	领用办公用品	400.00	0.00	借	25 720.00
12	26	记 - 0113	车间领用橡皮带	200.00	0.00	借	25 920.00
12	31	记 - 0119	分配本月职工薪酬	40 200.00	0.00	借	66 120.00
12	31	记 - 0120	分配折旧费用	65 136.00	0.00	借	131 256.00
12	31	记 - 0121	分配无形资产摊销	1 750.00	0.00	借	133 006.00
12	31	记 - 0126	结转本月制造费用	0.00	133 006.00	平	0.00
12	31		本月合计	133 006.00	133 006.00	平	0.00
12			本年累计	133 006.00	133 006.00	平	0.00

核算单位：南方实业有限公司　　　　　　　　　　　　　　　　制表：张三1

图 5 - 147　制造费用明细账

（87）制造费用明细账如图 5 - 148 所示。

制造费用明细账

明细科目：烟道生产车间　　　　　　　　　　　　　　　　　　本币名称：人民币

2013 年		凭证号数	摘要	借方	贷方	借贷方向	余额
月	口						
12	4	记 - 0017	支付、结转本月电费	20 000.00	0.00	借	20 000.00
12	9	记 - 0036	生产车间购买机油	5 600.00	0.00	借	25 600.00
12	16	记 - 0063	部门领用办公用品	200.00	0.00	借	25 800.00
12	26	记 - 0113	车间领用橡皮带	200.00	0.00	借	26 000.00
12	31	记 - 0119	分配本月职工薪酬	26 800.00	0.00	借	52 800.00
12	31	记 - 0120	分配折旧费用	41 520.00	0.00	借	94 320.00
12	31	记 - 0121	分配无形资产摊销	458.33	0.00	借	94 778.33
12	31	记 - 0126	结转本月制造费用	0.00	94 778.33	平	0.00
12	31		本月合计	94 778.33	94 778.33	平	0.00
12			本年累计	94 778.33	94 778.33	平	0.00

核算单位：南方实业有限公司　　　　　　　　　　　　　　　　制表：张三1

图 5 - 148　制造费用明细账

（88）主营业务收入明细账如图 5 - 149 所示。

主营业务收入明细账

明细科目：篮球类   本币名称：人民币

2013 年		凭证号数	摘要	借方	贷方	借贷方向	余额
月	日						
12	3	记 - 0012	销售商品	0.00	6 400.00	贷	6 400.00
12	5	记 - 0023	销售商品	0.00	1 200.00	贷	7 600.00
12	8	记 - 0033	销售商品	0.00	63 200.00	贷	70 800.00
12	9	记 - 0039	补收新丰文化货款	0.00	1 000.00	贷	71 800.00
12	12	记 - 0050	销售商品	0.00	22 000.00	贷	93 800.00
12	18	记 - 0083	销售商品	0.00	6 400.00	贷	100 200.00
12	21	记 - 0092	销售商品	0.00	12 800.00	贷	113 000.00
12	23	记 - 0103	销售商品	0.00	17 600.00	贷	130 600.00
12	31	记 - 0129	结转本年收入	130 600.00	0.00	平	0.00
12	31		本月合计	130 600.00	130 600.00	平	0.00
12			本年累计	3 784 900.00	3 784 900.00	平	0.00

核算单位：南方实业有限公司   制表：张三1

图 5 - 149　主营业务收入明细账

（89）主营业务收入明细账如图 5 - 150 所示。

主营业务收入明细账

明细科目：排球类   本币名称：人民币

2013 年		凭证号数	摘要	借方	贷方	借贷方向	余额
月	日						
12	2	记 - 0006	销售商品,货款未收	0.00	39 800.00	贷	39 800.00
12	2	记 - 0008	销售商品,货款已收	0.00	10 400.00	贷	50 200.00
12	3	记 - 0012	销售商品,货款未收	0.00	10 400.00	贷	60 600.00
12	3	记 - 0016	销售商品,货款已收	0.00	23 000.00	贷	83 600.00
12	5	记 - 0023	销售商品,货款已收	0.00	2 300.00	贷	85 900.00
12	6	记 - 0027	销售商品,货款预收	0.00	23 000.00	贷	108 900.00
12	8	记 - 0033	销售商品,货款已收	0.00	4 800.00	贷	113 700.00
12	11	记 - 0047	代销商品收款	0.00	28 000.00	贷	141 700.00
12	12	记 - 0050	销售商品,货款未收	0.00	4 800.00	贷	146 500.00
12	13	记 - 0054	收代销款	0.00	14 000.00	贷	160 500.00
12	15	记 - 0058	销售代销商品	0.00	20 000.00	贷	180 500.00
12	18	记 - 0083	销售商品,货款未收	0.00	10 400.00	贷	190 900.00
12	20	记 - 0089	发生本月销售退回	12 000.00	0.00	贷	178 900.00
12	21	记 - 0092	销售商品,扣已预收	0.00	20 800.00	贷	199 700.00
12	21	记 - 0093	收到东风商场货款	480.00	0.00	贷	199 220.00
12	23	记 - 0103	销售商品,货款未收	0.00	14 800.00	贷	214 020.00
12	31	记 - 0129	结转本年收入	214 020.00	0.00	平	0.00
12	31		本月合计	226 500.00	226 500.00	平	0.00
12			本年累计	2 115 700.00	2 115 700.00	平	0.00

核算单位：南方实业有限公司   制表：张三1

图 5 - 150　主营业务收入明细账

（90）主营业务收入明细账如图5-151所示。

主营业务收入明细账

明细科目：足球类　　　　　　　　　　　　　　　　　　　　　　　　本币名称：人民币

2013年		凭证号数	摘要	借方	贷方	借贷方向	余额
月	日						
12	2	记-0006	销售商品,货款未收	0.00	66 000.00	贷	66 000.00
12	2	记-0008	销售商品,货款已收	0.00	60 000.00	贷	126 000.00
12	3	记-0012	销售商品,货款未收	0.00	24 000.00	贷	150 000.00
12	3	记-0016	销售商品,货款已收	0.00	64 000.00	贷	214 000.00
12	6	记-0027	销售商品,货款预收	0.00	25 600.00	贷	239 600.00
12	8	记-0033	销售商品,货款已收	0.00	74 000.00	贷	313 600.00
12	15	记-0059	收到代销清单	0.00	31 600.00	贷	345 200.00
12	31	记-0129	结转本年收入	345 200.00	0.00	平	0.00
12	31		本月合计	345 200.00	345 200.00	平	0.00
12			本年累计	6 731 200.00	6 731 200.00	平	0.00

核算单位：南方实业有限公司　　　　　　　　　　　　　　　　　　　　制表：张三1

图5-151　主营业务收入明细账

（91）主营业务收入明细账如图5-152所示。

主营业务收入明细账

明细科目：手续费　　　　　　　　　　　　　　　　　　　　　　　　本币名称：人民币

2013年		凭证号数	摘要	借方	贷方	借贷方向	余额
月	日						
12	16	记-0071	结算付款	0.00	2 280.00	贷	2 280.00
12	31	记-0129	结转本年收入	2 280.00	0.00	平	0.00
12	31		本月合计	2 280.00	2 280.00	平	0.00
12			本年累计	2 280.00	2 280.00	平	0.00

核算单位：南方实业有限公司　　　　　　　　　　　　　　　　　　　　制表：张三1

图5-152　主营业务收入明细账

（92）主营业务收入明细账如图 5 - 153 所示。

主营业务收入明细账

明细科目：方型烟道   本币名称：人民币

2013 年		凭证号数	摘要	借方	贷方	借贷方向	余额
月	日						
12	6	记 - 0028	销售商品,货款已收	0.00	135 000.00	贷	135 000.00
12	31	记 - 0129	结转本年收入	135 000.00	0.00	平	0.00
12	31		本月合计	135 000.00	135 000.00	平	0.00
12			本年累计	1 457 100.00	1 457 100.00	平	0.00

核算单位：南方实业有限公司   制表：张三 1

图 5 - 153 主营业务收入明细账

（93）主营业务收入明细账如图 5 - 154 所示。

主营业务收入明细账

明细科目：排污管道   本币名称：人民币

2013 年		凭证号数	摘要	借方	贷方	借贷方向	余额
月	日						
12	6	记 - 0028	销售商品,货款已收	0.00	660 000.00	贷	660 000.00
12	10	记 - 0040	销售商品,货款未收	0.00	280 000.00	贷	940 000.00
12	21	记 - 0095	销售商品,货款已收	0.00	228 000.00	贷	1 168 000.00
12	31	记 - 0129	结转本年收入	1 168 000.00	0.00	平	0.00
12	31		本月合计	1 168 000.00	1 168 000.00	平	0.00
12			本年累计	6 604 600.00	6 604 600.00	平	0.00

核算单位：南方实业有限公司   制表：张三 1

图 5 - 154 主营业务收入明细账

（94）其他业务收入明细账如图 5 – 155 所示。

其他业务收入明细账

明细科目：材料出售收入　　　　　　　　　　　　　　　　　　本币名称：人民币

2013 年		凭证号数	摘要	借方	贷方	借贷方向	余额
月	日						
12	4	记 – 0018	出售废弃物料，收到现金	0.00	200.00	贷	200.00
12	16	记 – 0070	出售钢材，款项收存银行	0.00	344 000.00	贷	344 200.00
12	31	记 – 0129	结转本年收入	344 200.00	0.00	平	0.00
12	31		本月合计	344 200.00	344 200.00	平	0.00
12			本年累计	362 200.00	362 200.00	平	0.00

核算单位：南方实业有限公司　　　　　　　　　　　　　　　制表：张三 1

图 5 – 155　其他业务收入明细账

（95）营业外收入明细账如图 5 – 156 所示。

营业外收入明细账

明细科目：处置固定资产净收益　　　　　　　　　　　　　　本币名称：人民币

2013 年		凭证号数	摘要	借方	贷方	借贷方向	余额
月	日						
12	15	记 – 0061	结转固定资产清理损益	0.00	79 758.00	贷	79 758.00
12	31	记 – 0129	结转本年收入	79 758.00	0.00	平	0.00
12	31		本月合计	79 758.00	79 758.00	平	0.00
12			本年累计	135 058.00	135 058.00	平	0.00

核算单位：南方实业有限公司　　　　　　　　　　　　　　　制表：张三 1

图 5 – 156　营业外收入明细账

（96）主营业务成本明细账如图 5 – 157 所示。

主营业务成本明细账

明细科目：方型烟道　　　　　　　　　　　　　　　　　　　本币名称：人民币

2013 年		凭证号数	摘要	借方	贷方	借贷方向	余额
月	日						
12	31	记 – 0128	结转本期销售成本	80 239.60	0.00	借	80 239.60
12	31	记 – 0130	结转本年成本	0.00	80 239.60	平	0.00
12	31		本月合计	80 239.60	80 239.60	平	0.00
12			本年累计	1 183 739.60	1 183 739.60	平	0.00

核算单位：南方实业有限公司　　　　　　　　　　　　　　　制表：张三 1

图 5 – 157　主营业务成本明细账

（97）主营业务成本明细账如图 5-158 所示。

主营业务成本明细账

明细科目：篮球类   本币名称：人民币

2013 年		凭证号数	摘要	借方	贷方	借贷方向	余额
月	日						
12	31	记-0128	结转本期销售成本	104 739.00	0.00	借	104 739.00
12	31	记-0130	结转本年成本	0.00	104 739.00	平	0.00
12	31		本月合计	104 739.00	104 739.00	平	0.00
12			本年累计	3 227 019.00	3 227 019.00	平	0.00

核算单位：南方实业有限公司   制表：张三1

图 5-158 主营业务成本明细账

（98）主营业务成本明细账如图 5-159 所示。

主营业务成本明细账

明细科目：排球类   本币名称：人民币

2013 年		凭证号数	摘要	借方	贷方	借贷方向	余额
月	日						
12	11	记-0047	结转代销商品成本	25 000.00	0.00	借	25 000.00
12	13	记-0054	结转代销商品成本	12 500.00	0.00	借	37 500.00
12	15	记-0058	结转代销商品成本	16 000.00	0.00	借	53 500.00
12	31	记-0128	结转本期销售成本	129 843.12	0.00	借	183 343.12
12	31	记-0130	结转本年成本	0.00	183 343.12	平	0.00
12	31		本月合计	181 644.40	181 644.40	平	0.00
12			本年累计	1 702 644.40	1 702 644.40	平	0.00

核算单位：南方实业有限公司   制表：张三1

图 5-159 主营业务成本明细账

（99）主营业务成本明细账如图 5 - 160 所示。

主营业务成本明细账

明细科目：排污管道　　　　　　　　　　　　　　　　　　　　　　本币名称：人民币

2013 年		凭证号数	摘要	借方	贷方	借贷方向	余额
月	日						
12	31	记 -0128	结转本期销售成本	582 664.00	0.00	借	582 664.00
12	31	记 -0130	结转本年成本	0.00	582 664.00	平	0.00
12	31		本月合计	582 664.00	582 664.00	平	0.00
12			本年累计	5 247 124.00	5 247 124.00	平	0.00

核算单位：南方实业有限公司　　　　　　　　　　　　　　　　　　　制表：张三 1

图 5 - 160　主营业务成本明细账

（100）主营业务成本明细账如图 5 - 161 所示。

主营业务成本明细账

明细科目：足球类　　　　　　　　　　　　　　　　　　　　　　　本币名称：人民币

2013 年		凭证号数	摘要	借方	贷方	借贷方向	余额
月	日						
12	15	记 -0059	收到市文化馆代销清单	24 000.00	0.00	借	24 000.00
12	31	记 -0128	结转本期销售成本	230 533.70	0.00	借	254 533.70
12	31	记 -0130	结转本年成本	0.00	254 533.70	平	0.00
12	31		本月合计	254 533.70	254 533.70	平	0.00
12			本年累计	5 078 093.70	5 078 093.70	平	0.00

核算单位：南方实业有限公司　　　　　　　　　　　　　　　　　　　制表：张三 1

图 5 - 161　主营业务成本明细账

（101）销售费用明细账如图 5 - 162 所示。

销售费用明细账

明细科目：广告费　　　　　　　　　　　　　　　　　　　　　　　本币名称：人民币

2013 年		凭证号数	摘要	借方	贷方	借贷方向	余额
月	日						
12	17	记 -0076	存款支付广告费	23 000.00	0.00	借	23 000.00
12	31	记 -0130	结转本年成本	0.00	23 000.00	平	0.00
12	31		本月合计	23 000.00	23 000.00	平	0.00
12			本年累计	121 750.00	121 750.00	平	0.00

核算单位：南方实业有限公司　　　　　　　　　　　　　　　　　　　制表：张三 1

图 5 - 162　销售费用明细账

（102）销售费用明细账如图 5 - 163 所示。

销售费用明细账

明细科目：其他   本币名称：人民币

2013 年		凭证号数	摘要	借方	贷方	借贷方向	余额
月	日						
12	15	记 - 0059	收到市文化馆代销清单	2 528.00	0.00	借	2 528.00
12	29	记 - 0116	刘兵报差旅费	980.00	0.00	借	3 508.00
12	31	记 - 0130	结转本年成本	0.00	3 508.00	平	0.00
12	31		本月合计	3 508.00	3 508.00	平	0.00
12			本年累计	15 658.00	15 658.00	平	0.00

核算单位：南方实业有限公司   制表：张三1

图 5 - 163   销售费用明细账

（103）销售费用明细账如图 5 - 164 所示。

销售费用明细账

明细科目：运杂费   本币名称：人民币

2013 年		凭证号数	摘要	借方	贷方	借贷方向	余额
月	日						
12	3	记 - 0013	采购商品未到，货款已付	1 800.00	0.00	借	1 800.00
12	4	记 - 0019	存款支付运输费	1 500.00	0.00	借	3 300.00
12	10	记 - 0043	采购商品未到，货款已付	2 100.00	0.00	借	5 400.00
12	21	记 - 0095	运杂费计入销售费用	1 250.00	0.00	借	6 650.00
12	31	记 - 0130	结转本年成本	0.00	6 650.00	平	0.00
12	31		本月合计	6 650.00	6 650.00	平	0.00
12			本年累计	6 650.00	6 650.00	平	0.00

核算单位：南方实业有限公司   制表：张三1

图 5 - 164   销售费用明细账

（104）管理费用明细账如图 5 - 165 所示。

管理费用明细账

明细科目：办公费　　　　　　　　　　　　　　　　　　　　　本币名称：人民币

2013 年		凭证号数	摘要	借方	贷方	借贷方向	余额
月	日						
12	1	记 - 0001	购买凭证	300.00	0.00	借	300.00
12	16	记 - 0063	领用办公用品	900.00	0.00	借	1 200.00
12	18	记 - 0082	存款租入半年办公场所	6 000.00	0.00	借	7 200.00
12	19	记 - 0087	购买办公用品	150.00	0.00	借	7 350.00
12	31	记 - 0130	结转本年成本	0.00	7 350.00	平	0.00
12	31		本月合计	7 350.00	7 350.00	平	0.00
12			本年累计	50 310.00	50 310.00	平	0.00

核算单位：南方实业有限公司　　　　　　　　　　　　　　　　　　制表：张三1

图 5 - 165　管理费用明细账

（105）管理费用明细账如图 5 - 166 所示。

管理费用明细账

明细科目：差旅费　　　　　　　　　　　　　　　　　　　　　本币名称：人民币

2013 年		凭证号数	摘要	借方	贷方	借贷方向	余额
月	日						
12	2	记 - 0007	报差旅费	1 960.00	0.00	借	1 960.00
12	31	记 - 0130	结转本年成本	0.00	1 960.00	平	0.00
12	31		本月合计	1 960.00	1 960.00	平	0.00
12			本年累计	112 535.00	112 535.00	平	0.00

核算单位：南方实业有限公司　　　　　　　　　　　　　　　　　　制表：张三1

图 5 - 166　管理费用明细账

（106）管理费用明细账如图 5 - 167 所示。

管理费用明细账

明细科目：车船使用税　　　　　　　　　　　　　　　　　　　本币名称：人民币

2013 年		凭证号数	摘要	借方	贷方	借贷方向	余额
月	日						
12	31	记 -0123	计提本月房产税	580.00	0.00	借	580.00
12	31	记 -0130	结转本年成本	0.00	580.00	平	0.00
12	31		本月合计	580.00	580.00	平	0.00
12			本年累计	580.00	580.00	平	0.00

核算单位：南方实业有限公司　　　　　　　　　　　　　　　　　制表：张三1

图 5 - 167　管理费用明细账

（107）管理费用明细账如图 5 - 168 所示。

管理费用明细账

明细科目：房产税　　　　　　　　　　　　　　　　　　　　　本币名称：人民币

2013 年		凭证号数	摘要	借方	贷方	借贷方向	余额
月	日						
12	31	记 -0123	计提本月房产税	620.00	0.00	借	620.00
12	31	记 -0130	结转本年成本	0.00	620.00	平	0.00
12	31		本月合计	620.00	620.00	平	0.00
12			本年累计	620.00	620.00	平	0.00

核算单位：南方实业有限公司　　　　　　　　　　　　　　　　　制表：张三1

图 5 - 168　管理费用明细账

（108）管理费用明细账如图 5 – 169 所示。

管理费用明细账

明细科目：其他　　　　　　　　　　　　　　　　　　　　　　本币名称：人民币

2013 年		凭证号数	摘要	借方	贷方	借贷方向	余额
月	日						
12	1	记 – 0002	现金购买印花税票	100.00	0.00	借	100.00
12	1	记 – 0004	生产领用原材料	500.00	0.00	借	600.00
12	1	记 – 0005	存款购买管理药品	1 200.00	0.00	借	1 800.00
12	4	记 – 0017	支付、结转本月电费	10 000.00	0.00	借	11 800.00
12	4	记 – 0021	现金支付修理费	550.00	0.00	借	12 350.00
12	6	记 – 0029	生产领用原材料	500.00	0.00	借	12 850.00
12	17	记 – 0075	现金付办公室费	600.00	0.00	借	13 450.00
12	31	记 – 0118	结转发出材料差异	20.20	0.00	借	13 470.20
12	31	记 – 0130	结转本年成本	0.00	13 470.20	平	0.00
12	31		本月合计	13 470.20	13 470.20	平	0.00
12			本年累计	21 200.20	21 200.20	平	0.00

核算单位：南方实业有限公司　　　　　　　　　　　　　　　　　　制表：张三1

图 5 – 169　管理费用明细账

（109）管理费用明细账如图 5 – 170 所示。

管理费用明细账

明细科目：业务招待费　　　　　　　　　　　　　　　　　　　本币名称：人民币

2013 年		凭证号数	摘要	借方	贷方	借贷方向	余额
月	日						
12	17	记 – 0077	现金付业务招待费	820.00	0.00	借	820.00
12	26	记 – 0114	现金付业务招待费	800.00	0.00	借	1 620.00
12	31	记 – 0130	结转本年成本	0.00	1 620.00	平	0.00
12	31		本月合计	1 620.00	1 620.00	平	0.00
12			本年累计	11 620.00	11 620.00	平	0.00

核算单位：南方实业有限公司　　　　　　　　　　　　　　　　　　制表：张三1

图 5 – 170　管理费用明细账

（110）管理费用明细账如图 5 - 171 所示。

管理费用明细账

明细科目：折旧费　　　　　　　　　　　　　　　　　　　　　　　本币名称：人民币

2013 年		凭证号数	摘要	借方	贷方	借贷方向	余额
月	日						
12	31	记 - 0120	分配折旧费用	40 240.00	0.00	借	40 240.00
12	31	记 - 0130	结转本年成本	0.00	40 240.00	平	0.00
12	31		本月合计	40 240.00	40 240.00	平	0.00
12			本年累计	255 755.00	255 755.00	平	0.00

核算单位：南方实业有限公司　　　　　　　　　　　　　　　　　　　　制表：张三1

图 5 - 171　管理费用明细账

（111）管理费用明细账如图 5 - 172 所示。

管理费用明细账

明细科目：职工薪酬　　　　　　　　　　　　　　　　　　　　　　本币名称：人民币

2013 年		凭证号数	摘要	借方	贷方	借贷方向	余额
月	日						
12	31	记 - 0119	分配本月职工薪酬	53 600.00	0.00	借	53 600.00
12	31	记 - 0130	结转本年成本	0.00	53 600.00	平	0.00
12	31		本月合计	53 600.00	53 600.00	平	0.00
12			本年累计	265 160.00	265 160.00	平	0.00

核算单位：南方实业有限公司　　　　　　　　　　　　　　　　　　　　制表：张三1

图 5 - 172　管理费用明细账

（112）营业外支出明细账如图 5 - 173 所示。

营业外支出明细账

明细科目：罚款及滞纳金支出　　　　　　　　　　　　　　　　　　本币名称：人民币

2013 年		凭证号数	摘要	借方	贷方	借贷方向	余额
月	日						
12	16	记 - 0072	存款支付滞纳金	7 200.00	0.00	借	7 200.00
12	31	记 - 0130	结转本年成本	0.00	7 200.00	平	0.00
12	31		本月合计	7 200.00	7 200.00	平	0.00
12			本年累计	7 200.00	7 200.00	平	0.00

核算单位：南方实业有限公司　　　　　　　　　　　　　　　　　　　　制表：张三1

图 5 - 173　营业外支出明细账

（113）营业外支出明细账如图 5 – 174 所示。

营业外支出明细账

明细科目：捐赠支出　　　　　　　　　　　　　　　　　　　　　本币名称：人民币

2013 年		凭证 号数	摘要	借方	贷方	借贷方向	余额
月	日						
12	16	记 – 0068	向困难企业捐赠	5 800.00	0.00	借	5 800.00
12	31	记 – 0130	结转本年成本	0.00	5 800.00	平	0.00
12	31		本月合计	5 800.00	5 800.00	平	0.00
12			本年累计	5 800.00	5 800.00	平	0.00

核算单位：南方实业有限公司　　　　　　　　　　　　　　　　制表：张三1

图 5 – 174　营业外支出明细账

（114）固定资产明细账如图 5 – 175 所示。

固定资产明细账

规格＿＿＿＿＿　计划单价＿＿＿＿＿　计量单位＿＿辆＿＿　名称＿运输设备东风货车＿

年		凭证		摘要	收入			发出			结存		
月	日	种类	号数		数量	单价	金额	数量	单价	金额	数量	单价	金额
12	1			期初余额	0	0	0.00	0	0	0.00	2	65 000	130 000.00

核算单位：南方实业有限公司　　　　　　　　　　　　　　　　制表：张三1

图 5 – 175　固定资产明细账

（115）固定资产明细账如图 5 – 176 所示。

固定资产明细账

规格＿＿＿＿＿　计划单价＿＿＿＿＿　计量单位＿平方米＿　名称＿房屋办公楼＿

年		凭证		摘要	收入			发出			结存		
月	日	种类	号数		数量	单价	金额	数量	单价	金额	数量	单价	金额
12	1			期初余额	0	0	0.00	0	0	0.00	600	1 250	750 000.00
12	12		记 – 0052	清理陈旧办公楼	0	0	0.00	600	1 250	750 000.00	0	0	0.00
12	31			本月合计	0	0	0.00	600		750 000.00	0	0	0.00
				本年累计	0	0	0.00	600		750 000.00	0	0	0.00

核算单位：南方实业有限公司　　　　　　　　　　　　　　　　制表：张三1

图 5 – 176　固定资产明细账

（116）固定资产明细账如图 5 - 177 所示。

固定资产明细账

规格_____ 计划单价_____ 计量单位 平方米 名称 房屋变电房

年		凭证		摘要	收入			发出			结存		
月	日	种类	号数		数量	单价	金额	数量	单价	金额	数量	单价	金额
12	9		记-0030	变电房完工转固	200	1 728	345 600.00	0	0	0.00	200	0	345 600.00
12	31			本月合计	200		345 600.00	0	1 250		200	1 728	345 600.00
				本年累计	200		345 600.00	0	0	0.00	200	1 728	345 600.00

核算单位：南方实业有限公司 　　　　　　　　　制表：张三1

图 5 - 177　固定资产明细账

（117）固定资产明细账如图 5 - 178 所示。

固定资产明细账

规格_____ 计划单价_____ 计量单位 平方米 名称 房屋厂房

年		凭证		摘要	收入			发出			结存		
月	日	种类	号数		数量	单价	金额	数量	单价	金额	数量	单价	金额
12	1			期初余额	0	0	0.00	0	0	0.00	2 400	800	1 920 000.00

核算单位：南方实业有限公司 　　　　　　　　　制表：张三1

图 5 - 178　固定资产明细账

（118）固定资产明细账如图 5 - 179 所示。

固定资产明细账

规格_____ 计划单价_____ 计量单位 台 名称 机械设备冷冻机

年		凭证		摘要	收入			发出			结存		
月	日	种类	号数		数量	单价	金额	数量	单价	金额	数量	单价	金额
12	6		记-0026	购入冷冻机，存款支付	0	0	71 000.00	0	0	0.00	0	0	71 000.00
12	31			本月合计	0	0	71 000.00	0	0	0.00	0	0	71 000.00
				本年累计	0	0	71 000.00	0	0	0.00	0	0	71 000.00

核算单位：南方实业有限公司 　　　　　　　　　制表：张三1

图 5 - 179　固定资产明细账

（119）固定资产明细账如图5-180所示。

固定资产明细账

规格＿＿＿＿＿＿＿　计划单价＿＿＿＿＿＿＿　计量单位＿台＿　名称＿机械设备水泥搅拌机＿

年		凭证		摘要	收入			发出			结存		
月	日	种类	号数		数量	单价	金额	数量	单价	金额	数量	单价	金额
12	1			期初余额	0	0	0.00	0	0	0.00	2	86 000	172 000.00

核算单位：南方实业有限公司　　　　　　　　　　　　　　　　制表：张三1

图5-180　固定资产明细账

（120）固定资产明细账如图5-181所示。

固定资产明细账

规格＿＿＿＿＿＿＿　计划单价＿＿＿＿＿＿＿　计量单位＿辆＿　名称＿运输设备小汽车＿

年		凭证		摘要	收入			发出			结存		
月	日	种类	号数		数量	单价	金额	数量	单价	金额	数量	单价	金额
12	1			期初余额	0	0	0.00	0	0	0.00	2	128 000	256 000.00

核算单位：南方实业有限公司　　　　　　　　　　　　　　　　制表：张三1

图5-181　固定资产明细账

（121）库存商品明细账如图5-182所示。

库存商品明细账

规格＿＿＿＿＿＿＿　计划单价＿＿＿＿＿＿＿　计量单位＿个＿　名称＿篮球（火车头真皮）＿

年		凭证		摘要	收入			发出			结存		
月	日	种类	号数		数量	单价	金额	数量	单价	金额	数量	单价	金额
12	1			期初余额	0	0	0.00	0	0	0.00	280	120	33 600.00
12	2	记-0034		前购商品运到,验收入库	400	125	50 000.00	0	125	0.00	680	0	83 600.00
12	2	记-0038		委托区文化站代销				300	125	37 500.00	380	0	46 100.00
12	31			结转本期销售成本				160	121.31	19 409.60	220	0	26 690.40
12	31			本月合计	400		50 000.00	460		56 909.60	220	121.32	26 690.40
				本年累计	400		50 000.00	460		56 909.60	220	121.32	26 690.40

核算单位：南方实业有限公司　　　　　　　　　　　　　　　　制表：张三1

图5-182　库存商品明细账

（122）库存商品明细账如图 5 - 183 所示。

库存商品明细账

规格＿＿＿＿＿　计划单价＿＿＿＿＿　　计量单位　个　　名称　篮球（斯伯丁真皮）

年		凭证		摘要	收入			发出			结存		
月	日	种类	号数		数量	单价	金额	数量	单价	金额	数量	单价	金额
12	1			期初余额	0	0	0.00	0	0	0.00	150	780	117 000.00
12	1	记-0034		前购商品运到,验收入库	200	760	152 000.00				350	0	269 000.00
12	10	记-0042		结清前期采购商品错价	0	0	3 000.00	0	0	0.00	350	0	272 000.00
12	31	记-0128		结转本期销售成本				60	777.1567	46 629.40	290	0	225 370.60
12	31			本月合计	200	0	155 000.00	60	0	46 629.40	290	777.14	225 370.60
				本年累计	200	0	155 000.00	60	0	46 629.40	290	777.14	225 370.60

核算单位：南方实业有限公司　　　　　　　　　　　　　　　　　　制表：张三 1

图 5 - 183　库存商品明细账

（123）库存商品明细账如图 5 - 184 所示。

库存商品明细账

规格＿＿＿＿＿　计划单价＿＿＿＿＿　　计量单位　个　　名称　篮球（斯力达）

年		凭证		摘要	收入			发出			结存		
月	日	种类	号数		数量	单价	金额	数量	单价	金额	数量	单价	金额
12	1			期初余额	0	0	0.00	0	0	0.00	400	90	36 000.00
12	3	记-0003		货物到达,验收入库	100	92	9 200.00	0	92	0.00	500		45 200.00
12	16	记-0069		存款采购商品,验收入库	100	92	9 200.00	0	92	0.00	600		54 400.00
12	17	记-0078		存款采购商品,验收入库	200	88	17 600.00		88	0.00	800		72 000.00
12	31	记-0124		篮球盘亏				2	90	180.00	798		71 820.00
12	31	记-0128		结转本期销售成本				430	90	38 700.00	368		33 120.00
12	31			本月合计	400	0	36 000.00	432	0	38 880.00	368	90	33 120.00
				本年累计	400	0	36 000.00	432	0	38 880.00	368	90	33 120.00

核算单位：南方实业有限公司　　　　　　　　　　　　　　　　　　制表：张三 1

图 5 - 184　库存商品明细账

（124）库存商品明细账如图 5 – 185 所示。

库存商品明细账

规格＿＿＿＿＿　计划单价＿＿＿＿＿　计量单位＿＿个＿＿　名称＿排球（红双喜）＿

年		凭证		摘要	收入			发出			结存		
月	日	种类	号数		数量	单价	金额	数量	单价	金额	数量	单价	金额
12	1			期初余额	0	0	0.00	0	0	0.00	500	70	35 000.00
12	10	记－0041		采购商品验收入库，单据未到	98	75	7 350.00	0	73.5	0.00	598	0	42 350.00
12	16	记－0069		存款采购商品，验收入库	100	75	7 500.00	0	75	0.00	698	0	49 850.00
12	17	记－0078		存款采购商品，验收入库	200	74	14 800.00	0	74	0.00	898	0	64 650.00
				处理前收到不合格排球	2	45	90.00	0	0	0.00	900	0	64 740.00
12	31	记－0128		结转本期销售成本				510	71.9333	36 685.98	390	0	28 054.02
12	31			本月合计	400	0	29 740.00	510	0	36 685.98	390	71.9333	28 054.02
				本年累计	400	0	29 740.00	510	0	36 685.98	390	71.9333	28 054.02

核算单位：南方实业有限公司　　　　　　　　　　　　　　制表：张三1

图 5 – 185　库存商品明细账

（125）库存商品明细账如图 5 – 186 所示。

库存商品明细账

规格＿＿＿＿＿　计划单价＿＿＿＿＿　计量单位＿＿个＿＿　名称＿排球（米奥）＿

年		凭证		摘要	收入			发出			结存		
月	日	种类	号数		数量	单价	金额	数量	单价	金额	数量	单价	金额
12	1			期初余额	0	0	0.00	0	0	0.00	100	460	46 000.00
12	8	记－0034		前购商品运到，验收入库	100	450	45 000.00	0	450	0.00	200	0	91 000.00
12	10	记－0045		委托区文化站代销	98	450	44 100.00	0	450	0.00	298	0	135 100.00
12	31	记－0128		结转本期销售成本				155	453.3517	70 269.52	143	0	64 830.48
12	31			本月合计	198	0	89 100.00	155	0	70 269.52	143	453.36	64 830.48
				本年累计	198	0	89 100.00	155	0	70 269.52	143	453.36	64 830.48

核算单位：南方实业有限公司　　　　　　　　　　　　　　制表：张三1

图 5 – 186　库存商品明细账

（126）库存商品明细账如图 5 - 187 所示。

库存商品明细账

规格_____ 计划单价_____ 计量单位 个 名称 排球（世达）

年		凭证		摘要	收入			发出			结存		
月	日	种类	号数		数量	单价	金额	数量	单价	金额	数量	单价	金额
12	1			期初余额	0	0	0.00	0	0	0.00	200	180	36 000.00
12	10	记 -0041		前购商品运到,验收入库	50	164	8 200.00	0	164	0.00	250	0	44 200.00
12	10	记 -0045		委托区文化站代销	100	176	17 600.00	0	176	0.00	350	0	61 800.00
12	31	记 -0128		结转本期销售成本				120	176.5742	21 188.90	230	0	40 611.10
12	31			本月合计	150	0	25 800.00	120	0	21 188.90	230	176.57	40 611.10
				本年累计	150	0	25 800.00	120	0	21 188.90	230	176.57	40 611.10

核算单位：南方实业有限公司　　　　　　　　　　　　　　　　制表：张三1

图 5 - 187　库存商品明细账

（127）库存商品明细账如图 5 - 188 所示。

库存商品明细账

规格_____ 计划单价_____ 计量单位 个 名称 足球（阿迪达斯）

年		凭证		摘要	收入			发出			结存		
月	日	种类	号数		数量	单价	金额	数量	单价	金额	数量	单价	金额
12	1			期初余额	0	0	0.00	0	0	0.00	430	300	129 000.00
12	31	记 -0128		结转本期销售成本				120	300	36 000.00	310	0	93 000.00
12	31			本月合计	0	0	0.00	120	0	36 000.00	310	300	93 000.00
				本年累计	0	0	0.00	120	0	36 000.00	310	300	93 000.00

核算单位：南方实业有限公司　　　　　　　　　　　　　　　　制表：张三1

图 5 - 188　库存商品明细账

（128）库存商品明细账如图 5-189 所示。

库存商品明细账

规格_____ 计划单价_____ 计量单位__个__ 名称__足球（耐克）__

年		凭证		摘要	收入			发出			结存		
月	日	种类	号数		数量	单价	金额	数量	单价	金额	数量	单价	金额
12	1			期初余额	0	0	0.00	0	0	0.00	200	980	196 000.00
12	8	记-0034		前购商品运到，验收入库	100	960	96 000.00				300	0	292 000.00
12	31	记-0128		结转本期销售成本				190	973.3353	184 933.70	110	973.33	107 066.30
12	31			本月合计	100	0	96 000.00	190	0	184 933.70	110	973.33	107 066.30
				本年累计	100	0	96 000.00	190	0	184 933.70	110	973.33	107 066.30

核算单位：南方实业有限公司　　　　　　　　　　　　　　　　制表：张三1

图 5-189　库存商品明细账

（129）库存商品明细账如图 5-190 所示。

库存商品明细账

规格_____ 计划单价_____ 计量单位__个__ 名称__足球（南华利生）__

年		凭证		摘要	收入			发出			结存		
月	日	种类	号数		数量	单价	金额	数量	单价	金额	数量	单价	金额
12	1			期初余额	0	0	0.00	0	0	0.00	520	120	62 400.00
12	11	记-0048		委托市文化站代销	0	120	0.00	200	120	24 000.00	320	0	38 400.00
12	31			结转本期销售成本				80	120	9 600.00	240	0	28 800.00
12	31			本月合计	0	0	0.00	280	0	33 600.00	240	120	28 800.00
				本年累计	0	0	0.00	280	0	33 600.00	240	120	28 800.00

核算单位：南方实业有限公司　　　　　　　　　　　　　　　　制表：张三1

图 5-190　库存商品明细账

（130）库存商品明细账如图 5 - 191 所示。

库存商品明细账

规格_____ 计划单价_____ 计量单位 立方米 名称 方型烟道_____

年		凭证		摘要	收入			发出			结存		
月	日	种类	号数		数量	单价	金额	数量	单价	金额	数量	单价	金额
12	1			期初余额	0	0	0.00	0	0	0.00	320	360	115 200.00
12	31	记 -0127		生产完工，验收入库	3 000	257.65	772 950.00	0	257.65	0.00	3 320	0	888 150.00
12	31	记 -0128		结转本期销售成本				300	267.4653	80 239.60	3 020	0	807 910.40
12	31			本月合计	3 000	0	772 950.00	300	0	80 239.60	3 020	267.52	807 910.40
				本年累计	3 000	0	772 950.00	300	0	80 239.60	3 020	267.52	807 910.40

核算单位：南方实业有限公司　　　　　　　　　　　　　　　　制表：张三 1

图 5 - 191　库存商品明细账

（131）库存商品明细账如图 5 - 192 所示。

库存商品明细账

规格_____ 计划单价_____ 计量单位 立方米 名称 排污管道_____

年		凭证		摘要	收入			发出			结存		
月	日	种类	号数		数量	单价	金额	数量	单价	金额	数量	单价	金额
12	1			期初余额	0	0	0.00	0	0	0.00	3 200	220	704 000.00
12	31	记 -0127		生产完工，验收入库	5 000	200.47	1 002 350.00	0	200.47	0.00	8 200	0	1 706 350.00
12	31	记 -0128		结转本期销售成本				2 800	208.0943	582 664.00	5 400	0	1 123 686.00
12	31			本月合计	5 000	0	1 002 350.00	2 800	0	582 664.00	5 400	208.09	1 123 686.00
				本年累计	5 000	0	1 002 350.00	2 800	0	582 664.00	5 400	208.09	1 123 686.00

核算单位：南方实业有限公司　　　　　　　　　　　　　　　　制表：张三 1

图 5 - 192　库存商品明细账

（132）原材料明细账如图 5 - 193 所示。

原材料明细账

规格_____　计划单价_____　计量单位　立方米　名称　豆石

年		凭证		摘要	收入			发出			结存		
月	日	种类	号数		数量	单价	金额	数量	单价	金额	数量	单价	金额
12	17		记-0073	采购商品，入库	300	200	60 000.00	0	200	0.00	300	0	60 000.00
12	17		记-0074	生产领用原材料				300	200	60 000.00	0	0	0.00
12	31			本月合计	300	0	60 000.00	300	0	60 000.00	0	0	0.00
				本年累计	300	0	60 000.00	300	0	60 000.00	0	0	0.00

核算单位：南方实业有限公司　　　　　　　　　　　　　　制表：张三1

图 5 - 193　原材料明细账

（133）原材料明细账如图 5 - 194 所示。

原材料明细账

规格_____　计划单价_____　计量单位　吨　名称　钢材

年		凭证		摘要	收入			发出			结存		
月	日	种类	号数		数量	单价	金额	数量	单价	金额	数量	单价	金额
12	1			期初余额	0	0	0.00	0	0	0.00	160	4 200	672 000.00
12	1		记-0004	生产领用原材料				100	4 200	420 000.00	60	0	252 000.00
12	2		记-0010	材料验收入库	200	4 200	840 000.00	0	4 200	0.00	260	0	1 092 000.00
12	6		记-0029	生产领用原材料				100	4 200	420 000.00	160	0	672 000.00
12	16		记-0066	验收材料入库	100	4 200	420 000.00	0	4 200	0.00	260	0	1 092 000.00
12	16		记-0070	结转出售成本				80	4 200	336 000.00	180	0	756 000.00
12	21		记-0097	在建工程领用				50	4 200	210 000.00	130	0	546 000.00
12	31			本月合计	300	0	1 260 000.00	330	0	1 386 000.00	130	4 200	546 000.00
				本年累计	300	0	1 260 000.00	330	0	1 386 000.00	130	4 200	546 000.00

核算单位：南方实业有限公司　　　　　　　　　　　　　　制表：张三1

图 5 - 194　原材料明细账

（134）原材料明细账如图 5 – 195 所示。

原材料明细账

规格_____ 计划单价_____ 计量单位 __立方米__ 名称 _河沙_

年		凭证		摘要	收入			发出			结存		
月	日	种类	号数		数量	单价	金额	数量	单价	金额	数量	单价	金额
12	17		记 -0073	材料验收入库	200	120	24 000.00	0	120	0.00	200	0	24 000.00
12	17		记 -0074	领用				200	120	24 000.00	0	0	0.00
12	31			本月合计	200	0	24 000.00	200	0	24 000.00	0	0	0.00
				本年累计			24 000.00			24 000.00			24 000.00

核算单位：南方实业有限公司　　　　　　　　　　　　　　　　制表：张三1

图 5 – 195　原材料明细账

（135）原材料明细账如图 5 – 196 所示。

原材料明细账

规格_____ 计划单价_____ 计量单位 __吨__ 名称 _水泥_

年		凭证		摘要	收入			发出			结存		
月	日	种类	号数		数量	单价	金额	数量	单价	金额	数量	单价	金额
12	1			期初余额	0	0	0.00	0	0	0.00	450	580	261 000.00
12	1		记 -0004	生产领用原材料				220	580	127 600.00	230		133 400.00
12	6		记 -0029	生产领用原材料				220	580	127 600.00	10		5 800.00
12	23		记 -0101	前购商品运到,验收入库	0	0	116 000.00	0	0	0.00	10		121 800.00
12	31			本月合计	0	0	116 000.00	440	0	255 200.00	10	12 180	121 800.00
				本年累计	0	0	116 000.00	440	0	255 200.00	10	12 180	121 800.00

核算单位：南方实业有限公司　　　　　　　　　　　　　　　　制表：张三1

图 5 – 196　原材料明细账

（136）原材料明细账如图 5 - 197 所示。

原材料明细账

规格_____　计划单价_____　计量单位　千克　名称　铁丝

年		凭证		摘要	收入			发出			结存		
月	日	种类	号数		数量	单价	金额	数量	单价	金额	数量	单价	金额
12	1			期初余额	0	0	0.00	0	0	0.00	1 500	50	75 000.00
12	1	记 -0004		生产领用原材料				120	50	6 000.00	1 380		69 000.00
12	2	记 -0010		材料验收入库	160	50	8 000.00	0	50	0.00	1 540		77 000.00
12	6	记 -0029		生产领用原材料				120	50	6 000.00	1 420		71 000.00
12	16	记 -0066		验收入库	250	50	12 500.00	0	50	0.00	1 670		83 500.00
12	31			本月合计	410	0	20 500.00	240	0	12 000.00	1 670	50	83 500.00
				本年累计	410	0	20 500.00	240	0	12 000.00	1 670	50	83 500.00

核算单位：南方实业有限公司　　　　　　　　　　　　制表：张三1

图 5 - 197　原材料明细账

（137）周转材料明细账如图 5 - 198 所示。

周转材料明细账

规格_____　计划单价_____　计量单位　个　名称　包装物（木箱）

年		凭证		摘要	收入			发出			结存		
月	日	种类	号数		数量	单价	金额	数量	单价	金额	数量	单价	金额
12	1			期初余额	0	0	0.00	0	0	0.00	200	50	10 000.00
12	7	记 -0031		生产领用原材料				100	50	5 000.00	100	50	5 000.00
12	31			本月合计	0	0	0.00	100	0	5 000.00	100	50	5 000.00
				本年累计	0	0	0.00	100	0	5 000.00	100	50	5 000.00

核算单位：南方实业有限公司　　　　　　　　　　　　制表：张三1

图 5 - 198　周转材料明细账

现代会计综合实验教程

（138）周转材料明细账如图5-199所示。

周转材料明细账

规格＿＿＿＿＿ 计划单价＿＿＿＿＿ 计量单位＿个＿ 名称＿包装物（塑料箱）

年		凭证		摘要	收入			发出			结存		
月	日	种类	号数		数量	单价	金额	数量	单价	金额	数量	单价	金额
12	1			期初余额	0	0	0.00	0	0	0.00	100	40	4 000.00
12	7		记-0031	生产领用原材料				60	40	2 400.00	40	0	1 600.00
12	31			本月合计	0	0	0.00	60	0	2 400.00	40	0	1 600.00
				本年累计	0	0	0.00	60	0	2 400.00	40	40	1 600.00

核算单位：南方实业有限公司　　　　　制表：张三1

图5-199　周转材料明细账

（139）周转材料明细账如图5-200所示。

周转材料明细账

规格＿＿＿＿＿ 计划单价＿＿＿＿＿ 计量单位＿张＿ 名称＿低值易耗品　办公桌

年		凭证		摘要	收入			发出			结存		
月	日	种类	号数		数量	单价	金额	数量	单价	金额	数量	单价	金额
12	1			期初余额	0	0	0.00	0	0	0.00	25	200	5 000.00

核算单位：南方实业有限公司　　　　　制表：张三1

图5-200　周转材料明细账

（140）周转材料明细账如图5-201所示。

周转材料明细账

规格＿＿＿＿＿ 计划单价＿＿＿＿＿ 计量单位＿个＿ 名称＿包装物　文件柜

年		凭证		摘要	收入			发出			结存		
月	日	种类	号数		数量	单价	金额	数量	单价	金额	数量	单价	金额
12	1			期初余额	0	0	0.00	0	0	0.00	10	450	4 500.00

核算单位：南方实业有限公司　　　　　制表：张三1

图5-201　周转材料明细账

324

（141）应交税费——应交增值税明细账如图 5 - 202 所示。

应交税费——应交增值税明细账

2013年		凭证		摘要	借方			贷方				余额
月	日	种类	号数		进项税额	转出未交增值税	合计	销项税额	进项税额转出	转出多交增值税	合计	
12	2	记	0006	销售商品,货款未收				17 986			17 986	17 986
12	2	记	0008	销售商品,货款已收				11 968			11 968	29 954
12	2	记	0010	采购材料未到,货款已付	147 696		147 696					117 742
12	3	记	0012	销售商品,货款未收				6 936			6 936	110 806
12	3	记	0013	采购商品未到,货款已付	58 310		58 310					169 116
12	3	记	0016	销售商品,货款已收				14 790			14 790	154 326
12	5	记	0023	销售商品,货款已收				595			595	153 731
12	6	记	0027	销售商品,货款预收				8 262			8 262	145 469
12	6	记	0028	销售商品,货款已收				135 150			135 150	10 319
12	8	记	0033	销售商品,货款已收				24 140			24 140	13 821
12	9	记	0039	补收新丰文化货款				170			170	13 991
12	10	记	0040	销售商品,货款未收				47 600			47 600	61 591
12	10	记	0042	结清前期采购商品错价	510		510					61 081
12	10	记	0043	采购商品未到,货款已付	10 642		10 642					50 439
12	11	记	0047	收到代销商品清单和款项				4 760			4 760	55 199
12	11	记	0049	上海文化寄来少发货相关凭证					153		153	55 352
12	12	记	0050	销售商品,货款未收				4 556			4 556	59 908
12	13	记	0054	收到区文化馆代销清单				2 380			2 380	62 288
12	15	记	0058	销售代销商品,收到发票				3 400			3 400	65 688
12	15	记	0058	结转代销商品款	2 720		2 720				0	62 968
12	15	记	0059	收到市文化馆代销清单				5 372			5 372	68 340

图 5 - 202　应交税费——应交增值税明细账

2013年		凭证		摘要	借方			贷方				余额
月	日	种类	号数		进项税额	转出未交增值税	合计	销项税额	进项税转出	转出多交增值税	合计	
12	15	记	0062	采购商品未到,货款已付	74 460		74 460					6 120
12	16	记	0069	存款采购商品,验收入库	2 839		2 839					8 959
12	16	记	0070	出售钢材,款项收存银行				58 480			58 480	49 521
12	16	记	0071	销售代销商品	0	0	0	6 460	0	0	6 460	55 981
12	16	记	0071	收到对方开来增值税发票	6 460	0	6 460	0	0	0	0	49 521
12	17	记	0073	存款采购商品,验收入库	15 640		15 640					33 881
12	18	记	0078	存款采购商品,验收入库	5 508		5 508					28 373
12	18	记	0083	销售商品,货款未收				2 856			2 856	31 229
12	20	记	0089	发生本月销售退回				-2 040			-2 040	29 189
12	21	记	0092	销售商品,货款已预收				5 712			5 712	34 901
12	21	记	0093	收到东风商场货款				-81.6			-81.6	34 819.4
12	21	记	0095	销售商品,货款已收				38 760			38 760	73 579.4
12	21	记	0097	在建工程领用原材料					36 057		36 057	109 636.4
12	22	记	0100	采购商品未到,货款已付	19 890		19 890					89 746.4
12	23	记	0103	销售商品,货款未收				5 508			5 508	95 254.4
12	25	记	0111	存款支付货款	2 643.5		2 643.5					92 610.9
12	26	记	0113	制造车间领用橡皮带	68		68					92 542.9
12	29	记	0115	处理前收到不合格排球	15.3		15.3					92 527.6
12	31	记	0124	篮球盘亏					30.6		30.6	92 558.2
12	31	记	0125	转出本月未交增值税		92 558.2	92 558.2					
12	31	记		本月合计	347 402	92 558.2	439 960	403 719.4	36 240.6		439 960	
12				本年累计	347 402	92 558.2	439 960	403 719.4	36 240.6		439 960	

核算单位:南方实业有限公司   制表:张三1

图5-202　应交税费——应交增值税明细账(续)

（142）生产成本明细账如图 5－203 所示。

生产成本明细账

成本对象：方型烟道

年		凭证		摘要	借方				贷方	余额
月	日	字	号		直接材料	直接人工	制造费用	合计		
12	1			期初余额	0	0	0	0	0	18 000
12	1	记	－0004	生产领料	271 000	0	0	271 000	0	289 000
12	6	记	－0029	生产领料	271 000	0	0	271 000	0	560 000
12	7	记	－0031	生产领料	2 400	0	0	2 400	0	562 400
12	17	记	－0074	生产领料	32 000	0	0	32 000	0	594 400
12	31	记	－0118	结转发出材差	11 594.8	0	0	11 594.8	0	605 994.8
12	31	记	－0119	分配职工薪酬	0	201 000	0	201 000	0	806 994.8
12	31	记	－0126	结转制造费用	0	0	94 778.33	94 778.33	0	901 773.1
12	31	记	－0127	产品完工入库	0	0	0	0	772 950	128 823.1
12	31			本月合计	587 994.8	201 000	94 778.33	883 773.1	772 950	128 823.1
				本年累计	587 994.8	201 000	94 778.33	883 773.1	772 950	128 823.1

核算单位：南方实业有限公司　　　　　　　　　　　　　　　　制表：张三 1

图 5－203　生产成本明细账

（143）生产成本明细账如图 5－204 所示。

生产成本明细账

成本对象：排污管道

年		凭证		摘要	借方				贷方	余额
月	日	字	号		直接材料	直接人工	制造费用	合计		
12	1			期初余额	0	0	0	0	0	88 000
12	1	记	－0004	生产领料	282 100	0	0	282 100	0	370 100
12	6	记	－0029	生产领料	282 100	0	0	282 100	0	652 200
12	7	记	－0031	生产领料	5 000	0	0	5 000	0	657 200
12	17	记	－0074	生产领料	52 000	0	0	52 000	0	709 200
12	31	记	－0118	结转发出材差	12 447.24	0	0	12 447.24	0	721 647.2
12	31	记	－0119	分配职工薪酬	0	348 400	0	348 400	0	1 070 047
12	31	记	－0126	结转制造费用	0	0	133 006	133 006	0	1 203 053
12	31	记	－0127	产品验收入库	0	0	0	0	1 002 350	200 703.2
12	31			本月合计	633 647.2	348 400	133 006	1 115 053	1 002 350	200 703.2
				本年累计	633 647.2	348 400	133 006	1 115 053	1 002 350	200 703.2

核算单位：南方实业有限公司　　　　　　　　　　　　　　　　制表：张三 1

图 5－204　生产成本明细账

六、资产负债表

资产负债表如表 5 - 4 所示。

表 5 - 4　资产负债表

企业 01 表

编制单位：南方实业有限公司　　　　2013 年 12 月 31 日　　　　单位：元

资产	期末余额	年初余额	负债和所有者权益（或股东权益）	期末余额	年初余额
流动资产：			流动负债：		
货币资金	1 206 592.50	2 764 800.00	短期借款	358 340.00	558 340.00
交易性金融资产	660 000.00		交易性金融负债		
应收票据		324 000.00	应付票据	23 400.00	81 900.00
应收股利			应付账款	22 783.30	324 000.00
应收利息	62 000.00		预收账款	110 338.00	168 000.00
应收账款	455 073.70	565 800.00	应付职工薪酬	793 700.00	154 200.00
其他应收款	34 200.00	8 360.00	应交税费	733 591.25	488 000.00
预付账款	223 000.00		应付利息	60 000.00	60 000.00
存货	3 719 696.23	2 693 380.00	应付股利	567 771.95	
一年内到期的非流动资产			其他应付款	26 200.00	26 200.00
其他流动资产	210.60		一年内到期的非流动负债		
			其他流动负债		
流动资产合计	6 360 773.03	6 356 340.00	流动负债合计	2 696 124.50	1 860 640.00
非流动资产：			非流动负债：		

续表

资产	期末余额	年初余额	负债和所有者权益（或股东权益）	期末余额	年初余额
可供出售金融资产			长期借款	2 360 000.00	1 900 000.00
持有至到期投资	806 000.00	820 000.00	应付债券		
投资性房地产			长期应付款		
长期股权投资	945 000.00	1 200 000.00	专项应付款		
长期应收款			预计负债		
固定资产	2 894 600.00	3 228 000.00	递延所得税负债		
减：累计折旧	680 096.00	1 153 200.00	其他非流动负债		
固定资产净值	2 214 504.00	2 074 800.00	非流动负债合计	2 360 000.00	1 900 000.00
减：固定资产减值准备			负债合计	5 056 124.50	3 760 640.00
固定资产净额	2 214 504.00	2 074 800.00			
生产性生物资产			所有者权益（或股东权益）：		
工程物资	34 400.00	109 000.00	实收资本（或股本）	4 000 000.00	4 000 000.00
在建工程	1 026 357.00	220 000.00	资本公积	123 600.00	123 600.00
固定资产清理			减：库存股		
无形资产	448 291.67	240 500.00	盈余公积	1 418 571.95	850 800.00
商誉			未分配利润	1 237 029.25	2 285 600.00
长期待摊费用			所有者权益（或股东权益）合计	6 779 201.20	7 260 000.00
递延所得税资产					
其他非流动资产					
非流动资产合计	5 474 552.67	4 664 300.00			
资产总计	11 835 325.70	11 020 640.00	负债和所有者权益（或股东权益）总计	11 835 325.70	11 020 640.00

注：表中的"其他流动资产"是根据期末的"待处理财产损溢——待处理流动资产损溢"填入的。

七、利润表

利润表如表 5 – 5 所示。

表 5 – 5　利润表

企业 02 表

编制单位：南方实业有限公司　　　　2013 年 12 月　　　　　　　单位：元

项目	本月金额	本年金额
一、营业收入	2 339 300.00	21 082 500.00
减：营业成本	1 546 607.90	16 829 407.90
营业税金及附加		170 000.00
销售费用	33 158.00	186 358.00
管理费用	119 440.20	783 480.20
财务费用（收益以"–"号填列）	106 271.00	106 271.00
资产减值损失	– 2 303.30	– 2 303.30
加：公允价值变动收益（净损失以"–"号填列）		
投资收益（净损失以"–"号填列）	119 280.00	201 720.00
其中：对联营企业和合营企业的投资收益		
二、营业利润（亏损以"–"号填列）	655 406.20	3 211 006.20
加：营业外收入	79 758.00	189 758.00
减：营业外支出	13 000.00	873 000.00
其中：非流动资产处置损失（净收益以"–"号填列）		
三、利润总额（亏损总额以"–"号填列）	722 164.20	2 527 764.20
减：所得税费用	635 191.05	635 191.05
四、净利润（净亏损以"–"号填列）	86 973.15	1 892 573.15
五、每股收益		
（一）基本每股收益		
（二）稀释每股收益		

声　明

　　本实验教材在编写中，涉及一些企业单位名称、账号和地址等信息，这些名称、账号、地址等信息纯属虚构，如与现实中的企业信息相同，则纯属巧合，绝无侵害企业声誉之动机。

编者

2014 年 12 月

图书在版编目（CIP）数据

现代会计综合实验教程/曾廷敏，林祥友主编 . —北京：经济管理出版社，2015.3
ISBN 978 - 7 - 5096 - 3395 - 3

Ⅰ.①现…　Ⅱ.①曾…　②林…　Ⅲ.①会计学—教材　Ⅳ.①F230

中国版本图书馆 CIP 数据核字（2014）第 225102 号

组稿编辑：王光艳
责任编辑：许　兵　赵晓静
责任印制：黄章平
责任校对：张　青

出版发行：经济管理出版社
　　　　　（北京市海淀区北蜂窝 8 号中雅大厦 A 座 11 层　100038）
网　　址：www. E - mp. com. cn
电　　话：（010）51915602
印　　刷：北京晨旭印刷厂
经　　销：新华书店
开　　本：720mm × 1000mm/16
印　　张：21.25
字　　数：393 千字
版　　次：2015 年 3 月第 1 版　　2015 年 3 月第 1 次印刷
书　　号：ISBN 978 - 7 - 5096 - 3395 - 3
定　　价：49.80 元